utb 3356

Eine Arbeitsgemeinschaft der Verlage

Brill | Schöningh – Fink · Paderborn
Brill | Vandenhoeck & Ruprecht · Göttingen – Böhlau · Wien · Köln
Verlag Barbara Budrich · Opladen · Toronto
facultas · Wien
Haupt Verlag · Bern
Verlag Julius Klinkhardt · Bad Heilbrunn
Mohr Siebeck · Tübingen
Narr Francke Attempto Verlag – expert verlag · Tübingen
Psychiatrie Verlag · Köln
Ernst Reinhardt Verlag · München
transcript Verlag · Bielefeld
Verlag Eugen Ulmer · Stuttgart
UVK Verlag · München
Waxmann · Münster · New York
wbv Publikation · Bielefeld
Wochenschau Verlag · Frankfurt am Main

Dr. Klaus Niedermair lehrt an der Fakultät für Soziale und Politische Wissenschaften der Universität Innsbruck und war bis 2022 Stv. Leiter der Universitäts- und Landesbibliothek Tirol.

Studieren, aber richtig
Herausgegeben von Michael Huter, Huter & Roth, Wien

Die Bände behandeln jeweils ein Bündel von Fähigkeiten und Fertigkeiten. Das gesamte Paket versetzt Studierende in die Lage, die wesentlichen Aufgaben im Studium zu erfüllen. Die Themen orientieren sich an den wichtigsten Situationen und Formen des Wissenserwerbs. Dabei werden auch das scheinbar Selbstverständliche behandelt und die Zusammenhänge erklärt.

Weitere Bände:
Otto Kruse: Lesen und Schreiben (utb 3355)
Theo Hug, Gerald Poscheschnik: Empirisch Forschen (utb 3357)
Gerlinde Mautner: Wissenschaftliches Englisch (utb 3444)
Jasmin Bastian, Lena Groß: Lernen und Wissen (utb 3779)
Melanie Moll, Winfried Thielmann: Wissenschaftliches Deutsch (utb 4650)
Otto Kruse: Kritisches Denken und Argumentieren (utb 4767)
Sabine Dengscherz, Michèle Cooke: Transkulturelle Kommunikation (utb 5319)
Steffen-Peter Ballstaedt: Wissenschaftliche Bilder: gut gestalten, richtig verwenden (utb 6031)
Gerlinde Mautner, Christopher Ross: English Academic Writing (utb 6028)

Klaus Niedermair

Recherchieren, Dokumentieren, Zitieren

Die Arbeit mit wissenschaftlichen Quellen

2., völlig überarbeitete und erweiterte Auflage

UVK Verlag · München

Umschlagabbildung: © nd3000 – iStock

Bibliografische Information der Deutschen Nationalbibliothek
Die Deutsche Nationalbibliothek verzeichnet diese Publikation in der Deutschen Nationalbibliografie; detaillierte bibliografische Daten sind im Internet über http://dnb.dnb.de abrufbar.

DOI: https://doi.org/10.36198/9783838560663

2., völlig überarbeitete und erweiterte Auflage 2023
1. Auflage 2010

– ein Unternehmen der Narr Francke Attempto Verlag GmbH + Co. KG
Dischingerweg 5 · D-72070 Tübingen

Internet: www.narr.de
eMail: info@narr.de

Einbandgestaltung: siegel konzeption | gestaltung
CPI books GmbH, Leck

utb-Nr. 3356
ISBN 978-3-8252-6066-8 (Print)
ISBN 978-3-8385-6066-3 (ePDF)
ISBN 978-3-8463-6066-8 (ePub)

Inhalt

Einleitung

Wer wissenschaftlich arbeitet, im Studium oder in der Forschung, hat mit wissenschaftlichen Quellen zu tun. Wie oft sind Sie damit beschäftigt, etwas zu suchen! Sie schlagen im Internet oder in einem Lexikon nach, um die Bedeutung eines Begriffes oder die Übersetzung eines englischen Ausdrucks ausfindig zu machen. Oder Sie wollen sich schnell einen Überblick zu einem Thema verschaffen. Oder Sie suchen gezielt nach Literatur zu einer Forschungsfrage. Sie haben sicher die Erfahrung gemacht, wie komplex eine Recherche sein kann, und wie leicht man sich verliert in einer Fülle von meist gar nicht relevanten Informationen.

Kennen Sie auch den Aufwand, die richtigen Quellen auszuwählen, sie zu sichten, auszuwerten, zu sammeln und sie im Überblick zu behalten? Viele Dokumente, die Sie im Internet gefunden haben, Mitschriften von Lehrveranstaltungen, Skripten, Kopien, Bücher mit Ihren Randnotizen, Aufzeichnungen eigener Ideen – all diese auf Vorrat gesammelten Informationen häufen sich seit Beginn Ihres Studiums an, auf Ihrem Laptop oder Smartphone, in Aktenordnern und Bücherregalen. Wohl mehr schlecht als recht geordnet.

Und wenn Sie an einer Seminar- oder Abschlussarbeit schreiben, haben Sie auch gesehen, wie diffizil es sein kann, aus wissenschaftlichen Quellen zu zitieren. Man muss Regeln und Standards beachten, abwägen, aus welchen Quellen man zitieren darf, und darauf achten, alles formal und inhaltlich korrekt zu zitieren, um nicht ungewollt in die Nähe des Plagiats zu kommen.

Recherchieren, Dokumentieren, Zitieren gehören zu Studium und Forschung, fast wie Jagen und Sammeln zum Leben in der Steinzeit. Schon mehrmals haben Sie sich wahrscheinlich vorgenommen, alles zu organisieren, und sich umgesehen, wie Sie Ihre Methoden und Techniken, Informationen zu suchen, zu sammeln und zu zitieren, optimieren können. Dieses Buch hilft Ihnen dabei.

Wenn Sie studieren und forschen, eignen Sie sich primär Wissen an, indem Sie lernen. Sie setzen sich aktiv mit wissenschaftlichen Meinungen und Theorien auseinander, Sie reflektieren Argumente, Sie bilden sich Ihre Meinung, beziehen Stellung und haben die oder andere Idee, finden vielleicht eigene Theorien. Dabei arbeiten Sie immer auch mit *wissenschaftlichen Quellen*, um sich gezielt zu informieren und Ihren Wissensstand zu erweitern, oder wenn es darum geht, in einer schriftlichen Arbeit Ihre Darstellung und Argumentation zu belegen und zu begründen. Solche wissenschaftlichen Quellen können Ihnen vielleicht von Lehrenden für konkrete Aufgabenstellungen empfohlen oder vorgegeben werden. Ebenso werden Sie selbst auf die Suche gehen, wenn Sie z. B. an einer Abschlussarbeit schreiben. Oder weil Sie eine Frage beschäftigt. Oder weil Sie einfach neugierig sind. Sie *recherchieren* also Quellen. Dabei werden Sie, was Sie gefunden haben, auch *dokumentieren*, die bibliografischen Angaben der Quellen und wichtige Inhalte und Textstellen, die Sie gefunden haben. Diese können Sie dann in Ihrer wissenschaftlichen Arbeit *zitieren.*

Recherchieren heißt: Quellen suchen, beschaffen, auswählen.
Dokumentieren heißt: Diese Quellen sichten, ordnen, festhalten.
Zitieren heißt: Sich in einer Arbeit auf diese Quellen berufen.

Wenn es uns möglich wäre, das gesamte Wissen in unserem *Gedächtnis* zu speichern, könnten wir aus dem Gedächtnis zitieren, ohne zu recherchieren und zu dokumentieren. Doch das ist und war schon immer eine Utopie.

Alles, was man selbst nicht weiß bzw. nicht wissen kann, kann *extern gespeichert* sein, im Gedächtnis anderer Menschen, in herkömmlichen oder digitalen Medien, in einem Buch, in einer Zeitschrift, in einer Datenbank, irgendwo, weltweit verstreut. Eine grundsätzliche Schwierigkeit von solchen Speichermedien ist ihre Haltbarkeit und ihre Lebensdauer. Nach wie vor erweisen sich Handschriften und Bücher als Medien mit großer Nachhaltigkeit, sofern sie sorgfältig aufbewahrt und nicht vielleicht verbrannt werden. Noch dauerhafter sind in Stein gemeißelte Inschriften auf Bauwerken, die man nicht so leicht zerstören oder wegtragen kann. Je mehr die Speichermedien von Technologie und technischen Infrastruktur abhängig sind, umso mehr wird Benutzbarkeit und Nachhaltigkeit zum Problem. Wenn wir nicht (mehr) das technologische Know-how haben, wie wir die Technik benutzen können, ist sie nutzlos und die gespeicherten Informationen sind verloren. Zudem müssen die digitalen Speichermedien technisch auf dem aktuellen Stand sein, denn die Informationen wären nicht mehr verfügbar, wenn sie nicht rechtzeitig auf ein neues System portiert werden. IT-Veteranen wissen, dass es nicht leicht ist, an Daten heranzukommen, die sie vor 40 Jahren auf 3,5- und 5,25-Zoll-Disketten gesichert haben. Bei Webseiten kommt noch der Aspekt der Beständigkeit hinzu, Dokumente können überraschend sang- und klanglos aus dem Netz verschwinden.

Genauso utopisch, wie sich selbst alles merken zu können, ist wohl auch der Versuch, das gesamte Weltwissen an einen Ort zusammenzutragen. In der Geschichte der Wissenschaft wurde dies mehrfach versucht. Ein berühmtes Beispiel, die antike Bibliothek von Alexandria, ist den Flammen zum Opfer gefallen. Technisch wäre es heutzutage vielleicht sogar möglich, das ganze Wissen in einer virtuellen *Bibliotheca universalis* zu speichern und zugänglich zu machen. Das war ebenso das Ziel von *Google Books*, ein Großprojekt des Unternehmens *Google LLC*, das im Jahre 2004 auf der Frankfurter Buchmesse von den jungen Gründervätern Sergey Brin und Larry Page präsentiert wurde. Immerhin rund 40 Millionen Bücher wurden in Kooperation mit Verlagen und Bibliotheken bis 2019 gescannt. Doch die Schwierigkeiten des Projekts zeigten sich erst nach und nach. Wer wählt aus, welches Dokument Teil des Weltwissens sein kann? Es besteht das Risiko, dass Kulturen, Religionen, Ideologien, Wissenschaften usw. einseitig bevorzugt oder diskriminiert werden. Was ist mit Werken, die durch das Urheberrecht geschützt sind? Diese können nicht so ohne weiteres öffentlich frei zugänglich sein. Und wie sind die Digitalisate erschlossen, damit sie gezielt gefunden werden können? Da kann *Google* nicht mithalten mit den Bibliotheken, die seit Jahrhunderten ihre Bücher mit viel Aufwand und Sorgfalt in Katalogen verzeichnen, damit sie dann anhand von transparenten Suchkriterien gefunden werden können. Anstatt dessen begeben wir uns in die Abhängigkeit von intransparenten Suchalgorithmen in *Google*.

Aber die größte Schwierigkeit ist, dass diese Datenbank digitalisierter Bücher im Besitz von *Google LLC* ist. Die Idee einer für alle Menschen zugänglichen, digitalen Universalbibliothek würde schon deshalb zum Scheitern verurteilt sein, weil Information in unserer Gesellschaft kein öffentliches Gut ist. Information ist zunehmend zu einer Ware geworden, der ökonomische Wert entscheidet, ob und unter welchen Bedingungen Information zugänglich ist, es wird auf Informationsknappheit gesetzt, nicht auf allgemeine freie Zugänglichkeit – doch ohne diese hat eine Universalbibliothek keinen Sinn.

Doch wer weiß, ob es wirklich gut wäre, wenn Informationen zuhauf und ungefiltert verfügbar wären, egal, ob zentral oder dezentral gespeichert. Es gibt ohnedies *viel zu viel* Informationen, darunter gefälschte, wertlose bzw. bestenfalls nur redundante Informationen, auch das viel zu viel.

Eine wissenschaftliche Arbeit muss auf Wissen mit Wert aufbauen, um selbst Wert haben zu können. Wissenschaftlich wertvolles Wissen zu finden, ist schwieriger geworden. Recherchieren, Dokumentieren und Zitieren war in der universitären Ausbildung und in der Forschung vor rund 40 Jahren eher noch ein marginales Thema, Studierende eigneten sich diese Fertigkeiten meist *learning by doing* nebenbei an. Das hat sich geändert. Dass Wissen mit Wert gefragt ist, war schon immer so. Geändert haben sich die Bedingungen. Die Digitalisierung unserer Lebenswelt schafft tatsächlich eine paradoxe Situation. Eine Unmenge an Information ist online immer und überall verfügbar, Tendenz steigend. Für die Nutzung von Information stehen uns zwar immer mehr Techniken und z. T. künstlich-intelligente Systeme zur Verfügung. Doch zugleich ist es für Forschende und Studierende mehr und mehr zu einer Herausforderung geworden, Informationen zu *recherchieren* und wirklich wertvolles, brauchbares und verlässliches Wissen zu finden, adäquat zu bewerten, das Wissen zu *dokumentieren*, es für eigene Zwecke zu analysieren, auszuwerten, festzuhalten, den Überblick zu bewahren, und dieses Wissen in Forschungsarbeiten zu *zitieren* – also Wissen kritisch, konstruktiv, souverän zu nutzen.

Die dafür erforderlichen Kompetenzen zu vermitteln, ist das Ziel dieses Buches.

Erwarten Sie keine einfache Bedienungsanleitung, die man in einer konkreten Situation lediglich eins zu eins umzusetzen braucht. Es gibt nicht den Königsweg und das Patentrezept für alle Fälle. Wie Sie in der Praxis tatsächlich mit wissenschaftlichen Quellen arbeiten, wie Sie recherchieren, dokumentieren, zitieren, hängt von Ihrer Ausgangssituation ab: Vom Studienfach, von Ihrem Vorwissen über das Forschungsthema, vom Zugang zu Informationen, Bibliotheken und Datenbanken, an welchem Projekt Sie arbeiten, Seminar-, Masterarbeit oder Dissertation usw. Und auch von Ihrer Persönlichkeit. Es gibt Menschen, die suchen lieber *top down*, vom Allgemeinen ins Einzelne, andere bewegen sich assoziativ oder suchen drauflos. Die einen sammeln und ordnen diszipliniert, die anderen brauchen ein wenig Chaos, um kreativ zu sein.

Dieses Buch kann demnach nicht alle diese Szenarien, in denen recherchiert, dokumentiert und zitiert wird, beschreiben und das jeweils adäquate Vorgehen Schritt für Schritt im Vorhinein angeben. Das wäre auch nicht sinnvoll. Das Buch wird Sie ermuntern, selbst die verfügbaren Handlungsmöglichkeiten, technischen Optionen und Spielregeln der Wissenschaft an

Ihre konkrete Situation, Ihre Bedingungen und Anforderungen anzupassen und kreativ anzuwenden – und sie zugleich kritisch zu reflektieren: Ob sie *effizient* sind, was Technik und Aufwand betrifft, *effektiv* im Hinblick auf die Zielsetzung Ihres Projektes und *korrekt* im Hinblick auf wissenschaftliche Standards und rechtliche und ethische Normen.

In diesem Buch wird es demnach nicht nur um *technische* Sachfragen gehen, zum Beispiel, wie man konkret in einer bibliografischen Datenbank *recherchiert*. Aus allem soll Wissenschaft gemacht werden, insofern werden theoretische Hintergründe der Technik beleuchtet, nämlich – um im Beispiel zu bleiben – *warum* man *gerade so* in einer Datenbank suchen kann, also u. a. Fragen der Organisation von Wissen und seiner Abbildung in Datenstrukturen. Das sind gleichzeitig die Grundlagen, um in der Recherche und Dokumentation *strategisch* vorgehen und dieses strategische Wissen in der konkreten Situation *operativ* umsetzen zu können. Dies wird dann anhand von Praxisbeispielen gezeigt werden.

Damit Sie in der Praxis erfolgreich recherchieren, dokumentieren und zitieren, empfehle ich Ihnen, dass Sie Ihre Ausgangssituation explorieren, also alles, was für Ihr Studium und Ihre wissenschaftliche Arbeit wichtig ist, selbst zu recherchieren und zu dokumentieren: Ressourcen Ihrer Bibliothek für Ihr Studienfach, relevante Datenbanken und Webseiten, Referenzquellen, in denen Sie Bücher, Artikel, Zeitschriften finden können, verfügbare Literaturverwaltungssoftware, vorgeschriebene Zitationsregeln usw. Dafür finden Sie Anleitungen und Steckbriefe in diesem Buch. So können Sie diese Informationen für sich dokumentieren und mit der Zeit ein eigenes Vademecum[1] „Wie recherchiere, wie dokumentiere, wie zitiere ich“ erstellen, welches Sie in Ihrem Studium begleiten wird.

Ich möchte Ihnen noch ein paar Tipps geben, wie Sie dieses Buch mit Gewinn lesen können.

Man neigt dazu, Bücher, auch wissenschaftliche, eher kursorisch zu lesen, auf der Suche nach dem, was für uns gerade wichtig ist und unmittelbar benötigt wird. Das könnte unter anderem mit dem Informationsverhalten zusammenhängen, welches wir uns im Umgang mit digitalen Medien und Suchmaschinen aneignen – aber das ist nur eine Hypothese, man müsste sie konkretisieren und überprüfen. Tatsächlich ist die schnelle Suche mit *Google*

1 Vademecum (lat. vade mecum = „Geh mit mir!“) ist eine seit dem Mittelalter übliche Bezeichnung für Handbücher, Kompendien, Leitfäden, Ratgeber.

sehr hilfreich in Alltagsituationen, wenn es um konkretes Wissen geht, das ad hoc benötigt wird. In diesem Punkt bieten Suchmaschinen im Vergleich zu gedruckten Lexika und Nachschlagwerken große Vorteile.

Aber das heißt nicht, dass wissenschaftliche Bücher deswegen überflüssig sind. Sie erfordern eine intensive Lektüre. Denn wissenschaftliches Arbeiten bedeutet, sich mit Begriffen, Konzepten und Theorien aus unterschiedlichen Quellen aktiv, kritisch, mit Respekt auseinander zu setzen. Das kostet Zeit und erfordert Arbeit und Konzentration, nur so können wir Klarheit auf eine Frage finden und vielleicht eigene Gedanken entwickeln – und das ist ja das Ziel des wissenschaftlichen Arbeitens, auch im Studium. Diese Form der Auseinandersetzung ist schwer möglich, wenn wir nur in *Google* drauflos surfen. Wir bleiben dann oberflächlich, wir nehmen immer nur Häppchen auf und verlieren den Blick für Zusammenhänge. Es sei denn, unser geschulter Blick sagt uns, dass wir einen guten Text gefunden haben, den es sich lohnt, zu speichern oder gar auf Papier auszudrucken, um ihn dann – eben wie ein gutes Buch – Absatz für Absatz, Satz für Satz zu lesen, nah am Text.

Auch für dieses Buch sollten Sie sich Zeit nehmen, vielleicht lesen Sie es zuerst einmal ganz durch, um Zusammenhänge zu verstehen und damit Sie sich besser zurechtfinden, wenn Sie später kurz etwas nachlesen wollen. Arbeiten Sie aktiv mit dem Text, in Ihrem eigenen Interesse. Sie stehen im Zentrum, versuchen Sie, alles auf Ihre Situation zu beziehen, und nehmen Sie kritisch Stellung. Ich habe mich bemüht, es ein wenig spannend zu machen, vor allem *theoretisch* spannend, um Ihnen wie gesagt nicht nur technische *How-to-dos* für das wissenschaftliche Arbeiten zu präsentieren, sondern Sie mitzunehmen in die für Sie vielleicht noch etwas neue Welt der Wissenschaft und gemeinsam mit Ihnen über die theoretischen Hintergründe des wissenschaftlichen Arbeitens, den Umgang mit Information und Wissen zu reflektieren. Reflexion kann spannend sein und ist eigentlich das, was Wissenschaft ausmacht.

Das Buch wird Sie immer wieder zu Aktivitäten ermuntern. Mit den gerade erwähnten *Steckbriefen*, wie Sie recherchieren, dokumentieren und zitieren können. Und wenn Sie eine *Übung* finden, nehmen Sie sich Zeit, sich mit einem Thema genauer zu befassen, zu recherchieren. Sie werden mitunter auf eine *Frage* stoßen, mit der Sie sich selbst testen können, die Lösung finden Sie jeweils am Ende des Buches.

In der Lektüre werden Ihnen neue Begriffe begegnen. Teils werden Sie diese aufgrund des Kontextes verstehen, ein paar werden Sie vielleicht in einem Lexikon nachschlagen. Immer wenn Sie vor einem Begriff einen → Pfeil sehen, können Sie im Glossar im Anhang seine Definition nachschlagen – Klarheit der Begriffe ist ein A-und-O für die Wissenschaft. Dieses Glossar ist wie ein → Thesaurus aufgebaut. *Thesaurus* kommt aus dem Griechischen und bedeutet Schatzkammer (denken Sie an den Tresor). Hier ist die Terminologie gemeint, die sprachlichen Schätze: Zu jedem Begriff im Glossar werden seine Begriffsrelationen, also synonyme und verwandte Begriffe, Ober- und Unterbegriffe angeführt. Und sollten Sie einen Begriff nicht im Glossar finden, schlagen Sie am besten im *Sachregister* nach, Sie können dann auf den angeführten Seiten im Text nachlesen. Wer die Begriffe eines Themenbereiches versteht, hat meist schon einen guten Überblick. Auch das können Sie für sich selbst überprüfen: Am Ende eines jeden Kapitels finden Sie *wichtige Begriffe* nochmals angeführt, mit denen Sie das Kapitel Revue passieren lassen können.

Ich wünsche Ihnen eine spannende Lektüre – und Begeisterung für Ihre Wissenschaft!

Vorwort zur 2. Auflage

Ich freue mich, dass dieses Buch bei Studierenden und Lehrenden Interesse und Resonanz gefunden hat. Eine Neuauflage war schon länger fällig. In der vorliegenden zweiten Auflage ist nun zu den Kapiteln *Recherchieren* und *Dokumentieren* ein weiteres über *Zitieren* dazugekommen. In diesem Kapitel geht es um die Standards und Regeln des Zitierens, ausführlich wird auch das Thema Plagiat besprochen, das regelmäßig durch die Medien geistert und gegenwärtig im Kontext der KI-gestützten Textproduktion noch mehr an Aktualität gewinnt.

Die anderen Kapitel wurden umfassend überarbeitet. Das betrifft einmal Details, z. B. die angeführten Informationsressourcen, also Suchmaschinen, Kataloge, Datenbanken usw. Teils gibt es sie nicht mehr, teils haben sich die Internetadressen verändert, bekanntlich wurde ja das alte Internetprotokoll *http* durch *https* abgelöst. Teils sind neue Ressourcen dazugekommen oder es waren neue Softwareversionen für die Literaturverwaltung zu berücksichtigen. Also technische Kleinigkeiten.

Doch die Digitalisierung unserer Lebenswelt findet auch im *Wissenschaftlichen Arbeiten* selbst ihren Niederschlag. Das Mediennutzungsverhalten allgemein verändert sich, Nutzungsszenarien werden vielfältiger, die Zeit, die wir mit digitalen Medien verbringen, nimmt zu. Die Medienkonvergenz steuert unbeirrt in Richtung Digitalisierung, Angebote von TV und Radio werden immer mehr online angeboten und konsumiert, bei Büchern, Zeitungen und Zeitschriften sind die Print-Formate rückläufig. Die sog. Sozialen Medien werden zu Foren von Information und Kommunikation in Studium und Forschung. All diese Entwicklungen haben Auswirkungen auf Strategien, Methoden und Techniken, wie wissenschaftliche Quellen recherchiert, dokumentiert, zitiert, wie Texte geschrieben werden.

Es war spannend, das Buch auch in dieser Hinsicht *up to date* zu bringen. Ein Grundgedanke war dabei für mich leitend. Digitalisierung bedeutet ohne Zweifel mehr Flexibilität und Effizienz. Doch den Fokus allein auf technische Neuerungen und ihren Mehrwert für das wissenschaftliche Arbeiten zu setzen, würde zu kurz greifen. Hier nur angedeutet: Vermutlich birgt ein solcher einseitiger Technizismus sogar das Risiko, dass sich Wissenschaft von ihren genuinen Zielsetzungen entfernt.

Jedenfalls war es mir ein Anliegen, hinter der Variabilität und Volatilität von digitalen Techniken zumindest zum Teil die *invarianten* Themen von Wissenschaft und wissenschaftlichem Arbeiten offenzulegen. Möglich ist dies m. E., wenn man das wissenschaftliche Arbeiten selbst *wissenschaftlich* in den Blick nimmt.

So lässt sich z. B. hinter den Techniken des Recherchierens und Dokumentierens eine quasi innere Architektur von Information und Wissen sichtbar machen. Auf diese informationswissenschaftlichen Grundlagen lassen sich dann die Strategien und Techniken, wie man Wissen konkret operativ *organisieren* – also ordnen, speichern, wiederfinden, auswerten – kann, zurückführen und besser verstehen.

Und nicht von ungefähr sind genau dies wichtige Themen nicht nur für Wissenschaft und Forschung, sondern vor allem auch für die globalen *Big-Tech*-Unternehmen. Als Beispiel sei *Google LLC* angeführt. Das Unternehmen deklariert unter https://about.google seine „Mission" unter anderem so: „Die Informationen dieser Welt organisieren und allgemein zugänglich und nutzbar machen." Das entspricht 1:1 dem Jahrhunderte alten und ehrwürdigen Ziel der Bibliotheken, jedoch mit dem feinen Unterschied, dass auf der Agenda von *Google LLC* offenkundig auch ökonomische Ziele stehen, Gewinn, Wachstum und Monopol am Digitalmarkt.

Die Frage, wie man mit solcherart *technisch organisiertem Wissen* sinnvoll und souverän wird umgehen können, ist im weiteren Sinn ein brennendes Thema für die Medien- und Bildungswissenschaften bzw. wird oder soll es sein. Vor allem wenn es um die Förderung *digitaler Kompetenz* geht. Das betrifft z. B. die Frage, welche Voraussetzungen und Kenntnisse erforderlich wären, damit es für alle und jede/n zumindest grundlegend verstehbar und nachvollziehbar wird, wie und mit welchen Algorithmen in künstlich-intelligenter Weise aus riesigen Datenpools allerlei Artefakte produziert oder Gerätschaften gesteuert werden, die schon jetzt aus unserem Alltagsleben nicht mehr wegzudenken sind.

Wissen zu organisieren war aber schon immer ein zentrales Anliegen von Wissenschaftler*innen. Der Soziologe Niklas Luhmann ist ein prominentes Beispiel dafür: Sein Arbeitsinstrumentarium, sein analoger, nicht-digitaler *Zettelkasten*, einfach in der Hardware, komplex in der Software, ist und bleibt ein faszinierendes Vorbild, wie man, egal ob analog oder digital, die eigene Wissenswelt ordnen und so wissenschaftliche Kreativität gezielt unterstützen und fördern kann.

Interessante Fragen zum wissenschaftlichen Arbeiten *jenseits* von Technik tun sich weiters auf, wenn Recherche und Dokumentation unter wissenschaftstheoretischen und forschungsmethodischen Voraussetzungen reflektiert wird. Z. B. wird bei der Auswahl und vor allem bei der Lektüre und Auswertung von Primär- und Sekundärquellen meistens forschungsmethodisch blind vorgegangen, hier ist ein Seitenblick auf hermeneutische und qualitative Methoden fruchtbar, um Nachvollziehbarkeit und Objektivität der Arbeit mit Literatur zu sichern.

Ebenso interessant ist es, wissenschaftliches Arbeiten, Forschung und Wissenschaft soziologisch und kulturwissenschaftlich zu beleuchten, oder überhaupt die *Kultur* wissenschaftlichen Arbeitens zum Thema zu machen und auf eine solche zu insistieren. In dieser Hinsicht könnte uns z. B. Umberto Eco immer noch viel darüber sagen, *wie man eine wissenschaftliche Abschlussarbeit schreibt* – so der Titel seines Klassikers.

Und das heißt, dass auch Einstellungen, Werte und Normen für Wissenschaft, Forschung und das wissenschaftliche Arbeiten mehr auf die Tagesordnung kommen sollten. Dass überdies eine Diskussion aus ethischer und rechtlicher Perspektive Dringlichkeit hat, beweist schon die aktuelle technische Entwicklung von sog. Künstlicher Intelligenz und deren Infiltration in unsere Lebenswelt, auch in das wissenschaftliche Arbeiten.

Für die wertvollen Rückmeldungen zur ersten Auflage bedanke ich mich bei Studierenden und Lehrenden, besonders bei Frau Dipl.-Ing. Birgit Bauer. Meiner Frau Maria danke ich für die Hilfe bei der Korrektur und Frau Nadja Hilbig für das umsichtige Lektorat.

1 Warum recherchieren

Wissen ist wahre begründete Meinung.
Platon

In diesem Kapitel beantworten wir die Frage, warum Recherchieren zum wissenschaftlichen Arbeiten gehört und notwendig ist. Wir suchen Wissen aus Neugier und Wissensdurst, wenn wir lernen und unser Wissen erweitern. Doch es gibt noch einen Grund, warum Recherchieren aus dem wissenschaftlichen Arbeiten nicht wegzudenken ist. Wissenschaftliches Wissen erhebt den Anspruch, begründetes Wissen zu sein. Wenn wir eine wissenschaftliche Arbeit schreiben, können wir aber unmöglich alles selbst begründen. Wir benötigen demnach Quellen, die uns Begründungen liefern, empirische oder theoretische. *Deshalb* recherchieren wir: Recherche ist die Voraussetzung für die wissenschaftliche Begründung.

1.1 Der Sache auf den Grund gehen

Die *Recherche* (franz. *rechercher*) ist die *professionelle* Suche nach Information. Professionell in zweifacher Hinsicht: Erstens steht sie in Zusammenhang mit einer Berufsausübung, einer Profession, und zweitens erfordert sie Kompetenz, Ausbildung, Routine, also Professionalisierung. Insofern ist die professionelle Recherche vom Suchverhalten im Alltag zu unterscheiden, dieses ist im Allgemeinen weniger anspruchsvoll, nicht flächendeckend und strategisch geplant.

Recherchiert wird in mehreren Berufsfeldern, z. B. im *Journalismus*: In der Berichterstattung können einerseits Informationen aus Pressekonferenzen, Pressemeldungen und Presseagenturen verarbeitet werden, sozusagen aus zweiter Hand. Andererseits recherchieren Journalisten selbst nach Informationen, um ein Thema aus verschiedenen Perspektiven zu beleuchten und im Interesse der Wahrheitsfindung möglichst objektiv darzustellen. Ein gewissenhafter Journalist versucht, seine Berichterstattung durch Recherche zu begründen. Weiters recherchieren *Marktforschungsinstitute* Märkte und Konsumentenverhalten, um die Absatzchancen für Produkte zu optimieren. Ähnlich recherchieren *Meinungsforschungsinstitute* politische Einstellungen und Wählerverhalten. Auch *Detektive* und *Kriminalpolizisten* recherchieren, um ihre Annahmen anhand von Fakten zu beweisen.

Diese Formen von Recherche haben Ähnlichkeiten mit der wissenschaftlichen Recherche. Ähnlich geht es in der Wissenschaft um Wahrheitsfindung, um objektive Darstellung, um Begründung – doch es gibt *einen* Unterschied, denn Wissenschaftler*innen tun etwas anderes als Journalisten, Marktforscher und Detektive.

Hier stellt sich die Frage: Was ist die **Wissenschaft?** Das ist eine schwierige Frage, die Kernfrage der Wissenschaftstheorie. *Die* Wissenschaft gibt es eigentlich nicht, es gibt *Einzelwissenschaften*, die sich relativ gut nach ihrem *Gegenstandsbereich* unterscheiden lassen, z. B. Physik, Biologie, Politikwissenschaft, Erziehungswissenschaft, Theologie – meistens kommt in diesen Bezeichnungen „-wissenschaft" vor oder (was dasselbe bedeutet) „-logie". Solche Einzelwissenschaften inhaltlich zu unterscheiden, wäre noch leicht.

Doch es gibt noch andere Unterschiede. Wenn Sie z. B. Soziologie studieren und sich mit Studierenden der Biologie austauschen, werden Sie feststellen, dass dann mit „Wissenschaft" etwas anderes gemeint sein kann. Oder vielleicht sind Sie Geisteswissenschaftler und wurden einmal von einer Naturwissenschaftlerin gefragt, ob Ihr Studienfach *überhaupt* eine Wissenschaft ist – klar, Sie können den Spieß auch umdrehen.

Solche Unterschiede im Wissenschaftsverständnis hängen mit den *wissenschaftstheoretischen Positionen* zusammen. Diese geben unterschiedliche und teilweise kontroversielle Antworten auf Fragen wie z. B., was Wissenschaft überhaupt ist, welche Forschungsmethoden sinnvoll sind, wie man zu wissenschaftlichem Wissen kommt, wie es begründet wird und was mit wissenschaftlichen Erkenntnissen in der Praxis geschehen soll.

Das sind nicht nur nutzlose philosophische Fragen, im Gegenteil, es geht um grundlegende Einstellungen, Leitbilder und Paradigmen, die entscheidend sind für die Forschungspraxis und im Endeffekt auch für die Forschungsergebnisse. Wissenschaftler*innen und Studierende verinnerlichen meist eine wissenschaftstheoretische Position, sehen diese als selbstverständlich und nehmen andere nicht wirklich als Alternativen wahr, es sei denn, sie reflektieren *wissenschaftstheoretisch.* Es gibt – vereinfacht gesagt – drei wissenschaftstheoretische Positionen.

Einmal den *Kritischen Rationalismus* (1), der das Ziel der Wissenschaft darin sieht, die Wirklichkeit zu *erklären*, indem Hypothesen formuliert werden, aber so, dass sie auf Wahrheit oder Falschheit hin geprüft werden können, also verifizier- oder falsifizierbar sind. Sind sie es nicht, sind es keine wissenschaftlichen Sätze. Mit einer Hypothese kann dann eine Tatsache erklärt werden. Doch wie man zu einer solchen Hypothese kommt, ist für ihre Qualität sekundär.

Genau diese Frage ist der wissenschaftliche Fokus der *hermeneutisch-heuristischen* Position (2). Die Qualität von Wissenschaft hängt davon ab, ob und wie begründet werden kann, wie eine Hypothese entsteht. Das Ziel der Wissenschaft ist es, die Wirklichkeit, eine Tatsache, ein Ereignis, ein Verhalten zu *verstehen*, dann erst kommen wir zu einer Hypothese.

Eine dritte Position schließlich, die *Kritische Theorie* (3), hinterfragt beide: In beiden wird die soziale und politische Praxis ausgeblendet. Vor allem gilt das für die Frage nach den Einstellungen, Werten und Normen, die dafür entscheidend sind, wie wir Wirklichkeit verstehen und erklären und unser Leben gestalten. Das Ziel der Wissenschaft ist die kritische Reflexion dieser normativen Voraussetzungen wissenschaftlicher Erkenntnisse und ihrer Auswirkungen auf die soziale und politische Wirklichkeit.

Das ergibt eine komplexe Landschaft: Man könnte jede dieser Positionen wie eine optische Linse über einen Gegenstandsbereich legen und Wissenschaft wird jeweils etwas anderes. Wobei nicht alles Sinn macht: Für die physikalische Wirklichkeit ist die hermeneutisch-heuristische Optik (2) wirklich eher peripher, denn wie Albert Einstein zu einer Hypothese gekommen ist, ob nach einer Tasse Kaffee oder bei einem Spaziergang, ist nur ein psychologisches Detail. Wichtig ist, ob die Hypothese verifiziert werden kann (1). Allerdings müsste aus der Sicht der Kritischen Theorie (3) schon gefragt werden, welche Folgen diese Hypothese für die Praxis hat. Wissenschaftler*innen können in dem Punkt durchaus blauäugig sein: Robert Oppenheimer hat wissenschaftlich engagiert die Atombombe erfunden, sich aber nach Hiroshima und Nagasaki politisch engagiert gegen deren Einsatz ausgesprochen.

In den Sozialwissenschaften hat eine Differenzierung im Hinblick auf alle wissenschaftstheoretischen Positionen auf jeden Fall Sinn. Es macht einen Unterschied, ob nach dem Kritischen Rationalismus ausschließlich Hypothesen verifiziert werden, indem Zahlen erhoben und ausgewertet werden, also *quantitative* Methoden zum Einsatz kommen. Oder ob, wie es die Hermeneutische Position fordert, die Bildung von Hypothesen in den

Mittelpunkt kommt und damit die Frage, wie soziale Wirklichkeit überhaupt beschrieben wird, demnach *qualitative* Methoden erforderlich sind.

Überblick | Es gibt nicht *die eine* Wissenschaft
Es gibt vielmehr Einzelwissenschaften, die sich unterscheiden im Hinblick

- auf den Gegenstandsbereich (sie sind Fachdisziplinen, z. B. Physik, Soziologie),
- auf ihre wissenschaftstheoretischen Voraussetzungen (z. B. des Kritischen Rationalismus, der Hermeneutisch-heuristischen Position, der Kritischen Theorie),
- auf die verwendeten Methoden, z. B. quantitativ oder qualitativ.

Trotz dieser Unterschiede gibt es eine Gemeinsamkeit in der Landschaft der Einzelwissenschaften: **die theoretische Zielsetzung** von Wissenschaft, die für alle Wissenschaftsdisziplinen gilt und worin sich alle wissenschaftstheoretischen Positionen einig sind. Dies ist zwar eine Selbstverständlichkeit, aber genau darin liegt der Unterschied zwischen dem *theoretischen* Wissen und dem *Alltagswissen.* Theoretisches Wissen ist erstens allgemeingültig: Forschungsergebnisse stellen den Anspruch, nicht nur für einen Fall, sondern ebenso für andere, ähnliche Fälle Gültigkeit zu haben. Das könnte auch für das Alltagswissen gelten, es wird ja oft sehr schnell etwas über „Alle ..." behauptet. Doch theoretisches Wissen ist zweitens methodisch gesichertes Wissen: Zu Forschungsergebnissen gelangt man durch Anwendung von anerkannten Methoden, dadurch sind sie intersubjektiv nachprüfbar. Das bedeutet: Theoretisches Wissen ist **begründetes Wissen**.

Wenn Journalisten, Marktforscher und Detektive recherchieren, haben sie nicht das Ziel, theoretisches Wissen zu schaffen – auch dann nicht, wenn sie Theorien recherchieren, gehen sie nicht von einer theoretischen Frage aus. Ähnlich ist es, wenn wir im Alltag im Internet nach etwas suchen. Wissenschaftler*innen hingegen recherchieren mit einer *theoretischen* Zielsetzung, um nämlich auf *theoretische* Fragestellungen *theoretische* Antworten zu finden. Und zwar direkt oder indirekt. Direkt, wenn das, was sie in der Recherche finden, bereits theoretisches Wissen ist: eine solche Forschung wird als *theoretische Arbeit* bezeichnet. Oder indirekt, wenn sie nicht-wissenschaftliche Texte, z. B. literarische Texte, oder empirischen

Daten, z. B. Interviews auswerten und daraus theoretisches Wissen ableiten: diese Forschung wird als *empirische Arbeit* bezeichnet.

Überblick | Was Wissenschaften gemeinsam haben

- Sie haben eine theoretische Zielsetzung.
- Theoretisches Wissen ist allgemeingültig, methodisch gesichert, intersubjektiv nachprüfbar und *begründet.*
- Begründet entweder durch theoretisches Wissen oder empirische Daten.
- Darin unterscheiden sich wissenschaftliches Wissen und Alltagswissen.
- Die wissenschaftliche Recherche hat ein *theoretisches* Ziel.

Auch Sie benötigen im Forschen und Studieren immer wieder Wissen, Daten und Fakten, etwa wenn Sie für eine Prüfung lernen, eine Ausbildung absolvieren, eine schriftliche Arbeit verfassen oder ein *Forschungsprojekt* durchführen. Einerseits theoretisches Wissen, also Konzepte, Hypothesen, Modelle und Theorien, die mit Ihren Forschungs- und Lerninteressen zusammenhängen. Dieses Wissen ist zumeist publiziert, in Büchern und Zeitschriftenartikeln oder im Internet. Andererseits beschäftigen Sie sich mit literarischen Werken, historischen Materialien, Kunstwerken oder empirischen Daten, Interviews, Statistiken, Zahlen, Ergebnissen von Experimenten usw.

Warum aber benötigen Sie das alles?

Wenn Sie z. B. eine literaturwissenschaftliche Arbeit über das *Frauenbild in Goethes Faust I* schreiben möchten, ist *Faust I* von Johann Wolfgang von Goethe Ihr Forschungsgegenstand, ein literarischer Text, also Ihre Primärquelle. Niemand wird bestreiten, dass Sie nur dann über das Thema schreiben können, wenn Sie sich insofern primär mit dem Text von Goethe beschäftigen: Diesen werden Sie also recherchieren, lesen, interpretieren. Doch warum können Sie nicht einfach über Faust und Gretchen drauflos interpretieren, aber *andere* wissenschaftliche Arbeiten, die sich mit dem gleichen Themenbereich befassen (mit Goethes Faust, dem Frauenbild in Goethes Faust und dem Frauenbild allgemein), einfach ignorieren?

Warum kümmert uns als Wissenschaftler*innen eigentlich das bereits vorhandene wissenschaftliche Wissen? Man könnte annehmen, dass man dies aus Gewohnheit oder aus Höflichkeit tut oder eine Spielregel befolgt, die sich in der Wissenschaft etabliert hat und für die sich die Gemeinschaft der Wissenschaftler*innen irgendwann entschieden hat. Doch diese Annahme wäre zu einfach, denn ich könnte ja selbst entscheiden, mich nicht an diese Regelung zu halten.

Es gibt mindestens drei andere Gründe, warum es *sinnvoll* ist, dass wir auf die wissenschaftliche Diskussion Bezug nehmen – und dafür, dass wir das tun *müssen*.

Ein Grund ist, dass Wissenschaft nicht Privatsache sein kann. Forschende müssen ihre Forschungsergebnisse **kommunizieren**, veröffentlichen und zur Diskussion stellen, sonst haben sie keinen Sinn. Dafür orientieren sich Forschende, wenn sie ihre Ergebnisse veröffentlichen, an bestimmte *Standards* des wissenschaftlichen Arbeitens, etwa wie man → zitiert, oder wie eine → Publikationsform, z. B. eine Seminararbeit oder ein → Artikel, aufgebaut sein muss. Dies sind Normen, die sich mit der Zeit entwickelt und etabliert haben und die Veränderungen unterliegen. Noch wichtiger ist, dass die übliche *Terminologie* einer Fachdisziplin verwendet wird bzw. dass neue Begriffe nur in Rücksicht darauf eingeführt werden. Und vor allem, dass an vorhandene Theorien, also an den aktuellen *Forschungsstand* angeknüpft wird. Nur unter diesen Bedingungen können Forschungsergebnisse kommuniziert werden, nur so sind sie verständlich, nachvollziehbar und überprüfbar. Nur so haben Forschungsergebnisse Relevanz.

Exkurs | Prominente Ausnahmen bestätigen die Regel

Es hat immer wieder Wissenschaftler*innen gegeben, die sich um Standards, gemeinsame Terminologie und Forschungsstand wenig gekümmert haben, obwohl sie tatsächlich revolutionäre Theorien entwickelt haben. Allerdings dauerte es länger, bis sie in der *scientific community* diskutiert, anerkannt und gewürdigt wurden. Ein Beispiel dafür ist der Philosoph Ludwig Wittgenstein: Sein einziges, zu Lebzeiten publiziertes Werk, der *Tractatus logico-philosophicus*, entspricht überhaupt nicht den Standards wissenschaftlicher Texte. Wittgenstein verwendete ungeniert neue Begriffe, er verfasste keinen Fließtext, sondern einzelne Sätze, die er mit einem Dezimalnotationssystem in eine logische Struktur brachte. Also kein Vorbild für korrektes wissenschaftliches Arbeiten. Vor allem, da er es nicht für nötig befand, Quellen anzugeben, weil (wie er im Vorwort schreibt) „es mir gleichgültig ist, ob das, was ich gedacht habe, vor mir schon ein anderer gedacht hat."

Er fand lange Zeit auch keinen Verleger, obwohl namhafte Kollegen, etwa Bertrand Russell, schon früh den Wert seines Werkes erkannt hatten. Als Wittgenstein den *Tractatus* als Dissertation in Cambridge einreichte, kam es sogar zum Zerwürfnis mit seinem Doktorvater George Edward Moore: Wittgenstein weigerte sich nach wie vor, seine Quellen zu zitieren, bekam aber doch den Doktor – und wurde später sogar Professor in Cambridge und einer der wichtigsten Philosophen des 20. Jahrhunderts.

Ein weiterer Grund ist, warum Forschende an den Forschungsstand anknüpfen, ist, dass nur so **wissenschaftlicher Fortschritt** möglich ist. Es gibt viel wissenschaftliche Informationen, immer mehr, und umso größer wird auch das Risiko, dass es viel nutzlose Informationen gibt. Wird bei einer Forschungsarbeit der Forschungsstand nicht *recherchiert* und berücksichtigt, kommt es ggf. zu leeren Kilometern oder es wird neue Information produziert, die nicht anschlussfähig ist und deswegen nutzlos.

Dies gilt besonders für Wissenschaftsdisziplinen, die sich schnell weiterentwickeln und neue Erkenntnisse unmittelbar praktische Konsequenzen haben, Innovationen, die für die Gesellschaft wichtig sind, bspw. in den Technikwissenschaften, in der Physik oder Medizin. Dennoch hat sich das Bewusstsein, dass gerade deshalb die professionelle *Recherche* und *Dokumentation* zentrale Voraussetzungen für den wissenschaftlichen Fortschritt sind, erst relativ spät durchgesetzt. Ein Grund dafür war das rasante Anwachsen von wissenschaftlicher Innovation – und Information, wie die folgende Geschichte zeigt.

Exkurs | Der Sputnik-Schock oder: Warum recherchieren und dokumentieren

Am 4. Oktober 1957 wurde von der ehemaligen UdSSR erstmals ein künstlicher Satellit, der Sputnik 1, in den Weltraum geschossen. Für die westliche Welt war dies ein regelrechter Schock, da man die Forschung und Technologie in der Sowjetunion massiv unterschätzt hatte. Jetzt begann der *space race.* Der Sputnik-Schock wurde in den USA zum Politikum ersten Ranges. Man erkannte, dass der Vorsprung der Sowjetunion darauf beruhte, dass die Forscher über ein gut funktionierendes, zentrales Dokumentationssystem verfügten, in dem wissenschaftliche Publikationen verzeichnet und zugänglich gemacht wurden. In der

Folge wurden in den USA und in Westeuropa Dokumentationsstellen und Bibliotheken massiv gefördert.

Doch der wichtigste Grund, warum wir nicht umhinkommen, auf den Stand der Forschung Bezug zu nehmen, ist, dass wir wissenschaftliche Ergebnisse immer **begründen** müssen. Begründung ist die *conditio sine qua non* der Wissenschaft. Wissenschaftler*innen gehen der Sache auf den Grund, sie recherchieren Begründungen. Bereits der griechische Philosoph Platon hat zwischen zwei Formen von Wissen unterschieden: die *Dóxa*, das geglaubte Wissen, und die *Epistéme*, das begründete Wissen der Wissenschaft: „Wissen ist wahre begründete Meinung." So lautet ein Schlüsselsatz in Platons Dialog Theaitetos. Damit ist einfach und prägnant die Zielsetzung eines jeden *Forschungsprozesses* definiert: *Begründungen finden.*

Doch so einfach ist das nicht. Dass wahre Erkenntnis nur durch Begründung zu erreichen ist, das ist *common sense* in den Wissenschaften. Die Philosophen sind damit noch nicht zufrieden und wollen *wissenschaftstheoretisch* klären, wie das möglich ist. Wenn man davon ausgeht, dass eine Meinung ein Satz ist, dann muss er, damit er zu Wissen wird, durch einen anderen Satz begründet werden. Doch auch dieser Satz muss wieder begründet werden durch einen weiteren Satz usw. usf. – das ergibt also einen *infiniten Regress.*

Man könnte nun sagen: Schluss, es gibt endgültige Wahrheiten, also Axiome, mit denen wir *alles* begründen können. Doch das wäre *dogmatisch*, man könnte nur mehr an diese Wahrheiten glauben, und das wäre gar nicht wissenschaftlich, wesentliche neue Erkenntnisse und Fortschritt wären nicht mehr möglich.

Man könnte auch versuchen, das begründete Wissen vom nicht begründeten Wissen zu unterscheiden. Doch da müsste man schon vorher wissen, wie man diesen Unterschied machen könnte, also wie die Kriterien für diese Unterscheidung begründet werden können – das würde demnach zu einem *Zirkelschluss* führen.

Das Beste ist hier die Flucht nach vorn: Wir können noch so viele gute Gründe finden, aber wissenschaftliche Theorien können nie *endgültige* Wahrheiten liefern, sie sind immer nur so lange als Hypothesen brauchbar, als nicht ihr Gegenteil bewiesen wird. Das Wort *Wahrheit* muss in der Wissenschaft unter Anführungszeichen gesetzt werden. Der Wissenschaft bleibt nur, systematisch kritisch und skeptisch zu sein, auch was eigene Forschungsergebnisse betrifft, ständig zu prüfen, ob wissenschaftliche Hypothesen als falsch erwiesen, d. h. falsifiziert werden können. Tatsächlich ist die Falsifizierbarkeit ein wesentliches Qualitätskriterium von Wissenschaft. Fortschritt in der Wissenschaft hängt mit dieser kritischen Einstellung zusammen. Diese Position des *Kritizismus*, die ursprünglich von Immanuel Kant als Erkenntnistheorie formuliert und später von Karl R. Popper für die Wissenschaftstheorie konkretisiert wurde, wird inzwischen weitgehend geteilt.

1.2 Der Forschungsprozess

Am Beginn eines **Forschungsprozesses** gibt es eine Forschungsfrage, am Ende eine Antwort dazu, das Forschungsergebnis. Im Forschungsprozess selbst – auf dem Weg von der Frage zur Antwort – werden jene Konzepte, Hypothesen und Theorien, die geeignete Antworten auf die Forschungsfrage liefern könnten, begründet, auf sichere Fundamente gestellt. Das ist das Ziel einer wissenschaftlichen Arbeit. Damit ist einerseits das *Produkt* gemeint, eine Abschlussarbeit, ein Zeitschriftenartikel, ein Buch. Andererseits der *Forschungsprozess*, der zu diesem Produkt führt, das sog. *wissenschaftliche Arbeiten.*

Welche Voraussetzungen muss eine **wissenschaftliche Arbeit** überhaupt erfüllen? Dazu zitieren wir aus dem Klassiker von Umberto Eco „Wie man eine wissenschaftliche Abschlussarbeit schreibt".

Exkurs | Umberto Eco, ein Schriftsteller, Semiotiker, Kolumnist, Philosoph ...
Umberto Eco wird Ihnen wahrscheinlich vom Film oder vom Roman *Der Name der Rose* her bekannt sein. Umberto Eco war Universitätsprofessor für Semiotik, Schriftsteller, Kolumnist, Philosoph, Medienwissenschaftler, er hat mehrere Klassiker geschrieben, darunter ein Buch über Wissenschaftliches Arbeiten. Die Erstausgabe erschien 1977 unter dem Titel *Come si fa una tesi di laurea*, also: Wie macht man eine Dissertation, lässig und doch elegant formuliert. Das war die Zeit, als Studierende an den Universitäten vorwiegend noch eine Dissertation (eine *tesi di laurea*) geschrieben haben, und zwar auf Schreibmaschine, man sagte wirklich *auf* und nicht *mit*. Das war auch die Zeit, in der Kataloge und Bibliografien in den Bibliotheken der exklusive Zugang zu wissenschaftlichen Informationen war.

Dieses Buch von Umberto Eco ist schon fast 50 Jahre alt, wird aber immer wieder neu aufgelegt, obwohl es – was die *Techniken* des wissenschaftlichen Arbeitens betrifft – ja ganz und gar nicht mehr *up to date* ist. Ein Grund für die Beliebtheit dieses Buches ist wahrscheinlich der authentisch kollegiale Stil, in dem Professor Eco schreibt, der Grund für seine Aktualität ist, dass es vorwiegend die Themen behandelt, die trotz technischer Weiterentwicklung die gleichen geblieben sind. Im Besonderen z. B. die Anforderungen, die eine *wissenschaftliche Abschlussarbeit* erfüllen muss (Eco 2020):

- „Die Untersuchung behandelt einen erkennbaren Gegenstand, der so genau umrissen ist, daß er auch für Dritte erkennbar ist." (ebd., S. 40)
- „Die Untersuchung muß über diesen Gegenstand Dinge sagen, die noch nicht gesagt worden sind, oder sie muß Dinge, die schon gesagt worden sind, aus einem neuen Blickwinkel sehen." (ebd., S. 41)
- „Die Untersuchung muß für andere von Nutzen sein." (ebd., S. 42)
- „Die Untersuchung muß jene Angaben enthalten, die es ermöglichen nachzuprüfen, ob ihre Hypothesen falsch oder richtig sind, sie muß also die Angaben enthalten, die es ermöglichen, die Auseinandersetzung in der wissenschaftlichen Öffentlichkeit fortzusetzen." (ebd., S. 44)

Das ist eine Checkliste für die Qualitätssicherung einer wissenschaftlichen Arbeit, prägnant und unmissverständlich: Klarheit der Forschungsfrage, Innovation, Nützlichkeit und Überprüfbarkeit der Ergebnisse. Techniken und Standards des wissenschaftlichen Arbeitens sind eher am Rande angesprochen, vornehmlich dort, wo es um die bibliografischen Angaben der Quellen geht, die für eine Überprüfung der Begründung von Hypothesen erforderlich sind.

Genauso wichtig wie die Qualitätskriterien einer *wissenschaftlichen Arbeit* sind die für das *wissenschaftliche Arbeiten* erforderlichen Kompetenzen. Nach Werner Sesink sind diese gegeben, „wenn zum Beispiel eine Studentin zeigt, dass sie in der Lage ist,

- auf der Grundlage wissenschaftlicher Erkenntnisse und des *Standes der wissenschaftlichen Diskussion* in ihrem Fachgebiet und
- in *Auseinandersetzung* mit den wissenschaftlichen Auffassungen anderer
- sich zu einem *Thema* ihre *eigenen Gedanken* zu machen und
- diese in einer für andere *verständlichen Form* darzustellen." (Sesink 2004, S. 12)

Die wissenschaftliche *Arbeit* und das wissenschaftliche *Arbeiten*, das sind unterschiedliche Perspektiven, die zwei Seiten einer Medaille: Aber für beide sind die dieselben Punkte wesentlich. Das Ziel der wissenschaftlichen Arbeit sind *neue eigene Gedanken*. Diese müssen im Kontext der wissenschaftlichen Diskussion *begründet* werden, indem auf klar identifizierbare, d. h. *zitierte* Quellen Bezug genommen wird. Das bedeutet, dass fremde Gedanken, Begriffe, Konzepte und Hypothesen nicht nur wiedergegeben, sondern kreativ auf neue Zusammenhänge hin weitergedacht und „aus einem neuen Blickwinkel" (Eco) gesehen werden. Gedanken müssen in *verständlicher Form* ausgedrückt werden, d. h. klar definierte und korrekt verwendete Begriffe, ein logischer und nachvollziehbarer Aufbau der Arbeit, der berühmte rote Faden in der Grobgliederung und im Textfluss. Und selbstverständlich die korrekte Zitierweise und ein passendes Layout.

In den beiden Zitaten sind auch die **Schritte** eines **Forschungsprozesses** erkennbar.

Überblick | Ablauf des Forschungsprozesses

1. Am Anfang steht eine Forschungsfrage.

- Meist muss die Forschungsfrage noch konkretisiert werden: Zu diesem Zweck führt man u. a. eine → Einstiegssuche (→ S. 170) durch.

2. Ist die Forschungsfrage hinreichend konkret und klar,

- wird eine → gezielte systematische Recherche (→ S. 172) nach relevanten Quellen durchgeführt,
- die gefundenen Literaturhinweise (→ Referenzen) werden in der → Leseliste (→ S. 212) formal dokumentiert und im Hinblick auf weitere Referenzen geprüft: → assoziative Suche (→ S. 171).

3. Anschließend werden die Quellen

- im Hinblick auf die Forschungsfrage ausgewertet, exzerpiert und inhaltlich dokumentiert (→ S. 221).
- Dadurch gewinnt man einen Überblick der Theorien, der im Literaturbericht dokumentiert wird.
- Dabei ergeben sich neue Zusammenhänge, Theorieansätze, Hypothesen

4. Wenn diese Hypothesen bereits Antworten auf die Forschungsfrage sind, kann mit dem Schreiben der Arbeit begonnen werden (6.)
5. Wenn nicht, werden entweder weitere Quellen recherchiert (2.) oder empirische Daten erhoben und ausgewertet.

- Dies ist dann der Fall, wenn zudem empirische Daten als Quellen relevant sind, um eine Theorie entweder zu bestätigen oder eine neue zu entwickeln.
- Im ersten Fall wird eine quantitative Methode gewählt, im zweiten eine qualitative.

6. Abschließend werden die Forschungsergebnisse schriftlich festgehalten, Quellen werden zitiert (→ S. 237)

In diesem Ablaufschema kann man erkennen, dass ein Forschungsergebnis in mehreren Schritten erzielt wird. Wenn wir auf eine Forschungsfrage eine Antwort finden, so ist diese zunächst vorläufig und vage – eine *Dóxa* im Sinne Platons, eine Meinung, die wir *für wahr halten*. Sie kann interessant und spannend sein, aber wissenschaftlich gesehen ist sie erst brauchbar, wenn wir gute **Gründe** anführen können, warum sie *wahr* sein kann. Erst dann hat unsere Meinung den Status der *Epistéme*, erst jetzt ist sie eine wissenschaftliche Hypothese. Ja, auch dann noch ist und bleibt sie nur eine **Hypothese**, und keine These: Wir können noch so viele gute Gründe finden, aber wissenschaftliche Theorien können nie endgültige Wahrheiten liefern, sie sind immer nur so lange als Hypothesen brauchbar, als nicht ihr Gegenteil bewiesen und begründet wird.

Begründen – und Recherchieren – ist die ewige Sisyphos-Aufgabe der Wissenschaftler*innen.

Frage 1 | Wann wird in einem Forschungsprozess recherchiert?

In diesem Ablaufschema kann man erkennen, dass eine Theorie, egal ob sie bereits vorhanden oder erst neu gebildet wird, *unterschiedlich begründet* werden kann, d. h. dass dabei *unterschiedliche Quellen* als Begründungen fungieren können.

1.3 Begründungen recherchieren

In einer wissenschaftlichen Arbeit können wir unsere Argumente und Hypothesen **selbst begründen**, ohne uns auf andere Begründungen zu stützen. Doch das führt irgendwann zu einem Problem, denn grundsätzlich muss *alles* in einer wissenschaftlichen Arbeit begründet werden, die Theorien, die Hypothesen, die Argumente, die Konzepte, die Begriffe. Das bedeutet, dass man sich entweder nur mehr wiederholen würde oder sich in Widersprüche verwickelt oder sich auf Dogmen oder vermeintlich letzte Wahrheiten beruft.

Anstatt alles selbst begründen zu wollen, können wir aber auf Begründungen zurückgreifen, die schon jemand gegeben hat. Das berühmte Rad muss nicht jedes Mal neu erfunden werden, es gibt auch bewährtes Wissen: Dieses finden wir in **Quellen**. Man könnte annehmen, dass diese Art der Begründung autoritätsgläubig, fremdbestimmt und konservativ ist oder sogar Innovationen verhindern kann. Nein, Forschende übernehmen nicht einfach vorhandenes Wissen, sondern setzen sich kritisch damit auseinander. Begründen in diesem Sinn meint demnach nicht nur, dass man sich positiv auf Aussagen von Autor*innen bezieht und diese *direkt* zur Begründung eigener Aussagen zitiert, sondern auch dass die eigene Position durch Abgrenzung und Widerlegung von Aussagen anderer klargestellt und insofern *indirekt* begründet wird. Eine Begründung kann demnach im Hinblick auf eine zitierte Aussage affirmativ bis hin zu kritisch sein.

Es ist letztlich unsere Entscheidung, welches vorhandene Wissen wir als Begründung verwenden, welches wir in unserer Argumentation widerlegen, welches wir differenzieren und ergänzen – wir wählen aus und bewerten. Viel Freiheit bedeutet wie immer viel Verantwortung. Es liegt an uns, Quellen zu *recherchieren*, die relevantes Wissen enthalten, sie zu *dokumentieren*, also auf Authentizität und Wissenschaftlichkeit zu prüfen, zu sichten, festzuhalten und in einen Begründungszusammenhang zu unseren Überlegungen zu bringen.

Begründen ist eine Kernaufgabe der Wissenschaft: Deshalb ist auch Recherchieren und Dokumentieren nicht nur beiläufiges technisches Handwerk.

Wenn wir wissenschaftlich begründen, reichen eigene Begründungen also nicht aus, das ist eine Grenze, und wir kommen nicht umhin, uns nach guten Gründen umzusehen, die bereits andere Wissenschaftler*innen formuliert haben. Wir können aber noch an eine andere Grenze kommen, irgendwann braucht es neben theoretischen Begründungen auch empirische.

Es gibt zwei Formen von Begründung

Theoretische Begründung. Eine Aussage wird theoretisch begründet, indem man sie zu anderen gültigen Aussagen in eine logische Beziehung setzt. Dies kann dadurch geschehen, dass man zeigt, dass sie mit diesen Aussagen logisch vereinbar ist oder dass sie mit keiner anderen gültigen Aussage im Widerspruch steht oder dass man sie aus anderen gültigen Aussagen logisch ableiten kann – das ist die stärkste Form der Begründung. Begründen heißt auch, die Bedeutung der Begriffe, die wir verwenden, zu definieren, und zwar so, dass sie mit anderen Begriffen theoretisch konsistent und empirisch nachvollziehbar sind.

In den meisten Fällen werden wir uns auf Aussagen und Begriffe stützen, die wir in einer Quelle finden und die ihrerseits nachweisbar wissenschaftlich begründet wurden. Konkret bedeutet dies, dass wir eine Textpassage, die wir in einer wissenschaftlichen Quelle gefunden haben und die in unserem Zusammenhang eine brauchbare Begründung ist, als Zitat verwenden, wir *zitieren* sie. Wir führen die Textpassage an, entweder im genauen Wortlaut (direktes Zitat) oder in eigenen Worten (indirektes Zitat) und geben die Quelle an. Denn nicht nur wir müssen die Quelle prüfen und für gut befinden. Auch der Leser muss unsere Begründungen *back to the roots* verfolgen und nachprüfen können. Begründungen müssen intersubjektiv nachvollziehbar sein: Quellen müssen deshalb korrekt zitiert werden.

Empirische Begründung. Auch bei dieser Begründung stützt man sich auf Quellen. Dies ist die Schnittstelle, wo sich Wissenschaft und Wirklichkeit, Theorie und Empirie treffen. Solche Quellen sind noch in einem Rohzustand, sie müssen erst theoretisch aufbereitet und raffiniert werden, erst dann können sie als wissenschaftliche Begründungen fungieren. Zu diesem Zweck müssen empirische Quellen mit Hilfe einer Methode interpretiert bzw. erhoben und ausgewertet werden. Durch die Anwendung einer *Methode* wird eine außerwissenschaftliche Quelle quasi in theoretische Münze umgesetzt und kann dann als empirische Begründung in einer wissenschaftlichen Arbeit verwendet werden.

Empirische Forschungsmethoden

Es gibt mehrere: Welche Methode geeignet ist, hängt von der Wissenschaftsdisziplin ab, vom Forschungsgegenstand und der Forschungsfrage.

Geistes- und Kulturwissenschaften. Empirische Quellen in diesen Disziplinen sind z. B. Originaltexte, literarische, theologische, philosophische Werke, Zeugenaussagen, Archivmaterial, ein musikalisches, bildnerisches oder gestalterisches Kunstwerk. Die Methode, die hier zum Einsatz kommt, ist die Interpretation: Die Objekte werden einer eingehenden kritischen und systematischen Analyse unterzogen und gedeutet. Eine Methode der Interpretation ist die hermeneutische. Gemäß der wissenschaftstheoretischen Position der Hermeneutik ist eine Interpretation immer vom Interpreten geprägt, von seiner Persönlichkeit, seiner Sozialisation, seinem theoretischen Vorwissen. Bei der hermeneutischen Interpretation wird deswegen auch das eigene theoretische Vorverständnis reflektiert, hinterfragt und mit alternativen Theorien verglichen.

Natur-, Sozial- und Wirtschaftswissenschaften. Empirische Quellen dieser Disziplinen sind bspw. statistische Daten, Gesetzestexte, Daten von Experimenten und Befragungen, Interviews, Beobachtungen, Akten, Wirtschaftsdaten. Diese empirischen Daten werden entweder interpretiert oder mit einer quantitativen oder qualitativen Methode erhoben und ausgewertet und so als Begründung für Theorien fruchtbar gemacht. Für die Frage, ob quantitativ oder qualitativ, ist entscheidend, ob es bereits Hypothesen gibt, die man bestätigen oder widerlegen will, oder ob neue Hypothesen gefunden werden sollen.

Quantitative Methode. Wenn es um eine groß angelegte Untersuchung geht, werden Hypothesen vorab formuliert, daraufhin wird ein repräsentatives Datenmaterial erhoben und ausgewertet, und abschließend werden die Hypothesen anhand der empirischen Ergebnisse überprüft: Dies ist die quantitative Methode. Ein untrügliches Zeichen dieser Methode besteht darin, dass die Befragten bei der Datenerhebung nicht wirklich die Möglichkeit haben, ihre Sichtweise über ihre Wirklichkeit wiederzugeben – klar ersichtlich ist dies bei Fragebögen, in denen nur so genannte geschlossene Fragen vorkommen, d. h. Fragen mit begrenzten Antwortmöglichkeiten.

Qualitative Methode. Wenn ich aber interessiert bin, Einzelfälle zu untersuchen und diese zu verstehen, ist es weniger angebracht, von eigenen Hypothesen auszugehen, sondern die Subjekte selbst sprechen zu lassen. In diesem Fall entscheide ich mich für eine qualitative Methode, ich beschränke mich auf Einzelfälle und suche auf der Basis von unstrukturierten Daten (z. B. Interviews) nach neuen Hypothesen, mit Hilfe derer die Einzelfälle verstanden und erklärt werden können. Die so gebildeten Hypothesen sind allerdings noch nicht für eine größere Allgemeinheit gültig. Doch wir können sie im Hinblick darauf überprüfen, wir benötigen dazu nur eine anschließende quantitative Untersuchung, in der mehr Datenmaterial z. B. mit Hilfe eines Fragebogens erhoben wird.

Die qualitative und die quantitative Methode gehören also insofern zusammen, als Theorien qualitativ gebildet und quantitativ überprüft werden.

Zwei Typen wissenschaftlicher Arbeit

Aus dem Ablaufschema des Forschungsprozesses geht hervor, dass es zwei **Typen** wissenschaftlicher Arbeit gibt, je nachdem, ob entweder *nur* theoretische oder *auch* empirische Begründungen verwendet werden. Daraus ergeben sich zwei grundlegend verschiedene Optionen wissenschaftlicher Forschung.

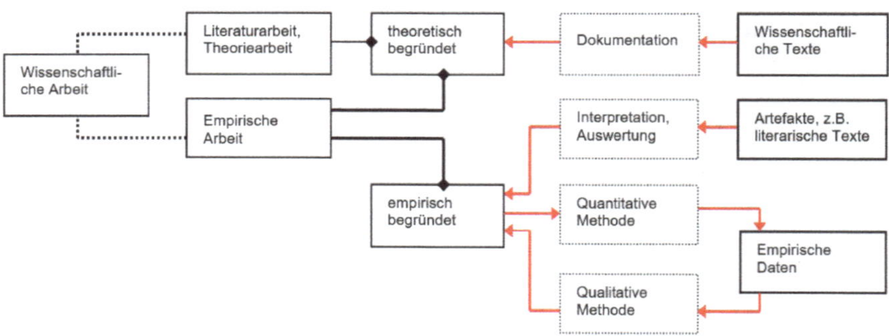

Abb. 1: Theoriearbeit und empirische Arbeit

Empirische Arbeit. Werden Aussagen darüber hinaus *auch* empirisch begründet, so handelt es sich um eine sog. empirische Arbeit. Dann werden Quellen recherchiert, die empirische Begründungen liefern können. Je nach Forschungsgegenstand und Forschungsfrage kommen unterschiedliche Forschungsmethoden ins Spiel und unterschiedliche Typen von Quellen.

Wenn der Forschungsgegenstand ein literarisches Werk ist, z. B. *Doktor Faustus* von Thomas Mann, und dieses **interpretiert** werden soll, ist das Ziel der Recherche einerseits das literarische Werk selbst (also im weiteren

Sine eine „empirische" Quelle) und andererseits theoretische literaturwissenschaftliche Arbeiten über dieses Werk.

Ähnlich wenn es um die *Sei Solo a Violino senza Basso accompagnato* von Johann Sebastian Bach geht, im Besonderen um die Forschungsfrage, ob der Komponist selbst auch der primär ausführende Musiker war, dann sind dieses Musikwerk, seine Handschriften sowie biografische und historische Dokumente Primärquellen, während einschlägige musikwissenschaftliche Arbeiten Sekundärquellen sind. Auch diese Arbeit ist forschungsmethodisch gesehen eine *Interpretation.*

Wenn wir die *Akzeptanz von Online-Learning in Lehrveranstaltungen bei Studierenden der Politikwissenschaft an der Universität Innsbruck* untersuchen wollen, werden wir einerseits *empirische Daten* erheben und auswerten und andererseits einschlägige Theorien recherchieren. Welche empirischen Daten dabei verwendet werden, hängt vom Forschungsziel und von der Forschungsmethode ab.

Wenn das Ziel darin besteht herauszufinden, *ob* und *wie viele* Studierende bestimmte Einstellungen haben, macht forschungsmethodisch eine **quantitative** Studie Sinn, wir erheben Daten mit einem Fragebogen und werten die Antworten statistisch aus. Wir setzen dabei voraus, dass es nur *bestimmte* und *genau diese* Einstellungen gibt.

Wenn wir uns aber zum Ziel setzen herauszufinden, *welche* Einstellungen die Studierenden *überhaupt* vertreten könnten (und zwar unabhängig von unseren möglichen Vermutungen darüber), gehen wir forschungsmethodisch gesehen **qualitativ** vor, indem wir z. B. Interviews mit den Studierenden führen, in denen sie ihre Sichtweisen formulieren können, diese rekonstruieren wir dann in der Auswertung des Datenmaterials und schaffen so ein Kategoriensystem für eine mögliche anschließende quantitative Studie.

Überblick | Warum recherchieren

- In einer wissenschaftlichen Arbeit muss alles begründet werden.
- Da wir nicht alles selbst begründen können, stützen wir uns auf bewährte Begründungen.
- Theoretische Begründungen, die wir aus theoretischen Quellen übernehmen, müssen korrekt zitiert werden, damit sie überprüfbar sind.
- Empirische Begründungen beruhen auf empirischen Quellen (Texte, Artefakte, Daten und Fakten), die durch Interpretation, quantitative oder qualitative Methoden auf intersubjektiv nachprüfbare Weise für eine Theorie fruchtbar gemacht werden.
- Für eine Literaturarbeit (Theoriearbeit) werden theoretische Quellen recherchiert, mit diesen werden Forschungsergebnisse theoretisch begründet.
- Für eine empirische Arbeit werden zusätzlich empirische Quellen nach einer bestimmten Methode erhoben und ausgewertet und für eine empirische Begründung von Forschungsergebnissen verwendet.
- Ziel des Recherchierens ist, jene Quellen zu finden, die mein Wissen erweitern und mir brauchbare theoretische oder empirische Begründungen für meine wissenschaftliche Arbeit liefern.

Checkliste | Warum recherchieren
Überlegen Sie, warum Sie recherchieren:

- ☐ Zu welchem Anlass: Seminararbeit, Abschlussarbeit usw.?
- ☐ Wie lautet die Forschungsfrage?
- ☐ Wie flächendeckend soll Literatur berücksichtigt werden?
- ☐ Handelt es sich um eine Theoriearbeit oder um eine empirische Arbeit?
- ☐ Welche Forschungsmethode wird verwendet?
- ☐ Welche Begründungen (empirische, theoretische) sind gefragt?

Wichtige Begriffe

Recherche, Begründung, Wissenschaftliches Arbeiten, Forschungsprozess, Forschungsfrage, Theoretische Begründung, Empirische Begründung, → Zitieren, Qualitative Methode, Quantitative Methode, Literaturarbeit, Empirische Arbeit.

2 Was recherchieren

Der Wissende weiß und erkundigt sich,
aber der Unwissende weiß nicht einmal,
wonach er sich erkundigen soll.
Sprichwort aus Indien

In diesem Kapitel beschäftigen wir uns mit den Quellen: diese recherchieren wir. Quellen beinhalten den Rohstoff, aus dem wir Konzepte, Hypothesen, Theorien schöpfen und begründen. Die wissenschaftliche Arbeit lebt von ihren Quellen. Wir können → Primär-, → Sekundär- und → Tertiärquellen unterscheiden sowie theoretische und empirische Quellen. Daraus ergibt sich eine Typologie, die uns zeigt, wie und mit welcher Methode Quellen zu bearbeiten sind, damit sie für eine wissenschaftliche Arbeit Begründungen liefern können. Dann wechseln wir die Perspektive und betrachten Quellen als Medien. Im Hinblick auf die → Mediensorte unterscheiden wir → Publikationsformen (Buch, Artikel usw.), im Hinblick auf den → Medientyp gedruckte und elektronische Quellen. Abschließend geht es um die Frage, welche Quellen in einer wissenschaftlichen Arbeit jeweils gefragt sind.

2.1 Primär-, Sekundär- und Tertiärquellen

Es ist ein Qualitätskriterium wissenschaftlichen Arbeitens, dass Forschungsergebnisse für jeden, also intersubjektiv *nachvollziehbar* und *überprüfbar* sind. Zu diesem Zweck muss die Argumentation schlüssig und konsistent sein, empirische Daten müssen nach anerkannten Methoden erhoben und ausgewertet werden, Experimente müssen exakt beschrieben werden. Der Leser einer wissenschaftlichen Arbeit soll erkennen können, aufgrund welcher Theorien, Argumente, Beweise, empirischer Daten und Fakten der Autor zu seinen Ergebnissen gelangt. Mit einem Wort: Die **Begründungen**, theoretische und empirische, müssen offengelegt und transparent sein, nur so ist eine wissenschaftliche Arbeit intersubjektiv nachvollziehbar und überprüfbar.

In einer wissenschaftlichen Arbeit beziehen wir Begründungen aus vielerlei **Quellen**. Quelle kann alles sein, einerseits das, worüber aus unterschiedlichsten Perspektiven überhaupt wissenschaftlich geforscht werden kann, also wirklich *alles*, andererseits Forschungsergebnisse oder Darstellungen derselben durch Dritte.

Quellen lassen sich demnach im Hinblick darauf unterscheiden, welche *Funktion* sie für eine wissenschaftliche Arbeit haben können:

Primärquellen *(primary sources)* betreffen den Forschungsgegenstand unserer wissenschaftlichen Arbeit. Das sind z. B.: Werke der Literatur; empirische Daten, die wir erhoben haben; Wirtschaftsdaten; Gesetze; Archivmaterial; Gebrauchsgegenstände des Alltags; Briefe und Tagebücher; Zeitungsartikel; wissenschaftliche Texte von Klassikern bspw. in der Literaturwissenschaft oder in der Ökonomie; aber auch Kunstwerke. Bei einer Arbeit über das *Frauenbild in Goethes Faust*, sind die Werke *Faust I* und *II* Primärquellen.

Sekundärquellen *(secondary sources)* sind wissenschaftliche Arbeiten über unseren Forschungsgegenstand. Mehr oder weniger, direkt oder indirekt: Sie können das gleiche Thema behandeln und sich auf dieselbe Primärquelle beziehen: das wären in unserem Beispiel Arbeiten *über* das Frauenbild in Goethes Faust. Es kann sich um Arbeiten handeln, die nur indirekt mit unserem Forschungsgegenstand zu tun haben, aber dennoch für die Untersuchung desselben relevant sind: das wären in unserem Beispiel Arbeiten *über* das Frauenbild *allgemein*. Auch die Arbeit, die wir verfassen, kann ggf. zu einer Sekundärquelle für andere Forschungsarbeiten werden.

Tertiärquellen *(tertiary sources)* erschließen Primär-, Sekundär- und auch Tertiärquellen selbst. Es gibt zwei Typen von Tertiärquellen, je nach Zielsetzung. Typ 1 sind die *inhaltlich orientierten* Tertiärquellen, die über Primär- und Sekundärquellen zu *informieren*: sie beschreiben Quellen, stellen ihren Inhalt übersichtlich dar, vergleichen Theorien miteinander. Lehrbücher z. B. geben die allgemein akzeptierte Lehrmeinung einer Fachdisziplin wieder. Artikel in Nachschlagewerken bieten einen komprimierten Überblick zu einem Stichwort, das sind die → *Referenzwerke (reference works)*, insbesondere Lexika, Handbücher, Enzyklopädien. Übersichtsartikel in Zeitschriften *(review articles)* berichten über den aktuellen Stand der Diskussion in einem Forschungsbereich. Auch populärwissenschaftliche

Zeitungsartikel informieren in leicht verständlicher Form über wissenschaftliche Forschungsergebnisse.

Wenn Sie eine Abschlussarbeit schreiben, in der Sie eine übersichtliche Darstellung z. B. eines wichtigen Zeitschriftenartikels zu geben versuchen, kann diese für Leser*innen, die sich schnell über den Artikel informieren wollen, eine brauchbare Tertiärquelle sein. Wenn Sie darüber hinaus noch den Artikel diskutieren, ihn mit anderen Quellen vergleichen und eigenständige Überlegungen formulieren, kann Ihre Arbeit ebenso eine Sekundärquelle sein – die Grenzen sind fließend.

Zu Typ 2 gehören Tertiärquellen, deren Zweck darin besteht, dass wir Primär-, Sekundär- und Tertiärquellen erst einmal *finden* können: Das sind → Suchmaschinen, → Online-Kataloge, → Datenbanken, → Fachinformationssysteme, also Hilfsmittel für die Recherche. Wenn ich in einem Online-Katalog nach Büchern eines Autors suche, finde ich bibliografische, also formale und inhaltliche Beschreibungen von Quellen, d. h. Literaturhinweise, → Referenzen (*references*). Referenzen liefern mir die Angaben, mit deren Hilfe ich Quellen selbst finden kann. Da insofern die Tertiärquellen des Typ 2 eigentlich Quellen von Referenzen sind, verwende ich hier den Begriff → *Referenzquellen (reference sources)* – sie werden auch als *Informationsressourcen* bezeichnet.

Forschungsfragen können, was ihren Focus betrifft, recht beweglich sein, wie Scheinwerfer, mit denen je nach Perspektive unterschiedliche Bereiche ausgeleuchtet werden. Ein Text, der in einem Forschungsvorhaben etwa als Sekundärquelle fungiert, kann in einem anderen eine Primärquelle sein. Wenn ich mich bspw. an eine Interpretation des Buches „Sein und Zeit“ von Martin Heidegger heranwage, so ist „Sein und Zeit“ meine Primärquelle. Sekundärquellen sind für mich die philosophischen Arbeiten und Interpretationen, die auch „Sein und Zeit“ zum Thema haben.

Wenn ich jedoch im Zuge meiner Forschung entdecke, dass die Rezeption von „Sein und Zeit“ in den Jahren bis 1945 auffällige Charakteristika aufweist, die reichhaltig Stoff für interessante Forschungsfragen bieten, und ich mich diesem Thema widmen möchte, dann hat sich mein Focus verlagert. Nun sind Interpretationen über „Sein und Zeit“ aus dieser Zeit meine Primärquellen. Denkbar wäre auch, dass Tertiärquellen zu Primärquellen werden: Etwa dann, wenn ich die Darstellung von „Sein und Zeit“ in Lehr- und Schulbüchern untersuche. Ob eine Quelle primär, sekundär oder tertiär ist, hängt demnach nur vom Focus meiner Forschungsfrage ab.

Frage 2 | Sie schreiben eine Masterarbeit zum Thema „Die Rezeption von Adam Smith in der deutschsprachigen Literatur des 20. Jahrhunderts". Was sind dabei Primär-, Sekundär- und Tertiärquellen?

Hinweis | Es gibt auch andere Unterscheidungen von Quellen. So werden von einigen Autoren alle wissenschaftlichen Werke zu den Primärquellen gezählt, unabhängig davon, ob ein Werk der Forschungsgegenstand selbst ist oder eine theoretische Arbeit über dieses Werk. Beispiel: Das Werk „Sein und Zeit" und seine Interpretationen zählen in dieser Systematik zur Primärliteratur. Als Sekundärliteratur werden hier alle Referenzquellen bezeichnet, Bibliografien, Bibliothekskataloge, Literaturverzeichnisse. Tertiärquellen sind ausschließlich einführende und zusammenfassende Werke wie Lehrbücher, Lexika, Handbücher.

Überblick | Primär-, Sekundär- und Tertiärquellen
Für eine wissenschaftliche Arbeit gibt es drei Arten von Quellen, die jeweils eine bestimmte Funktion erfüllen können:

- die Primärquelle ist bzw. betrifft den Forschungsgegenstand,
- die Sekundärquelle ist eine wissenschaftliche Arbeit über den Forschungsgegenstand,
- die Tertiärquelle beinhaltet die Zusammenfassung (Referenzwerk) und Erschließung (Referenzquelle) von relevanten Primär-, Sekundär und Tertiärquellen.

Neben ihrer Funktion unterscheiden sich Quellen im Hinblick auf die Art der Begründung, für die sie in einer wissenschaftlichen Arbeit verwendet werden. Wissenschaftliche Quellen eignen sich für eine *theoretische* Begründung: Sie liegen in der Regel publiziert vor, z. B. als Bücher oder Zeitschriftenartikel. Empirische Quellen sind die Basis für eine *empirische* Begründung: Das sind nicht wissenschaftliche Dokumente, z. B. Akten, Tagebücher, Briefe, Bilder, Kunstobjekte, statistische Daten, Interviews.

Daraus ergibt sich eine Typologie der Quellen

Eine *Typologie* ist eine Systematik ähnlicher Gegenstände nach Typen. Ein *Typ* wird definiert durch die Kombination von Merkmalen von zwei oder mehreren ***Dimensionen***. In unserer Typologie ergeben sich Typen aufgrund zweier Dimensionen:

- Die Dimension *Funktion der Quelle* weist die Merkmale Primär-, Sekundär- und Tertiärquelle auf.
- Die Dimension *Typ der Begründung* die Merkmale theoretisch und empirisch.

Diese Merkmale werden in einer Kreuztabelle angeordnet und nach sinnvollen Typen geprüft. Empirische Primärquelle ist z. B. ein Typ, der sich aus der Kombination von *empirisch* und *primär* ergibt. Empirische Sekundärquelle hingegen wäre kein sinnvoller Typ, da Sekundärquellen per definitionem *nur theoretisch* sein können.

<table>
<tr><td colspan="2" rowspan="2"></td><td colspan="4">Funktion der Quelle</td></tr>
<tr><td>Primärquelle</td><td>Sekundärquelle</td><td colspan="2">Tertiärquelle</td></tr>
<tr><td rowspan="4">Typ Begründung</td><td rowspan="2">theoretische</td><td>❶
wissenschaftlicher Text</td><td>❸
wissenschaftlicher Text</td><td>❹
Referenzwerk
reference work</td><td>❺
Referenzquelle
reference source</td></tr>
<tr><td colspan="2">interpretieren und zitieren</td><td>für Orientierung</td><td>für Recherche</td></tr>
<tr><td rowspan="2">empirische</td><td>❷
literarischer Text, empirische Daten</td><td colspan="3" rowspan="2"></td></tr>
<tr><td>erheben, auswerten</td></tr>
</table>

Abb. 2: Typologie der Quellen

Je nachdem, um welchen Typ von Quelle es sich handelt, bieten sich unterschiedliche Methoden an, wie die Quelle bearbeitet wird, damit sie in einem Forschungsvorhaben als Begründung fungieren kann:

Die **theoretische Primärquelle** ① ist ein wissenschaftlicher Text und als solcher der Forschungsgegenstand. Sie wird recherchiert, inhaltlich ausgewertet und interpretiert im Hinblick auf die Forschungsfrage, und ggf., wenn sie als Beleg und Begründung brauchbar ist, in der eigenen Arbeit *zitiert*. Eine theoretische Primärquelle liefert uns theoretische Begründungen.

Die **empirische Primärquelle** ② ist z. B. ein literarischer Text, ein Kunstobjekt, empirisches Datenmaterial und als solcher der Forschungsgegenstand. Sie wird recherchiert bzw. erhoben und durch Anwendung einer

Methode im Hinblick auf die Forschungsfrage theoretisch fruchtbar gemacht. Welche Methode (Interpretation, qualitative oder quantitative Methode) angewandt wird, hängt von der Forschungsfrage ab, von der Art der Quelle und was mit ihr begründet werden soll. Eine empirische Primärquelle liefert uns empirische Begründungen.

Die **Sekundärquelle** ③ kann nur theoretisch sein, sie ist eine Theorie *über* den Forschungsgegenstand, genauso wie meine Forschungsarbeit. Sie wird recherchiert, inhaltlich ausgewertet, interpretiert, verglichen und diskutiert im Hinblick auf die Forschungsfrage und ggf., wenn sie als Beleg und Begründung brauchbar ist, in der eigenen Arbeit *zitiert*. Eine Sekundärquelle liefert uns theoretische Begründungen.

Die **Tertiärquelle → Referenzwerk** ④ ist eine Darstellung und Zusammenfassung von Primär- und Sekundärquellen (z. B. Handbuch, Nachschlagewerk), sie ist nicht der Forschungsgegenstand und sie ist auch keine Theorie über den Forschungsgegenstand, sie ist nur insofern eine theoretische Quelle, als sie über Theorien über den Forschungsgegenstand handelt. Ein Referenzwerk liefert uns Orientierung und Überblick, sie kann im Allgemeinen nicht als Begründung und Beleg verwendet und zitiert werden, zu diesem Zweck sollte man auf die darin angeführten Primär- und Sekundärquellen zurückgreifen.

Die **Tertiärquelle → Referenzquelle** ⑤ ist eine formale und inhaltliche Beschreibung von Primär-, Sekundär- und Tertiärquellen (z. B. Referenzdatenbank, Online-Katalog, Bibliografie), ein Hilfsmittel der Recherche, sie liefert uns → Referenzen von Quellen, Literaturhinweise.

Frage 3 | Warum kann eine Sekundärquelle nicht empirisch sein?

Quellen sind Dokumente

Was ist ein **Dokument?** Eine allgemein verbindliche Definition gibt es nicht. Sehr einfach definiert, kann man ein Dokument sehen als *Information* oder als *Einheit von Informationen* auf einem *Trägermedium*. Auch der Begriff *Information* kann einfach definiert werden als *Daten mit Bedeutung*, die durch Anwendung zu *Wissen* werden. Was hingegen *Trägermedium* bedeutet, ist um einiges klarer. Gemeint sind im Hinblick auf den → Medientyp z. B. Printmedien, magnetische, optische, digitale Medien, im Hinblick auf die → Mediensorte Texte, visuelle Darstellungen usw.

Empirische Primärquellen sind Dokumente vor allem in Textform, bspw. literarische Werke, Transkriptionen von Tonbandaufzeichnungen, Protokolle, statistische Daten, Aktenmaterial. Aber auch andere Medientypen, Kunstobjekte, Musikwerke, Werbeplakate oder Tonband- oder Videoaufzeichnungen, Gegenstände des Alltagslebens. Text-Dokumente können *veröffentlicht* sein, etwa statistische Daten in einer Datenbank, oder literarische Werke – oder nicht veröffentlicht, etwa Aktenmaterial. Oder es kann um *Forschungsdaten* gehen, also *empirische* Daten, die in einem Forschungsprojekt erhoben und ggf. erst später veröffentlicht werden.

Hinweis | Die Erhebung von empirischen Daten ist im weiteren Sinne auch eine Form der Recherche: Der englische Begriff *research* (das etymologische Pendant von „Recherche") umfasst den ganzen Forschungsprozess, auch die Erhebung und Auswertung von Daten. Allerdings spielen dabei spezifische Forschungsmethoden eine Rolle, empirische Daten werden demnach nicht im eigentlichen Sinn recherchiert, sie werden also im Folgenden ausgeklammert.

Die **Sekundärquellen** und **Tertiärquellen** sowie die **theoretischen Primärquellen** sind Dokumente in Textform. Die meisten von ihnen liegen in veröffentlichter Form als → **Publikationen** vor. Daneben gibt es viele nicht publizierte wissenschaftliche Dokumente, insbesondere handschriftliche, maschinenschriftliche oder elektronisch gespeicherte Texte eines Wissenschaftlers (Autografen, Dateien). Dazu zählt die sog. *graue Literatur*, das sind Quellen, die nicht über den Buchhandel erhältlich ist und in diesem Sinne streng genommen nicht veröffentlicht sind, z. B. Institutsberichte, Forschungsberichte, Diskussionspapiere und studentische Abschlussarbeiten.

Auch die **Referenzquellen** sind in einem weiteren Sinn veröffentliche Dokumente, z. B. der Online-Katalog OPAC genannt, der Online Public Access Catalogue. Ebenso die → persönliche Dokumentation, die wir uns im Zuge der Lektüre und Auswertung von Quellen z. B. mit Hilfe einer → Literaturverwaltung aufbauen und die uns als Grundlage im Schreiben einer wissenschaftlichen Arbeit dient, ist eine Referenzquelle, sie ist aber ein Sonderfall, da sie natürlich nicht veröffentlicht ist.

Übersicht | Quellen sind Dokumente

- Alle Quellen sind Dokumente, zum Großteil Text-Dokumente. Dokumente in einem weiteren Sinn sind die empirischen Primärquellen, von Kunstobjekten bis zu Gegenständen des Alltagslebens.
- Text-Dokumente haben einen Medientyp: vor allem print oder elektronisch.
- Text-Dokumente sind wissenschaftlich oder nicht.
- Text-Dokumente sind veröffentlicht oder nicht.
- Veröffentlichte Text-Dokumente haben eine Publikationsform: z. B. Lehrbuch, Monografie, Zeitschriftenartikel, Arbeitspapier, Sammelband usw.
- Publikationsform und Medientyp sind relevant für die Recherche.

2.2 Publikationsformen

Publizieren bedeutet, dass ein Werk, meist durch einen Verlag, der Öffentlichkeit zugänglich gemacht wird. Publikationen können unterschiedliche → **Publikationsformen** aufweisen. Diese zu kennen, ist aus mehreren Gründen für die Recherche wichtig. Für jeweilige Publikationsformen gibt es nämlich eigene → **Referenzquellen**, in denen recherchiert werden kann: Bücher z. B. findet man in den Online-Katalogen der Bibliotheken oder in den Datenbanken des Buchhandels. Zeitschriftenartikel hingegen findet man in Online-Katalogen im Allgemeinen nicht, sondern in Referenz- oder Volltextdatenbanken. Zudem kann die Publikationsform in Datenbanken als formales Selektionskriterium verwendet werden, um die Treffermenge einzuschränken, bspw. auf alle Sammelbände. Darüber hinaus sollten Sie auch wissen, welche Publikationsformen im Besonderen als Quellen für Ihr Studienfach fungieren können, d. h. ob wissenschaftliche Arbeiten Ihrer Wissenschaftsdisziplin bspw. vorwiegend in Büchern oder in Zeitschriftenartikeln publiziert werden.

Eine Publikationsform definiert *Spielregeln* und *Standards* für die Gestaltung einer wissenschaftlichen Veröffentlichung. Das kann *äußere* Merkmale betreffen: So verfügen z. B. Zeitschriftenartikel neben der Angabe des Autors und des Titels immer über ein → Abstract, das den Inhalt des Artikels, seine Fragestellung, die verwendete Methode und die Forschungsergebnisse kurz zusammenfasst. Die Standards, die für eine Publikationsform gelten, können auch dessen *Aufbau* und *inhaltliche Gliederung* festlegen.

Im Folgenden besprechen wir die Publikationsformen für Primär-, Sekundär- und Tertiärquellen: Lehrbuch, Monografie, Zeitschriftenartikel, Arbeitspapier, Sammelband, Tagungsband, Handbuch. Die Referenzquellen – eine Teilmenge der Tertiärquellen – werden hier nicht erwähnt: Sie sind Hilfsmittel der Recherche und werden in Kapitel *Wo recherchieren* behandelt.

Lehrbuch. Die Ihnen als Studierenden zweifellos gut bekannte Publikationsform ist das Lehrbuch. In der Regel eignen Sie sich das Grundlagenwissen zu den einzelnen Themenbereichen Ihres Studienfaches vorwiegend über Lehrbücher an. Meist arbeiten Sie damit Prüfungsstoff durch, um Lehrveranstaltungen und Kurse positiv abschließen zu können. Lehrbücher bieten eine Übersicht über mehr oder weniger akzeptierte Lehrmeinungen, sie beschreiben diese strukturiert und übersichtlich. Wissenschaftliches Wissen begegnet Ihnen in Ihrer Hochschulausbildung zuerst in dieser statischen Form. Wenn Sie selbst wissenschaftlich aktiv werden und eine eigene Forschungsarbeit beginnen wollen, sind Lehrbücher jedoch nur bedingt geeignet. Dann nämlich sollten Sie sich an den gerade aktuellen Diskussionen beteiligen, Lehrbücher aber klammern diese aus. Lehrbücher zählen zu den Tertiärquellen: Sie bieten zwar eine gute Übersicht, um sich schnell über einen Themenbereich informieren zu können, sie vermitteln jedoch nur Wissen, das weitgehend unumstritten, nicht aktuell und für eine Forschungsfrage wenig interessant ist. Lehrbücher verweisen in der Regel auf weitere Quellen und sind insofern wichtige Tertiärquellen für die Recherche, vor allem für die → Einstiegssuche.

Beispiele | Lehrbücher

Wesenberg, Sandra; Gahleitner, Silke Birgitta (2022): Lehrbuch Psychologie in der Sozialen Arbeit. Eine Einführung in psychosoziales Denken und Handeln in klinischen Handlungsfeldern. Weinheim: Basel: Beltz Juventa.

Lehmann, Günter (2022): Wissenschaftliche Arbeiten. Zielwirksam verfassen und präsentieren, Ergebnisse publizieren und umsetzen. 8., überarb. u. erw. Aufl. Tübingen: expert; UTB.

Tipp | In deutschsprachigen → Online-Katalogen finden Sie Lehrbücher z. B. über Psychologie mit den → Schlagwörtern „Psychologie Lehrbuch".

Steckbrief | Meine Lehrbücher
Recherchieren und dokumentieren Sie wichtige Lehrbücher Ihres Studienfachs, die für die Recherche weiterer Quellen relevant sein können. Verwenden Sie die → Zitierregeln (→ S. 213).

Monografie. Was die Aktualität der wissenschaftlichen Forschung betrifft, sind Monografien – darunter versteht man Einzeluntersuchungen, Dissertationen und Habilitationsschriften – um einiges attraktiver. Monografien können einen oder mehrere Urheber – Autoren – haben. In einem Verlag erschienene Bücher haben eine ISBN, mit der sie eindeutig identifiziert werden können. Ein wissenschaftliches Buch kann in manchen Forschungsbereichen schnell an Aktualität verlieren, wichtig ist deshalb das Erscheinungsjahr. Geprüft werden sollte auch die wissenschaftliche Qualität des Buches. Noch vor 20 Jahren war die Produktion und Publikation eines Buches sehr zeitaufwändig, kostspielig und für Verlage eine Risikoinvestition. Diese Kostenschwelle war im Allgemeinen ein Garant dafür, dass vorwiegend Bücher mit Qualität publiziert wurden, nachdem sie ein Begutachtungsverfahren durchlaufen bzw. über Gutachten von Expert*innen befürwortet wurden. In den letzten Jahrzehnten ist die Zahl der neu erscheinenden Bücher sehr gestiegen, da die Produktionskosten durch moderne Techniken des Buchdrucks viel geringer sind. Doch je mehr Neuerscheinungen, desto schwieriger werden Auswahl und Qualitätssicherung. Und es gibt auch Schattenseiten, z. B. das *Predatory Publishing*, ein fragwürdiges Geschäftsmodell von Verlagen, die vortäuschen, vollwertige wissenschaftliche Publikationen herauszugeben, Zeitschriften und Bücher, und von Autor*innen Publikationsgebühren verlangen, ohne die üblichen Services anzubieten, wie Begutachtung, Peer-Review usw.

Obwohl Publizieren kostengünstig ist, sollte nicht alles publiziert werden. Es ist geradezu unverantwortlich, wenn Verlage Bachelor- Diplom- und Masterarbeiten, Dissertationen, Habilitationsschriften *en masse* und sehr kostengünstig als Print-On-Demand veröffentlichen. Die meisten dieser

Verlage sind übrigens Teil der *OmniScriptum GmbH & Co. KG*, ein Unternehmen mit Sitz in Saarbrücken, u. a. mit einer Niederlassung bezeichnenderweise auf Mauritius.[2]

Das Geschäftsmodell ist klar und äußerst lukrativ: großer Output, hoher Buchpreis, aber wenig Aufwand, geringe Produktionskosten, und vor allem keine Qualitätskontrolle, kein Peer Review, keine Begutachtung verlagsseits, das einzige Qualitätskriterium besteht darin, dass die Arbeiten von der jeweiligen Universität angenommen wurden. Universitätsabsolventen werden deshalb in Massenmails mit Angeboten bombardiert. Gehen Sie nicht darauf ein, wenn Sie eine wissenschaftliche Karriere anstreben: Dann sollte Ihr Buch in einem besseren Verlag erscheinen.

Beispiele | Monografien

Lakoff, George (2018): Leben in Metaphern. Konstruktion und Gebrauch von Sprachbildern. 9. Aufl. Heidelberg: Auer.

Tipp | Suche nach Monografien

Um Monografien zu finden, suchen Sie entweder mit → Stichwörtern aus dem Titel oder mit einem → Schlagwort.

Um die Suche auf studentische Abschlussarbeiten einzuschränken, verwenden Sie das → Schlagwort „Hochschulschrift“.

Zeitschriftenartikel. In vielen Wissenschaftsdisziplinen spielt sich die wissenschaftliche Diskussion vorwiegend in → *Zeitschriften* ab. In den Naturwissenschaften und in der Medizin ist die aktuelle Forschung fast ausschließlich in Zeitschriftenartikeln dokumentiert, der etablierte Wissensstand (*State of the art*) wird in Handbüchern und für Ausbildungszwecke in Lehrbüchern – in Tertiärquellen – festgehalten, man spricht deshalb auch von Lehrbuch-Wissen. Zeitschriften erscheinen periodisch (regelmäßig), mindestens zweimal jährlich und sind zu unterscheiden von Zeitungen, die täglich oder wöchentlich erscheinen.

---

2 U. a. der VDM Verlag Dr. Müller, AV-Akademikerverlag, LAP Lambert Academic Publishing, Lehrbuchverlag, Fromm Verlag, Dictus Publishing, Südwestdeutscher Verlag für Hochschulschriften (um nur ein paar zu anzuführen). Außerhalb dieser Gruppe gibt es z. B. noch den GRIN oder Shaker Verlag.

Hinweis | Die meisten Zeitschriften werden inzwischen elektronisch (*electronic*) veröffentlicht, viele nur mehr elektronisch (*e-only*), einige gibt es noch gedruckt (*print*). Einige elektronische Zeitschriften sind frei zugänglich (*open access*).

Bis ein Zeitschriftenartikel erscheint, durchläuft er je nach Zeitschrift sehr aufwändige Begutachtungsverfahren. In diesem so genannten *Peer Review* unterziehen – meist anonyme – Experten eines Fachgebietes eingereichte Beiträge einer eingehenden Prüfung und Begutachtung, der Autor kann ggf. in einer zweiten Runde Mängel und Fehler überarbeiten. Ein schließlich veröffentlichter Artikel wird als *Reviewed Paper* oder als *Refereed Paper* bezeichnet. Obwohl das *Peer Review* bis zu einem Jahr dauern kann, ist es ein entscheidendes Kriterium für die Qualitätssicherung einer Zeitschrift.

Beispiele | Zeitschriftenartikel

Kelle, Udo (2017): Die Integration qualitativer und quantitativer Forschung – theoretische Grundlagen von „Mixed Methods". In: KZfSS – Kölner Zeitschrift für Soziologie und Sozialpsychologie 69 (2), S. 39–61.

Röd, Wolfgang (1981): Kants Annahme einer Kausalität aus Freiheit und die Idee einer transzendentalen Ethik. In: Dialectica, 35, S. 223–241.

Der *Aufbau* und die *Gliederung* eines Artikels hängt von der Wissenschaftsdisziplin und der Forschungsmethode ab. Für geistes- und sozialwissenschaftliche Arbeiten gibt es mehrere Möglichkeiten der Strukturierung, weil die Methoden und die möglichen Forschungsdesigns vielfältiger sind. In den Naturwissenschaften hingegen werden häufig gleiche Methoden angewandt, weshalb auch Aufbau und Gliederung der Publikation einem ähnlichen Schema folgen.

Beispiel | Aufbau eines medizinischen Zeitschriftenartikels

- Autoren, Titel
- Abstract
- Einleitung (*Introduction*): Stand der Forschung, Hypothesen des Artikels Materialien und Methoden (*Materials* and *Methods* bzw. *Experimental Section*): Population, Methoden
- Ergebnisse (*Results*): Forschungsresultate und Folgen für die Anwendung
- Diskussion (*Discussion*): Interpretation der Ergebnisse
- Zusammenfassung (*Summary*): Ergebnisse, offene Fragen
- Literaturverzeichnis (*References*): Zitierte Publikationen

Frage 4 | Welche Quellen kommen in diesem Artikel vor.
Frage 5 | In welchen Abschnitten dieses Artikels werden Sekundärquellen referiert, verglichen, diskutiert?
Frage 6 | In welchem Abschnitt dieses Artikels werden die Primärquellen und die Methode, mit der diese erhoben und ausgewertet werden, beschrieben?

Tipp | Suche nach Zeitschriften
In deutschsprachigen Online-Katalogen finden Sie Zeitschriften auch unter dem Formalschlagwort „Zeitschrift". Wenn Sie bspw. mit den Schlagworten „Psychologie Zeitschrift" suchen, finden Sie Zeitschriften zu Psychologie.
Zeitschriften, Zeitungen, Jahrbücher usw. mit Bestandsnachweisen von ca. 4.300 Bibliotheken finden Sie in der Zeitschriftendatenbank (ZDB) https://zdb-opac.de/.
Artikel der Zeitschriften finden Sie nicht in Online-Katalogen, sondern in den → Referenz- und → Volltextdatenbanken

Steckbrief | Meine Zeitschriften
Recherchieren und dokumentieren Sie wichtige Zeitschriften Ihres Studienfachs.
□ Titel
□ Verfügbar: gedruckt, elektronisch

Arbeitspapier. Je hochkarätiger eine Zeitschrift, desto länger kann es dauern, bis ein zur Begutachtung eingereichter Beitrag veröffentlicht wird. Deshalb ist es üblich, dass Beiträge schon vorher als *Preprints* wissenschaftlichen Kollegen zugänglich gemacht werden, eine Option, die vor allem mit den Möglichkeiten des Internets kostengünstig zu realisieren ist. Wissenschaftliche Institutionen – Universitäten, Institute, Forschungszentren – sind zunehmend dazu übergegangen, Arbeitspapiere (Diskussionspapiere, Forschungsberichte, *Discussion papers, Working papers* usw.) auch auf eigenen *Preprint-Servern* anzubieten. Neben den Vorteilen der Aktualität und freien Zugänglichkeit sollte jedoch berücksichtigt werden, dass diese Publikationen noch kein Begutachtungsverfahren absolviert haben.

Beispiele | Arbeitspapier
Haigner, Stefan; Kocher, Martin; Sutter, Matthias (2006): Choosing the Stick or the Carrot? Endogenous Institutional Choice in Social Dilemma Situations. (CEPR-Working Paper DP5497). URL: https://www.cepr.org/pubs/dps/DP5497.asp [Stand: 2023-03-31]
Buchebner-Ferstl, Sabine; Rille-Pfeiffer, Christiane (2008): Hausarbeit in Partnerschaften. Studie „The glass partitioning wall" zur innerfamilialen Arbeitsteilung – Ergebnisse für Österreich. (Österreichisches Institut für Familienforschung an der Universität Wien: Working Paper Nr. 69)

Übung | Recherchieren Sie, ob es für Ihr Studienfach wichtige Preprint-Server gibt oder wissenschaftliche Institutionen, die Arbeitspapiere veröffentlichen.

Sammelband. Eine häufig vorkommende Publikationsform ist der Sammelband. Diese haben mindestens einen Herausgeber, der für die Gesamtkonzeption verantwortlich ist. Man bezeichnet sie deshalb als Herausgeberwerke, im Unterschied zu Monografien und Artikeln, die von einem oder zwei Autoren verfasst werden. Meist verfasst der Herausgeber eine Einführung, in der die Themenstellung, die inhaltliche Gliederung und der Zusammenhang zwischen den einzelnen Beiträgen präsentiert wird. Die Beiträge selbst – man spricht auch von den Artikeln oder Aufsätzen in Sammelbänden – stammen von verschiedenen Autoren. Im Hinblick auf die Qualität der Sammelbände gibt es erhebliche Unterschiede. Für die Qualität eines Sammelbandes spricht, wenn seine Beiträge klar ersichtlich Teile eines systematischen Ganzen, bspw. Bausteine eines großen Forschungsprojekts sind. Ein Sammelband kann auch ein Sammelsurium sein. Wenn Forschende publizieren, so vorzugsweise in hochkarätigen Zeitschriften, da diese für die Bewertung ihrer wissenschaftlichen Leistung mehr Gewicht haben. Doch sogar Forschende bringen nicht immer beste Qualität: So kann es vorkommen, dass Beiträge, die bei Zeitschriften eingereicht, aber vom Herausgeberteam abgelehnt werden, ggf. in einem Sammelband veröffentlicht werden. Nicht selten entstehen Sammelbände dadurch, dass ein Wissenschaftler einen Kollegen einlädt, einen Beitrag zu verfassen, um selbst wieder eingeladen zu werden, in dessen Sammelband mitzuwirken.

Tipp | Suche nach Sammelbänden
In deutschsprachigen Online-Katalogen finden Sie Sammelbände unter dem → Schlagwort „Aufsatzsammlung", thematisch einschränken können Sie z. B. mit einem weiteren Sachschlagwort „Metaphernanalyse".

Beispiele | Sammelband

Schmitt, Rudolf; Schröder, Julia; Pfaller, Larissa; Hoklas, Anne-Kathrin (Hrsg.) (2022): Die Praxis der systematischen Metaphernanalyse. Anwendungen und Anschlüsse. Wiesbaden: Springer.

Dieser Sammelband enthält u. a. den Aufsatz:

Freier, Carolin (2022): Metaphernanalyse als Methode in der Organisationsforschung. Ein Praxisbeispiel. In: Schmitt, Rudolf; Schröder, Julia; Pfaller, Larissa; Hoklas, Anne-Kathrin (Hrsg.) (2022): Die Praxis der systematischen Metaphernanalyse. Anwendungen und Anschlüsse. Wiesbaden: Springer. S. 147–162.

Tagungsband. Eine Sonderform des Sammelbandes sind Tagungsbände, also Herausgeberwerke, in denen Vorträge, Präsentationen, Workshops, Diskussionsbeiträge auf wissenschaftlichen Tagungen, Symposien, Kongressen meist in überarbeiteter Form publiziert werden. Auch hier gibt es erhebliche Qualitätsunterschiede. Wissenschaftliche Tagungen können aber wirklich Orte der spannenden Diskussion unter renommierten Wissenschaftler*innen eines Faches sein. Die Publikation solcher Beiträge ist eine wertvolle Dokumentation, vor allem für Studierende, die so die aktuellen Innovationen eines Forschungsbereiches verfolgen und mögliche Anknüpfungspunkte für eigene Forschungsinteressen finden können.

Tipp | Suche nach Tagungsbänden
In deutschsprachigen Online-Katalogen finden Sie Kongress- bzw. Tagungsbände unter dem → Schlagwort „Kongress", thematisch einschränken können Sie z. B. mit einem weiteren Schlagwort „Wittgenstein".

Beispiel | Tagungsband
Hrachovec, Herbert u. a. (Hrsg.) (2022): Platonism. Contributions of the 43rd International Wittgenstein Symposium: August 7–13,2022, Kirchberg am Wechsel: Austrian Ludwig Wittgenstein Society.

Auch **Handbücher**, Nachschlagewerke oder Enzyklopädien sind Sammelbände, sie haben einen oder mehrere Herausgeber, und bestehen aus Einzelbeiträgen von anerkannten Wissenschaftler*innen, die das Wissen einer Wissenschaftsdisziplin oder eines Forschungsbereiches systematisch und übersichtlich darstellen. Handbücher sind Tertiärquellen, → **Referenzwerke** *(reference works)*, die besonders bei der Einstiegssuche und in der Phase der Konkretisierung einer Forschungsfrage wertvolle Hilfe leisten.

Tipp | Suche nach Nachschlagewerken
In deutschsprachigen Online-Katalogen finden Sie Handbücher, Lexika, Nachschlagewerke, Enzyklopädien unter dem → Schlagwort „Wörterbuch".

Beispiele | Handbücher

Bykova, Marina F.; Forster, Michael N.; Steiner, Lina (Hrsg.) (2021): The Palgrave Handbook of Russian Thought. Cham: Springer, Palgrave Macmillan.

Gaugler, Eduard u. a. (Hrsg.) (2004): Handwörterbuch des Personalwesens (HWP). 3. Aufl. Stuttgart: Schäffer-Poeschel (Enzyklopädie der Betriebswirtschaftslehre. Bd. 5).

Steckbrief | Meine Handbücher

Recherchieren und dokumentieren Sie wichtige Handbücher Ihres Studienfachs, die für die Recherche weiterer Quellen relevant sein können. Verwenden Sie die → Zitierregeln (→ S. 213).

Ein Spezialfall eines Referenzwerkes ist *Wikipedia*. Alle kennen *Wikipedia* als elektronischen Nachschlagewerk, es liegt in der Zielgerade der Internetrecherche, die Schiene von *Google* zu *Wikipedia* ist tatsächlich der *mainstream* im Suchverhalten vieler Internetbenutzer*innen. Nicht von ungefähr scheinen *Wikipedia*-Beiträge unter den Top-Treffern einer Google-Suche auf.

Für die Beurteilung der Qualität von *Wikipedia* lohnt sich ein kurzer Blick auf seine Geschichte und die Bedingungen, wie Beiträge entstehen und als lebende Dokumente ständig verändert werden.

Der Trend zur Demokratisierung in der Produktion von Wissen und das Ideal, dass Dokumente von Wissen, und vor allem Lehrbuch- und Allgemeinwissen, nicht von marktorientierten Unternehmen und politischen Autoritäten definiert und vorgegeben, sondern grundsätzlich basisdemokratisch generiert werden und kostenlos und offen zugänglich sind, ist faszinierend. Tatsächlich hat diese Philosophie der *Open Encyplopedia* – ähnlich wie jene der *Open Software* – große Popularität und innerhalb der nunmehr 22-jährigen Geschichte von *Wikipedia* wurden in allen verfügbaren Sprachen rund 58,9 Millionen Artikel zusammengetragen,[3] davon 2.786.421 deutschsprachige Artikel.[4]

3 https://en.wikipedia.org/wiki/Wikipedia:Size_of_Wikipedia [Stand 2023-03-31]

4 https://de.wikicount.net/ [Stand 2023-03-31]

Richtig ins Laufen kam die *Wikipedia*-Bewegung mit dem System Wiki-Wiki, (was auf Hawaiianisch „schnell" bedeutet), ein einfaches und effizientes Redaktionssystem, das es allen Besucher*innen der Website möglich macht, Texte zu ändern bzw. selbst neue Seiten anzulegen.

Doch zeigt sich in der Praxis, dass der basisdemokratische Ansatz in der Generierung von Wissen auch der Schwachpunkt von *Wikipedia* ist. Es ist zu bezweifeln, ob die *Wikipedia*-Gründer einverstanden sind, wie sich der Wettbewerb in der Definition und Präsentation des Weltwissens abspielt. Die Beiträge geben Standpunkt und Interessen von anonym bleibenden Autor*innen wieder. Diese können ideologisch und politisch bedenklich sein, oder nur auf Tollerei und Schalk aus. Aber es können in *Wikipedia* Fake-Artikel auftauchen und als Falschinformation die Runde machen. Oder auf Eigeninteressen orientiert, z. B. um aufzufallen und gezielt Werbung in eigener Sache zu machen, aus Eitelkeit einen Lexikon-Eintrag über sich zu schreiben oder schreiben zu lassen. *Wikipedia* ist ja tatsächlich nicht nur eine gute Informations-, sondern auch eine gute Marketing-Plattform.

Zu bezweifeln ist darüber hinaus, ob die Öffentlichkeit an der Generierung des *Wikipedia*-Wissens tatsächlich repräsentativ beteiligt ist. Doch was mehr wiegt, vermutlich sind auch Autor*innen im Spiel, die wohl eher nicht in den etablierten Medien des Journalismus oder in den Medien der Wissenschaftskommunikation publizieren. Das hat Auswirkungen auf die große Bandbreite in der Qualität der Beiträge. Tatsache ist jedenfalls, dass *Wikipedia* als Informationsmedium sehr populär ist, jeder stolpert über *Wikipedia* als prominenten Treffer bei einer *Google-Suche. Wikipedia*-Beiträge haben insofern auch Definitionsmacht im Hinblick auf die Präsentation des wissenschaftlichen Wissens: Das sollte für Bildungseinrichtungen und wissenschaftliche Institutionen, für Forschende, Lehrende und Studierende Motiv und Auftrag sein, sich aktiver in das Projekt *Wikipedia* einzubringen.

Wikipedia ist durchaus hilfreich für die wissenschaftliche Informationsrecherche, vor allem für einen schnellen einen Überblick über ein Thema. Vorsicht ist jedoch geboten, da die Beiträge unterschiedliche Qualität aufweisen, da es keine flächendeckende Qualitätssicherung gibt und das Risiko von Verzerrung und Manipulation aufgrund unternehmerischer, politischer oder persönlicher Interessen nicht auszuschließen ist. Vorsicht ist auch angezeigt im Hinblick auf Plagiate: Da die Texte ja niemand gehören, könnte es vielleicht weniger Bedenken geben, Passagen mit Cut and Paste in eine eigene Arbeit zu transferieren. *Wikipedia* gehört zwar allen, weil es kostenlos genutzt werden kann, das bedeutet aber nicht, dass *Wikipedia* ein Steinbruch für Text-Recycling ist. Und abgesehen davon können *Wikipedia*-Beiträge selbst schon Plagiate sein. (vgl. auch S. 264)

Sonstige Primärquellen. Schließlich sind noch die vielen Primärquellen zu erwähnen, die außerhalb des wissenschaftlichen Publikationswesens in Printversion und zunehmend in elektronischer Form verfügbar sind: Archive von literarischen und wissenschaftlichen Texten, Gesetzestexte, Faktendatenbanken, Statistiken, Wirtschaftsdatenbanken, Jahresberichte von Institutionen, Organisationen und Ämtern, Pressedienste, Zeitungsarchive, Biografien.

Zu Primärquellen zählen auch die sog. *Forschungsdaten*. Das sind alle Daten und Informationen, die in einem Forschungsprojekt im Zuge der Forschungsarbeiten anfallen, noch vor der Veröffentlichung der Forschungsergebnisse. Forschungsdaten können je nach Wissenschaftsdisziplin und Forschungsinteresse sehr unterschiedlich sein. Z. B. forschungsrelevante Werkzeuge und Infrastrukturen wie Software, Test- und Messverfahren, Fragebögen, Simulationen usw. Oder erhobene und dokumentierte empirische Daten: Ergebnisse von Befragungen und Interviews, Survey Daten, Protokolle von Beobachtungen, Ausgrabungen, Laborwerten, sonstige Messdaten usw. An Forschungsinstitutionen und Universitäten gibt es mittlerweile Repositorien für Forschungsdaten. Die langfristige Archivierung von Forschungsdaten sichert die Qualität von Forschung, Forschungsergebnisse sind damit grundsätzlich nachvollziehbar; zudem können die Forschungsdaten für andere Forschungsprojekten genutzt werden.

2.3 Print und Online

Die Publikationsform ist die → Mediensorte eines publizierten Dokumentes und sagt noch nichts über den → **Medientyp** der Publikation aus, nämlich darüber, wie die Veröffentlichung *medientechnisch* erfolgt, etwa ob gedruckt, elektronisch, als Ton- oder Videoaufzeichnung. Dokumente und Publikationen sollten zudem im Hinblick auf ihren Medientyp unterschieden werden, auch diese Dimension ist für die Recherche und für die Wahl der geeigneten → Referenzquelle relevant.

Manche Publikationsform hat eine lange Geschichte, in der sie, was die Mediensorte betrifft, relativ konstant geblieben ist, wobei sich aber ihr Medientyp (ihr medientechnisches Format) stark verändert hat: Das gilt vor allem für das **Buch**. Das wahrscheinlich älteste Buch ist der Papyrus Prisse, der vor ca. 3000 Jahren v. Chr. in Ägypten entstanden ist. Bücher wurden lange Zeit auf Papyrus, Pergament oder später Papier mit Hand geschrieben, teilweise als kunstvolle Handschriften, bis sich in der Mitte des 15. Jahrhunderts der Buchdruck durchgesetzt hat mit dem revolutionären Verfahren von Johannes Gutenberg, der in Mainz zum ersten Mal ein klassisches Buch, die Bibel, gedruckt hatte. Das Prinzip der beweglichen Buchstaben aus Metall vereinfachte die bis dahin üblichen Hochdruckverfahren, in denen fixe Druckplatten aus Holz verwendet wurden, die Produktion von Büchern wurde kostengünstig, innerhalb von Jahrzehnten etablierten sich eine Reihe von Druckern in Europa.

Tipp | Geschichte des Buches

Giesecke, Michael (2006): Der Buchdruck in der frühen Neuzeit. Eine historische Fallstudie über die Durchsetzung neuer Informations- und Kommunikationstechnologien. 4. Aufl. Frankfurt am Main: Suhrkamp.

Die Technologie der Typografie blieb über Jahrhunderte hinweg im Prinzip gleich, erst später entwickelte sich das Flachdruck- und Offsetdruckverfahren. Das neueste Verfahren ist der Digitaldruck, hier wird das Druckbild direkt auf die Druckmaschine übertragen, die Spiegelung eines in elektronischer Form gespeicherten Dokumentes auf das Medium Papier wurde damit noch einfacher und ökonomischer, Bücher vor allem in kleiner Auflage werden seitdem zum Teil im *Print-On-Demand*-Verfahren produziert.

Möglich wurde dies durch einen weiteren Schritt in der Entwicklung von Informations- und Kommunikationstechnologien: Die digitale oder elektronische Revolution hat mit der Erfindung des Mikrochips in der Mitte des 20. Jahrhunderts einen tiefgreifenden Wandel bewirkt – auch in der Wissenschaft. Zwar betrifft die Technologisierung vor allem technische und naturwissenschaftliche Fächer im Hinblick auf neue Forschungsziele und Forschungsverfahren, doch alle wissenschaftlichen Disziplinen nutzen inzwischen die neuen Möglichkeiten, Informationen elektronisch zu speichern und zu kommunizieren.

In den letzten 40 Jahren hat sich das **Internet** – und damit meint man primär das World Wide Web – zu einem wichtigen Forum von Information und Kommunikation in der Wissenschaft entwickelt. Immer mehr Quellen sind über das Internet verfügbar, Referenzquellen fast ausschließlich. Ein kurzer Blick zurück: Vorläufer des Internets war das Arpanet, das 1969 in den USA entwickelt wurde, um Universitäten und Forschungseinrichtungen zu vernetzen. 1982 wurde ein neues Protokoll, das *TCP/IP (Transmission Control Protocol / Internet-Protocol)*, geschaffen, seitdem setzte sich die Bezeichnung Internet durch. Das Internet verfügt über mehrere Kommunikationsmöglichkeiten, die über spezielle Internetprotokolle gesteuert werden: *telnet (Telecommunication Network)* zum Remote Login auf einem über Internet erreichbaren Rechner; *ftp (File Transfer Protocol)* zum Übertragen von Dateien von einem Rechner auf einen anderen; *smtp (Simple Mail Transfer Protocol)* für die E-Mail-Kommunikation; *NNTP (Network News Transfer Protocol)* für Verbreitung von Nachrichten in Newsgroups; und last not least das *https (Hypertext Transfer Protocol)* für die Übertragung von Daten über ein Netzwerk und deren Anzeige in einem Webbrowser. Dieses Protokoll wurde 1989 von Roy Fielding und Tim Berners-Lee am CERN – dem Conseil Européen pour la Recherche Nucléaire in Genf – entwickelt und ist die Grundlage für das World Wide Web, das sich seit den frühen 1990er Jahren tatsächlich *world wide* etabliert und verbreitet hat. In den letzten Jahren ist der Prozess der Medienkonvergenz noch weiter gegangen, das Internet ist immer mehr zum Allround-Medium geworden, auch für Telefonie, Fernsehen, Online-Spiele.

Genauso haben sich in der Wissenschaft die **digitalen Medien** durchgesetzt. Vor allem im Bereich der Zeitschriften gibt es neben der gedruckten Publikation (*print*) immer häufiger die elektronische Version (*electronic*), auch die ausschließlich elektronische Publikation (*e-only*) setzt sich zunehmend durch. Der Vorteil der elektronischen Zeitschriftenartikel ist ihre rasche Verfügbarkeit. Für Nachschlagewerke und Lehrbücher ist die elektronische Version ein Gewinn. Fachbücher hingegen, mit denen man sich länger beschäftigt, erscheinen immer noch vorwiegend im Druck: Lesen am Bildschirm ist mühsamer als auf Papier, und ein Ausdruck eines ganzen E-Books wäre nur eine Notlösung. Eine alternative Lösung ist das Verfahren des *Print-on-Demand,* Bücher werden elektronisch gespeichert und erst bei Nachfrage gedruckt und gebunden.

Keine Frage, der Trend geht eindeutig in Richtung Digitalisierung, große Schubwirkung haben dabei die vielen Digitalisierungsprojekte der Bibliotheken und Archive, natürlich auch das große Flaggschiffprojekt *Google Books* (→ S. 81) und nicht zuletzt die Veränderungen im Verlagswesen. Digitale Medien haben viele Vorteile. Eine elektronische Publikation ist viel schneller und kostengünstiger als das herkömmliche Druckverfahren. Wahrscheinlich wird sich die Druckausgabe, egal ob exklusiv oder parallel zur elektronischen Ausgabe, als ein Merkmal für *Qualität* etablieren. So werden Zeitschriftenartikel zuerst elektronisch in einer *Preprint*-Version online veröffentlicht und erst nach einem Begutachtungsverfahren gedruckt, wenn überhaupt. Auch für Bücher ist es bereits ein Indikator für Qualität, wenn sie gedruckt erscheinen. Zudem sind sie dann im Internet mehr präsent und leichter zu finden, und es liegt ja im Interesse der Verlage, dass ihre Publikationen gefunden und gekauft werden.

Dokumente, die ausschließlich über das Internet veröffentlicht sind, können natürlich ebenso als Quellen verwendet werden. Doch im Unterschied zu Internetdokumenten, die *auch* in Print-Form erscheinen, ist hier ein wenig Vorsicht geboten. Dokumente ohne Angabe eines Autors sind grundsätzlich nicht brauchbar. Dokumente können über Nacht aus dem Internet verschwinden: Um sie dennoch als Quellen zitieren zu können, sollte die Zugriffszeit dokumentiert und das Dokument selbst archiviert werden.

Tipp | Umgang mit Quellen

- Trennen Sie zwischen Primär-, Sekundär- und Tertiärquellen.
- Letztlich hängt die Qualität Ihrer Arbeit nicht zuletzt von der Qualität Ihrer Quellen ab: Prüfen Sie Ihre Quellen sorgfältig (ausführlicher dazu → S. 221f.)
- Wissenschaftliche Texte ohne Angabe des Autors sind keine wissenschaftlichen Quellen.

- Auch in der Wissenschaft gibt es Fälschung und Plagiat. Besonders skeptisch sollten Sie sein bei auf Anhieb brauchbaren und handlichen Texten aus dem Netz.

2.4 Welche Quellen sind gefragt

Entscheidend für die Frage *Was recherchieren* ist die **Forschungsfrage**. Sie ist zu Beginn eines Forschungsprojektes im Allgemeinen eher unklar und vage. Man versucht deshalb eine Konkretisierung, indem man recherchiert, ob es bereits Arbeiten zu diesem Themenbereich gibt, welche Forschungsfragen dort behandelt und welche Forschungsergebnisse erzielt werden. Wenn die Forschungsfrage im Zuge dieser → *Einstiegssuche* konkreter wird, sind die *Forschungsziele* so weit festgelegt, dass die Auswahl sinnvoller Quellen möglich wird. Eine Forschungsfrage bezieht sich primär auf einen Gegenstandsbereich: Damit ist das Feld möglicher *Primärquellen* abgesteckt. Eine Forschungsfrage impliziert Vorstellungen darüber, unter welchen theoretischen Voraussetzungen wir an den Gegenstandsbereich herangehen, von welchen Fragen und möglichen Hypothesen wir ausgehen, wie wir Forschungsergebnisse begründen und welche Methoden wir anwenden: Damit ist ungefähr festgelegt, welche *Sekundärquellen* in Frage kommen.

Ein **Beispiel:** Ich möchte die Berichterstattung der österreichischen Tageszeitung „Die Kronen-Zeitung" über den Wahlkampf zu den Nationalratswahlen 2019 untersuchen. Das ist mein *Forschungsgegenstand*, doch was will ich konkret wissen? Was sind meine Forschungsziele (Untersuchungsziele, Forschungsinteressen)?

Ein erstes Forschungsziel könnte darin bestehen, eine oder mehrere *Hypothesen* zu *überprüfen*: Ob z. B. bestimmte Themen in diesem Wahlkampf wichtig sind, in welcher Gewichtung sie auftreten, oder über welche politischen Akteure bevorzugt und in welcher Häufigkeit berichtet wird usw.

Ein zweites Forschungsziel könnte sein, *herauszufinden*, welche *Werte* für die Beurteilung von politischen Akteuren bzw. politischen Diskursen eine Rolle spielen, oder welche politischen *Einstellungen* die Redakteure dabei zeigen.

Mit dem Forschungsziel konkretisiere ich die Forschungsfrage und entscheide, welche Quellen benötigt werden und mit welchen *Forschungsme-*

thoden sie auszuwerten sind, – damit ich sie für die *Begründung* meiner Überlegungen fruchtbar machen kann.

Im ersten Fall würde sich eine *quantitative* Inhaltsanalyse anbieten, mit der ich die Häufigkeit von Wörtern ermitteln kann, die bestimmten Themen und Personen zuordenbar sind. Dabei gehe ich mehr oder weniger fix von Kategorien aus, auf die hin ich an das Datenmaterial untersuche. Beiträge zum Nationalratswahlkampf 2019 aus den beiden Tageszeitungen sind könnten dann meine *Primärquelle* sein, eine empirische Quelle, die ich mit Hilfe der quantitativen Inhaltsanalyse auswerte, um sie als empirische Begründung meiner Aussage verwenden zu können.

Im zweiten Fall könnte ich das Datenmaterial *qualitativ* analysieren, wobei ich Kategorien oder Hypothesen erst finden möchte, es geht also um eine Konzeptualisierung und Kategorisierung aufgrund von Daten. Auch hier verwende ich das Archiv, würde mich allerdings auf ein paar Beiträge beschränken.

In beiden Fällen benötige ich *Sekundärquellen*: Einerseits bereits durchgeführte Studien zu diesem Thema, andererseits politikwissenschaftliche Theorien über die Rolle der Medien in der Politik, die Mediatisierung der Politik, die Medienpolitik usw.

Hilfreiche *Tertiärquellen* schließlich wären Handbücher oder Übersichtsartikel, die mir einen Einstieg in den Themenbereich Politik und Medien allgemein ermöglichen und weiterführende Literaturhinweise anbieten, aber auch Referenzquellen, mit deren Hilfe ich z. B. Sekundärquellen (Bücher und Artikel zum Thema) recherchieren kann.

Das Beispiel soll zeigen: Welche Quellen in einer Forschungsarbeit in Frage kommen, hängt von der Forschungsfrage ab. Je konkreter die Forschungsfrage, umso genauer wissen wir, welche Quellen wir recherchieren müssen. Das Beispiel zeigt auch: Wie konkret eine Forschungsfrage ist, hängt davon ab, wie klar das Forschungsziel (Untersuchungsziel) der Arbeit ist. Insofern wird eine Forschungsfrage dadurch konkretisiert, dass man sich für ein bestimmtes *Forschungsziel* entscheidet.

Man weiß, *was* man recherchieren soll, wenn man eine konkrete *Forschungsfrage* mit einem klaren *Forschungsziel* hat.

2.5 Welche Forschungsziele gibt es?

Es gibt wie gesagt keine einheitliche Konzeption von Wissenschaft, es gibt mehrere Wissenschaften, mehrere Methoden, mehrere wissenschaftstheoretische Positionen. Mit dieser Situation waren wir schon konfrontiert, als wir im ersten Kapitel (→ S. 20) die Frage stellten, welche Merkmale Wissenschaft grundsätzlich hat. Trotz dieser Pluralität der Wissenschaft haben wir festgestellt, dass *jede* wissenschaftliche Arbeit eine theoretische Zielsetzung aufweist, allgemeingültig ist und begründet werden muss. Ähnlich vereinfachend und plakativ wollen wir auch hier theoretische Zielsetzungen der Wissenschaft unterscheiden, für welche man sich jeweils in einem Forschungsprojekt *entscheiden* kann.[5]

Darstellung und Diskussion von Theorien
Eine basale Form von wissenschaftlicher Arbeit ist die übersichtliche Darstellung und Diskussion einer oder mehrerer Theorien aufgrund von Sekundärquellen. Dies ist eine theoretische Leistung, die nicht zu unterschätzen ist, da aus einer neuen Perspektive mögliche Verknüpfungen gefunden, Schwerpunkte gesetzt und in eine Übersicht gebracht werden. Diesen Typ gibt es eigentlich in jeder wissenschaftlichen Arbeit, es muss immer der Stand der Forschung berücksichtigt und dargestellt werden, meist gibt es dafür einen eigenen Abschnitt. Der so entstehende Literaturbericht *(literature review)* ist die Grundlage für die eigene theoretische Auseinandersetzung mit dem Forschungsthema.

Tipp | Ein Literaturbericht, der den Stand der Forschung *im Kontext* der eigenen Forschungsfrage referiert, ist übrigens auch eine gute Tertiärquelle für eine Recherche, speziell für die → Einstiegssuche, sofern man sich mit einer ähnlichen Forschungsfrage beschäftigt. Im Unterschied dazu haben die eigentlichen Tertiärquellen, die → Referenzwerke wie Handbücher, Lehrbücher oder Übersichtsartikel (*review articles*), die Aufgabe, den Stand der Forschung und Theorien übersichtlich darzustellen *unabhängig* von einer spezifischen Forschungsfrage.

5 Die folgende Typologie beruht zum Teil auf Grix (2019), S. 18f. und Dolowitz u. a. (2008), S. 20f.

Konzeptualisierung
Eine weitere Zielsetzung wissenschaftlicher Forschung kann darin bestehen, einen Einzelfall, eine Person, ein Kunstwerk, einen Gegenstand zu untersuchen und mithilfe von Konzepten theoretisch zu beschreiben. Auch die Konzeptualisierung ist in wissenschaftlicher Hinsicht noch eher bescheiden. Trotzdem sind eingehende Recherchen und Kenntnisse des Forschungsgegenstandes erforderlich, um Fakten und Prozesse, Situationen, Individuen und Gruppen in ihren Beziehungen untereinander theoretisch beschreiben zu können.

Beispiel
Angenommen wir untersuchen das Kommunikationsverhalten von Studierenden in unserem Studienfach. Das Forschungsziel wäre, das Kommunikationsverhalten mit Hilfe von Konzepten (Kommunikation *face to face*, Handy, Video-Telefonie, Mail, SMS, Blogs, Social Media usw.) theoretisch zu beschreiben. Dabei können Veränderungen, Tendenzen und Trends im Kommunikationsverhalten analysiert werden. Die Beschreibung wird empirisch begründet anhand von erhobenem Datenmaterial, und theoretisch mit Konzepten bspw. aus der Medienwissenschaft oder Theorien über die Mediensozialisation und das Medienverhalten. Gegenstand der Recherche sind demnach einerseits die Theorien, die für die Konzeptualisierung erforderlich sind, andererseits auch das empirische Datenmaterial, auf das sich die Studie bezieht, z. B. Interviews mit Studierenden unseres Studienfaches.

Kategorisierung
Etwas anspruchsvoller ist die Kategorisierung. Ihr Ziel besteht darin, Kategorien zu finden, um Sachverhalte, Prozesse, Situationen und Konzepte, die in der Stufe vorher entwickelt wurden, mit Hilfe von Kategorien oder *Typen* in die systematische und theoretische Ordnung eines *Kategoriensystems* oder einer *Typologie* zu bringen.

Beispiel
So könnten Typen von kommunizierenden Studenten gebildet werden, etwa der männliche Student im Alter von 20 bis 25 Jahren, der u. U. über WhatsApp, Twitter usw. kommuniziert; oder quasi ältere Semester, die eher zum Telefon greifen.
Wir benötigen demnach empirische und theoretische Quellen, um die Typen und Kategorien zu begründen.

Erklärung durch Hypothesen
Ein noch anspruchsvolleres Ziel von Wissenschaft ist die Erklärung eines Sachverhalts mit Hilfe einer Hypothese. Die Hypothese kann aus bereits bestehenden Theorien stammen, d. h. sie ist durch theoretische Quellen begründet. Oder sie kann als neue Hypothese formuliert werden. Aus dieser Hypothese wird dann deduktiv eine mögliche Erklärung für den fraglichen Sachverhalt abgeleitet und überprüft. Damit wir die Überprüfung vornehmen können, werden empirische Daten über den Sachverhalt erhoben und ausgewertet, bspw. durch einen Fragenbogen mit einer hinreichend repräsentativen Anzahl von Probanden.

Beispiel
Wir wollen den Sachverhalt erklären, dass in der Mail-Kommunikation die traditionellen Regeln der Textsorte Brief tendenziell nicht verwendet werden. Diesen Sachverhalt, den wir anhand von erhobenen Daten empirisch begründet haben, könnten wir dann bspw. mit Hilfe der *Hypothese* erklären, dass sich E-Mail-Kommunikation eher generell an der informellen mündlichen Kommunikation orientiert.
Hier bedarf es der Recherche, sowohl was die für das Forschungsthema relevanten theoretischen Quellen betrifft als auch im Hinblick auf die zu erhebenden Daten.

Theoriebildung
Die höchste Stufe wissenschaftlicher Zielsetzungen schließlich ist die Theoriebildung im engeren Sinn. Eine Theorie besteht aus einer oder mehreren Hypothesen, die für einen Gegenstandsbereich allgemeine Gültigkeit haben. Man kann selbst eine neue Theorie entwickeln oder eine bestehende Theorie

daraufhin untersuchen, ob sie für den Gegenstandsbereich der eigenen Forschungsfrage gültig ist, und sie ggf. modifizieren.

Beispiel
Wir könnten bspw. die Kommunikationstheorie von Friedrich von Schulz-Thun (2010) überprüfen, ob sie auch im Hinblick auf die E-Mail-Kommunikation zwischen Studierenden Gültigkeit besitzt. Nach Schulz-Thun weist der Kommunikationsbeitrag eines Senders vier Aspekte auf: Er beinhaltet erstens Daten und Fakten, zweitens Informationen über die Beziehung zwischen Sender und Empfänger, drittens den Appell an den Empfänger und viertens die Selbstoffenbarung des Senders. Man könnte nun vermuten, dass in der Mail-Kommunikation, ähnlich wie in der informellen mündlichen Kommunikation, der Beziehungsaspekt überwiegt.
Recherchiert wird also die Kommunikationstheorie von Schulz-Thun, zudem empirische Daten, um die Hypothesen zu testen bzw. neue zu bilden.

Aufgaben
Überlegen Sie, welche theoretische oder empirische Primärquellen in Ihrem Studienfach vorkommen können.
Suchen Sie im Online-Katalog Ihrer Bibliothek nach Abschlussarbeiten Ihres Studienfaches. Nehmen Sie eine Masterarbeit, die Sie inhaltlich interessiert und die online verfügbar ist. Aus dem Titel können Sie gut erkennen, um welche Forschungsfrage es geht. Wenn Sie selbst diese Arbeit schreiben sollten, nach welchen Primär- und Sekundärquellen würden Sie suchen? Welche Tertiärquellen würden Sie dabei – für die Recherche und inhaltliche Orientierung – konsultieren? Vergleichen Sie dann Ihren Rechercheplan mit dem Literaturverzeichnis der Masterarbeit.

Die angeführten Formen wissenschaftlicher Forschung unterscheiden sich im Hinblick auf den Grad ihrer *Allgemeingültigkeit.* Je allgemeingültiger eine Theorie ist, desto größer der *Begründungsaufwand.* Wenn eine Theorie ein Phänomen oder einen Sachverhalt beschreibt (wie bei der Konzeptualisierung oder bei der Kategorisierung), ist dieser Aufwand nicht so groß, da nur die verwendeten Konzepte und Kategorien mithilfe vorhandener

Theorien zu begründen sind; für diese müssen dann Quellen recherchiert werden. Anders aber, wenn ich eine neue Hypothese bilde oder eine neue Theorie formuliere, dann ist der Aufwand an Begründung (und Recherche) ungleich mehr: Benötigt wird nicht nur eine repräsentative Menge an empirischen Daten, sondern auch die Recherche, Analyse und Diskussion der vermutlich umfangreicheren Theorien. Je mehr ich behaupte (natürlich: wissenschaftlich), je allgemeingültiger meine Hypothesen sind, desto mehr muss ich *begründen* – und insofern *recherchieren*.

Überblick | Mögliche Forschungsziele einer wissenschaftlichen Arbeit

In einer wissenschaftlichen Arbeit kann man:

- Theorien *übersichtlich darstellen* und *vergleichen*.
- Sachverhalte theoretisch *beschreiben* mit Hilfe von begründeten *Konzepten*,
- Sachverhalte in einen theoretisch begründeten *Zusammenhang* bringen mit Hilfe von *Kategorien* und *Typologien*,
- Sachverhalte *erklären*, indem eine bestehende Hypothese getestet oder eine neue gebildet wird,
- eine *Theorie* entwickeln, die für einen Gegenstandsbereich allgemeine Gültigkeit hat.

Für alle diese Forschungsziele gelten die folgenden Voraussetzungen:

- Für jede wissenschaftliche Arbeit benötigt man theoretische und empirische Begründungen.
- Die Forschungsfrage und die Zielsetzung der wissenschaftlichen Arbeit legen fest, welche Quellen für die Begründung in Frage kommen und zu recherchieren sind.

Nachdem ich die Forschungsfrage einer wissenschaftlichen Arbeit konkretisiert und mich für eine oder mehrere dieser Zielsetzungen entschieden habe, wird klarer, welche Quellen gefragt sind. Einerseits welche *Arten* von Quellen: Primär-, Sekundärquellen, theoretische oder auch empirische. Andererseits welche *spezifischen* Quellen: Denn anhand der Forschungsfrage kann man → Suchbegriffe für die Recherche definieren – doch dazu im Detail im Anschnitt zur → gezielten thematischen Recherche (→ S. 172).

Checkliste | Was recherchieren
Überlegen Sie, was Sie recherchieren:

- □ Wie lautet die Forschungsfrage?
- □ Was ist Ihre Zielsetzung: Darstellung von Theorien, Konzeptualisierung, Kategorisierung, Erklärung, Theoriebildung?
- □ Welche Quellen sind gefragt: Primär-, Sekundär-, Tertiärquellen? Empirische, theoretische?
- □ Um welche Themen und Konzepte geht es in der Forschungsfrage?
- □ Wären dies geeignete Begriffe für eine Suche nach Quellen?
- □ Nach welchen Publikationsformen wollen Sie suchen?
- □ Welchem Fachbereich sind diese zuordenbar?
- □ In welcher Sprache können die Quellen verfasst sein?
- □ Welcher Erscheinungszeitraum ist relevant?

Wichtige Begriffe

→ Primärquelle, → Sekundärquelle, → Tertiärquelle, Empirische Quelle, Theoretische Quelle, → Referenzwerk, → Referenzquelle, → Medientyp, Gedruckte Medien, Digitale Medien, → Publikationsform, Lehrbuch, Monografie, → Artikel, → Arbeitspapier, Sammelband, Tagungsband, Handbuch, Zielsetzungen wissenschaftlicher Forschung.

3 Wo recherchieren

The next best thing to knowing something,
is knowing where to find it.
Samuel Johnson

Wissen heißt wissen, wo es geschrieben steht.
Albert Einstein

In diesem Kapitel geht es um die → Referenzquellen: In diesen → Informationsressourcen recherchieren wir Quellen, die wir für unsere Lern- und Forschungsinteressen benötigen. Zuerst werden wir einige Stationen der wissenschaftlichen Recherche durchspielen, um die Funktionsweise von Referenzquellen kennen zu lernen. Dann betrachten wir den Kreislauf des wissenschaftlichen Wissens: Wissenschaftler*innen produzieren es, Verlage publizieren es, Bibliotheken und Datenbankanbieter dokumentieren es in Referenzquellen – dort recherchieren Studierende und Forschende, dokumentieren es in ihrer persönlichen Referenzquelle und produzieren und publizieren wieder Wissen. Anschließend behandeln wir die Frage, wie Referenzquellen funktionieren und wie sie aufgebaut sind, wir machen uns vertraut mit den Methoden der → Wissensorganisation: die → formale und → inhaltliche Beschreibung und die → Volltextindizierung von wissenschaftlichen Quellen. Diesen Methoden ordnen wir die gedruckten und die elektronischen Referenzquellen zu und bekommen so eine Typologie der Referenzquellen. Abschließend werden alle Typen der Referenzquellen anhand von Beispielen vorgestellt.

3.1 Referenzquellen in der Forschung

Rufen wir uns in Erinnerung, welche Arten von Quellen in der Forschung und im wissenschaftlichen Arbeiten eine Rolle spielen. Jedes wissenschaftliche Projekt – wie bescheiden auch immer – hat ein Forschungsziel und geht von einer Forschungsfrage aus. Um eine Antwort auf die Forschungsfrage finden und die Forschungsergebnisse dann begründen zu können, werden → Informationsressourcen benötigt. Davon gibt es unterschiedliche. Erstens *Primärquellen*, theoretische oder empirische: diese sind unser Forschungsgegenstand. Mit ihnen belegen und begründen wir primär, entweder theoretisch oder empirisch, unsere Ausführungen. Das ist die erste Ebene. Natürlich gibt es bereits andere Theorien, die sich direkt oder indirekt mit demselben Forschungsgegenstand befassen, die wir als Beleg und Begründung in unserer Argumentation verwenden und zitieren können: Diese Theorien finden wir in *Sekundärquellen*, die zweite Ebene. Auf der dritten schließlich gibt es noch die *Tertiärquellen*, deren Aufgabe darin besteht, Primär- und Sekundärquellen zu erschließen, wobei es zwei Gruppen gibt. Tertiärquellen der ersten Gruppe *informieren* uns über den Inhalt von Primär- und Sekundärquellen, sie bieten eine Übersicht eines Themenbereiches, das sind die Nachschlagewerke, die Lexika, die → *Referenzwerke*. Tertiärquellen der zweiten Gruppe sind Hilfsmittel für die Recherche von Primär- und Sekundärquellen, diese Informationsressourcen bezeichnen wir als → **Referenzquellen**.

Referenzquellen beinhalten → **Referenzen**, diese beschreiben Quellen nach ihren formalen und inhaltlichen Merkmalen und geben meistens auch an, wo die Quellen verfügbar sind. Referenzquellen sind Informationen *über* Informationen, also → **Metainformationen**.

Wo überall Sie mit Referenzquellen und Metainformationen im wissenschaftlichen Arbeiten zu tun haben und welche unterschiedlichen Referenzquellen es gibt, lässt sich am besten anhand eines Fallbeispiels zeigen.

Nehmen wir an, Sie recherchieren Literatur für eine schriftliche Arbeit, d. h. Sie machen eine *zweck-* und *zielorientierte*, → **systematische Recherche**, im Unterschied zu einer → *informellen* Recherche.

Sie werden in dieser Situation, noch bevor Sie andere Referenzquellen befragen, vermutlich ein paar → Suchbegriffe in die → Suchmaschine *Google* eingeben. *Google* ist tatsächlich oft die erste Adresse für eine schnelle Suche und Orientierung und in diesem Sinne durchaus hilfreich. **Suchmaschinen** als Referenzquellen liefern Ihnen primär Metainformationen, in Form einer mehr oder weniger langen Trefferliste von Dokumenten, welche die Suchbegriffe irgendwo im Text enthalten, und in weiterer Folge die Informationen selbst, d. h. Sie haben dann alles (fast alles) sofort verfügbar.

Allerdings soll eine Internetsuchmaschine nicht die einzige Referenzquelle für eine Recherche bleiben!

Dann konsultieren Sie den → **Online-Katalog** Ihrer Bibliothek, mittlerweile als OPAC (*Online Public Access Catalogue*) oder *Discovery System* oder gar als *Suchmaschine* bezeichnet. Das ist jedenfalls die Referenzquelle einer Bibliothek, sie enthält Metainformationen über den Bestand der Bibliothek, also Referenzen von Quellen, von Büchern und Zeitschriften, in Print- oder Online-Version, die in der Bibliothek vorhanden bzw. verfügbar sind.

Sie werden zudem Zeitschriftenartikel in → **Bibliografien**, → **Referenzdatenbanken** oder → **Volltextdatenbanken** recherchieren. Auch in diesen Referenzquellen finden Sie Metainformationen: Sie verzeichnen Publikationen zu einem Forschungsbereich, wobei sie im Allgemeinen den Text der Publikation nicht bereitstellen und noch nicht angeben, wo die Publikation zu finden ist. Die Volltextdatenbank ist eine Ausnahme, sie bietet Ihnen – wie der Name schon sagt – den vollen Text des Artikels, also nicht nur Metainformationen wie die Referenzdatenbank, sondern auch die Informationen selbst.

Auf ähnliche Weise beinhaltet ein **Buchhandelskatalog** Metainformationen über jene Bücher, die im Buchhandel erhältlich sind. Diese Referenzquelle werden Sie dann konsultieren, wenn Sie ein Buch kaufen wollen und nicht wissen, ob das Buch im Buchhandel noch erhältlich ist. Bereits seit 45 Jahren gibt es zu diesem Zweck für deutschsprachige Bücher das „Verzeichnis der lieferbaren Bücher“ (VLB), früher in gedruckter Version, heute natürlich online frei zugänglich https://www.buchhandel.de/. Auch Amazon https://www.amazon.de/ ist ein solcher Katalog eines weltweit agierenden großen Unternehmens.

Eine weitere Möglichkeit zu recherchieren ist die → **Klassifikation:** Wenn z. B. in Ihrer Bibliothek Bücher und Zeitschriften in einem Freihandbereich verfügbar sind, können Sie für die Suche die sog. Aufstellungssystematik verwenden, das ist eine Klassifikation von Themenbereichen, denen die Bücher inhaltlich geordnet sind. Auch die Klassifikation ist in diesem Fall eine Referenzquelle, eine Form von Metainformation, um in den Regalen gezielt nach Büchern zu einem Thema zu suchen. Man findet übrigens auf diese Weise *en passant* oft Bücher, auf die man mit anderen Recherchestrategien nie gekommen wäre. Das ist ähnlich wie im Internet, wo Sie über *Hyperlinks* interessanten Verweisungen nachgehen und im → Mitnahmeeffekt (*serendipity-effect*) Zufallsfunde machen. Genauso gut können Sie in den Regalen der Bibliothek *browsen.*

In Ihrem Studium werden Sie die Erfahrung machen, dass es sinnvoll ist, sich zu bestimmten Themen- und Forschungsbereichen *auf dem Laufenden* zu halten. Es gibt mehrere Szenarien dieser → **informellen Recherche.** Auch da haben Sie mit Metainformationen in Referenzquellen zu tun. So könnten Sie etwa nach Neuerscheinungen suchen, hilfreich dafür sind *Verlagsprospekte* oder *Newsletter* von Verlagen, über die Sie regelmäßig Hinweise auf neue Bücher erhalten. Oder das *Alert-Service* von Zeitschriftenverlagen mit Informationen über neue Artikel. Genauso kann eine Suche in den *Social Media* der Forschenden – wie *Academia.edu* und *Researchgate* – hilfreich sein.

Metainformationen begleiten Sie weiter in Ihrer Arbeit: Nachdem Sie recherchiert haben, werden Sie die Ergebnisse Ihrer Recherche in einer → **Leseliste** (Lektüreliste, Bücherliste) dokumentieren, die alle Literaturhinweise enthält, die Sie für eine wissenschaftliche Arbeit lesen und auswerten. Sie speichern und ordnen, also dokumentieren die für Sie relevanten Quellen. Eine ähnliche Aufgabe erfüllt eine Linkliste, die Sie in Internetbrowser anlegen, damit merken Sie sich Internetseiten, die Sie für wichtig befunden haben. Dies sind erste Schritte des wissenschaftlichen Dokumentierens, in denen Sie Metainformationen für den persönlichen Gebrauch schaffen.

Doch gehen wir einen Schritt weiter und betrachten den Schreibprozess. Die Leseliste werden Sie in Ihrer schriftlichen Arbeit zum Großteil auch als **Literaturverzeichnis** verwenden können. Zu diesem Zweck muss die wissenschaftliche Literatur, auf die Ihre Arbeit Bezug nimmt, natürlich so zitiert sein, dass der Leser die Möglichkeit hat, die Quelle selbst zu finden und zu überprüfen. Leseliste und Literaturverzeichnis enthalten Metainformationen, jeweils mit unterschiedlicher Zielsetzung: Im ersten Fall sind sie ein Hilfsmittel, um Ihren Arbeitsprozess zu organisieren, im zweiten Fall sind sie eine Bedingung der Nachprüfbarkeit Ihrer Aussagen und deren Begründungen. Ihre Arbeit wird ein **Inhaltsverzeichnis** enthalten: Es informiert darüber, um welche Themen (Informationen) es in den einzelnen Kapiteln geht. Ein **Sachregister** werden Sie wahrscheinlich in Ihrer Arbeit nicht vorsehen, aber Sie finden es in vielen wissenschaftlichen Büchern: Es gibt Hinweise über jene Seiten, wo ein bestimmtes Thema besprochen wird. Das sind Metainformationen, genauso auch, wenn Sie *im* Text Ihrer Arbeit auf eine andere Stelle *verweisen.*

Ein Dokument enthält **Metainformationen**, wenn es darüber informiert, welche Informationen es gibt und – häufig auch – wo sie wie zu finden sind. Dokumente können Metainformationen über *sich* oder über *andere* Dokumente enthalten.

Zur ersten Gruppe gehört bspw. das *Buch.* Es führt selbst einen Titel, einen Autor, einen Verlag und ein Erscheinungsjahr an, es enthält ein Inhaltsverzeichnis oder ein Sachregister. Man könnte sagen, das Buch beschreibt *sich selbst* mit Metainformationen, das sind Informationen über das Buch nach formalen und inhaltlichen Kriterien, sie geben dem Buch eine Identität, unter der es gefunden, zitiert oder gekauft werden kann, und sie bieten Orientierung für Lektüre. Diese Metainformationen gehören zur Publikationsform Buch. Ähnliches gilt für die anderen Publikationsformen: Bei einem *Zeitschriftenartikel* z. B. ist es üblich, dass der Autor selbst dessen Inhalt beschreibt, indem er ein → Abstract verfasst und → Schlagwörter (*keywords*) angibt. Dies sind jeweilige Standards, die für ein Publikationsform typisch sind und die beim Schreiben wissenschaftlicher Arbeiten zu beachten sind.

Frage 7 | Ist ein Link auf einer Webseite eine Metainformation?
Frage 8 | Finden Sie in einem Branchenverzeichnis auch Metainformationen?

Zur zweiten Gruppe gehören jene Dokumente, die über *andere* Quellen informieren. Das sind einerseits die → *Referenzwerke* (Handbücher, Nachschlagewerke), die Theorien übersichtlich darstellen und auf die entsprechenden Quellen verweisen. Und dazu zählen andererseits die Hilfsmittel der Recherche, z. B. die Suchmaschine, der Online-Katalog, die Referenzdatenbank, die Klassifikation: diese Informationsressourcen sind die *Referenzquellen.*

Überblick | Referenzquellen

- Referenzquellen (*references sources*) sind Tertiärquellen.
- Referenzquellen beinhalten Referenzen (*references*).
- Referenzen beschreiben Quellen nach formalen und inhaltlichen Merkmalen.

Doch was sind die Unterschiede zwischen den gerade angeführten Beispielen von Referenzquellen? Referenzquellen unterscheiden sich

- erstens im Hinblick darauf, *wer* für *wen* Referenzquellen produziert, also welche *Akteure am (wissenschaftlichen) Informationsmarkt* im Spiel sind,
- und zweitens im Hinblick auf Art und Weise, wie Referenzquellen Quellen beschreiben, das heißt, welche *Methoden der Wissensorganisation* dabei implementiert werden.

3.2 Akteure am Informationsmarkt

Tatsächlich gibt es verschiedene Akteure auf dem wissenschaftlichen Informationsmarkt: Studierende und Forschende, Bibliotheken und Dokumentationsstellen, Verlage, Datenbankanbieter und Suchmaschinenbetreiber – jeweils mit unterschiedlichen Interessen.

Die *Informationsgesellschaft* kann man einerseits aus ökonomischer Sicht als *Informationsmarkt* sehen. Tatsächlich gibt es eine massive Ökonomisierung der Information. Information ist zu einer gewinnträchtigen Ware geworden. Eine *emanzipatorische* Perspektive nimmt die *Informationsethik* ein, welche die Interessen aller Akteure der Informationsgesellschaft wahrt, die Informationsfreiheit, die informationelle Autonomie und Selbstbestimmung, den freien Zugang zu Informationsressourcen. Das wären für Forschende und Studierende und überhaupt das Wissenschaftssystem gute Voraussetzungen.

Zitat | Die Informationsgesellschaft

„Unter einer Informationsgesellschaft soll eine informierte Gesellschaft verstanden werden, also eine nicht zuletzt durch die Verfügung über Information mündige Gesellschaft, in der die einzelnen Mitglieder nicht durch Zufälle bestimmt oder fremdbestimmt werden, sondern sich im Rahmen ihrer Verantwortung für das Ganze durch gewollte Entscheidungen selbst bestimmen können und in der politische, administrative und ökonomische Handlungen (wissenschaftlich-technische ohnehin) informationell abgesichert sind bzw. sich durch Informationen auf Nachfrage legitimieren müssen oder können." (Kuhlen 1995, S. 48)

Bibliotheken und Dokumentationsstellen

Eine besondere Rolle in der Informationsgesellschaft spielen die Bibliotheken. Sie haben die Aufgabe, die Öffentlichkeit mit Informationen und Metainformationen zu versorgen.

Eine Bibliothek ist meist auf eine besondere Zielgruppe orientiert, es gibt bspw. die Schulbibliothek, die Stadtbibliothek, die Universitäts- oder Fachhochschulbibliothek, die Firmenbibliothek. Von der Zielgruppe hängt es ab, welche Bestände und Sammelschwerpunkte Bibliotheken aufweisen, wissenschaftliche Bibliotheken sammeln vorwiegend wissenschaftliche Literatur aus bestimmten Disziplinen.

Bibliotheken bieten eine Fülle von Informationen in Büchern, Zeitschriften und anderen Medien und machen diese mit Hilfe von Metainformationen in unterschiedlichen Referenzquellen, z. B. Online-Katalogen, Bibliografien, Fachportalen, zugänglich. Beides – **Quellen** und **Referenzquellen** – stellen Bibliotheken im Allgemeinen unentgeltlich zur Verfügung.

Wissenschaftliche Bibliotheken am Studienort haben weitgehend ihr Angebot auf die dort angebotenen Studienfächer ausgerichtet, sie verfügen über einen repräsentativen Querschnitt der einschlägigen wissenschaftlichen Literatur, über einen Online-Katalog, der die Bestände nachweist, und über die wichtigsten Referenz- und Volltextdatenbanken, natürlich nach Maßgabe der budgetären Möglichkeiten. Sollten Quellen nicht vorhanden sein, können sie über Fernleihe oder Dokumentenlieferdienste beschafft werden.

Bibliotheken sind demnach für die wissenschaftliche Arbeit die Quelle *par excellence*. „I have always imagined that Paradise will be a kind of library." Man muss nicht einer Meinung sein mit dem argentinischen Dichter, Erzähler und Bibliothekar *Jorge Luis Borges*, aber für Studierende gehört es gleich zu Beginn des Studiums zum Pflichtprogramm, sich mit *ihrer* Bibliothek und ihrem Angebot vertraut zu machen. Besuchen Sie die Bibliothek virtuell, ihre Webseite, besuchen Sie aber auch die reale Bibliothek, informieren Sie sich über Führungen, Kurse und Schulungen, nehmen Sie daran teil, halten Sie wichtige Informationen und Hinweise fest – im folgenden Steckbrief.

Steckbrief | Meine Bibliothek

- Name
- Adresse
- Webseite
- E-Mail-Adresse
- Öffnungszeiten
- Leseplatz Reservierung
- Benutzungsgebühr
- Ansprechpartner
- Führungen, Kurse
- Sammelschwerpunkte, Standorte
- Systematik im Freihandbereich
- Ausleihe, Ausleihfristen
- Vorgehen bei Fernleihe
- Referenzquellen
  - für Bücher
  - für Artikel
  - E-Journals

Zögern Sie nicht, sich an die Mitarbeiter*innen Ihrer Bibliothek zu wenden, diese warten auf Sie. Umberto Eco hat sicher recht: „Wer den Bibliothekar um Hilfe bittet, macht ihn glücklich." (Eco 2020, S. 78) Allerdings meint er auch: „Wenn ihr auf der einen Seite sehr auf die Hilfe des Bibliothekars rechnen könnt, dürft ihr ihm auf der anderen Seite auch nicht blind vertrauen. Hört euch seine Ratschläge an, aber sucht dann von euch aus auch noch anderes. Der Bibliothekar versteht nicht von allem etwas und weiß außerdem nicht, welche besondere Ausrichtung ihr eurer Arbeit geben wollt." (ebd.) Ich habe viele Jahre in einer Bibliothek gearbeitet. Grundsätzlich stimme ich zu, eine Vorsicht, was die wissenschaftlichen Kompetenzen der Bibliothekar*innen betrifft, ist angebracht, es hat nicht nur den Anschein, als ob sie zu wenig die Welt der wissenschaftlichen Arbeit kennen (lernen wollen) und eher in ihrer Komfortzone arbeiten, sondern es trifft leider oft zu. Trotzdem: Sprechen Sie mit den Mitarbeiter*innen der Bibliothek, nicht nur wenn es um Ausleihfristen von Büchern geht, sondern bspw. über Ihr Forschungsprojekt, die Forschungsfrage und Ihre Literaturrecherche. Geben Sie ihnen die Chance, Sichtweise und Anliegen der Studierenden und Forschenden besser wahrnehmen zu lernen. Und Sie selbst werden die Bibliothek noch näher kennen lernen und sehen, was sie für die Ordnung des Wissens leistet.

Die öffentliche Bibliothek, die *bibliotheca publica*, ist eine Institution, die der informationellen Grundversorgung der Bevölkerung verpflichtet ist, sie wird deshalb in der Regel von der öffentlichen Hand finanziert. Die Bibliothek ist demnach in der ökonomisierten Informationsgesellschaft eine Insel des freien, kostenlosen Zugangs zu Information. Da die Bibliothek nicht auf Gewinnmaximierung orientiert ist, kann sie prinzipiell Informationen sammeln, erschließen und verfügbar machen, unabhängig von marktwirtschaftlichen Überlegungen, kundenorientiert, sachbezogen und wertneutral. Gleiches gilt für andere Institutionen des öffentlichen Informationswesens. *Archive* sammeln, erschließen und bewahren Akten und Urkunden von Behörden und Regierungsstellen (unter Umständen wichtige Primärquellen für historische und politikwissenschaftliche Forschungsfragen). *Dokumentationseinrichtungen* erschließen wissenschaftliche Informationen aus einzelnen Fachbereichen.

Wie andere öffentliche Bereiche auch – Gesundheit, Verkehr, Bildung – ist der Informationsbereich durch eine zunehmende Kommerzialisierung und Privatisierung gekennzeichnet. Zwar hat es in der Buchgeschichte neben den Klöstern, in denen Handschriften um Gottes Lohn kopiert wurden, schon immer Verleger gegeben, die Handel mit Büchern betrieben und mit in Fässern gelagerten Büchern durch die Lande zogen. Doch die Aufgabe, für die Öffentlichkeit Informationen bereit zu stellen und durch Metainformationen zu erschließen, war bis zur Hälfte des vorherigen Jahrhunderts Aufgabe der Bibliotheken. Sie stellten Kataloge und Bibliografien zur Verfügung, mit deren Hilfe die wissenschaftliche Literatur recherchiert werden konnte. Dieses Monopol gibt es so nicht mehr.

Informations- und Metainformationsanbieter

In der Informationsgesellschaft sind Information *und* Metainformation zu einem wichtigen Produktionsfaktor geworden und zu einer kostspieligen Ware, wie bspw. ein Blick auf die Preise für Zeitschriften und Referenz- und Volltextdatenbanken zeigt, an deren Produktion, Vermarktung und Distribution eine ganze Branche beteiligt ist. Es hat bereits ein weit reichendes *Outsourcing* des Informationsbereiches aus dem öffentlichen Sektor stattgefunden, eine Entwicklung, die sich bspw. auf Universitätsbibliotheken und überhaupt auf die Wissenschaftskommunikation fatal auswirkt.

Wissenschaftler*innen schaffen, finanziert durch öffentliche Geldmittel, Forschungsergebnisse, die sie in Buchform oder Zeitschriftenartikel publizieren. Durch die Publikation treten sie die Verwertungsrechte an Verlage ab, diese übernehmen die Herstellung und den Vertrieb der Publikationen. Zeitschriftenverlage wenden sich dabei zunehmend mehr direkt an Forschende und Studierende, im *Pay-per-view*-Verfahren über das Internet muss z. B. für einen Zeitschriftenartikel rund 20 EUR bezahlt werden. Mit im Geschäft sind auch Datenbankanbieter, welche für die Erschließung der Publikationen mit Hilfe von Referenz- und Volltextdatenbanken sorgen. Den Bibliotheken bleibt, um ihre Aufgaben zu erfüllen, nichts anders übrig, als alle diese Produkte – Bücher und Zeitschriften einerseits, die Referenz- und Volltextdatenbanken andererseits – teuer zu erwerben, wieder mit öffentlichen Geldmitteln.

Dass die Grundversorgung mit Information sehr kostenintensiv geworden ist und viel mehr wie früher betriebswirtschaftlicher Planung bedarf, geht parallel mit der **Ökonomisierung** der Bildung. Ökonomisierung bedeutet aber vor allem, dass Investitionen im Bildungsbereich immer mehr auf eine marktwirtschaftliche Logik orientiert sind. Und eine Konsequenz davon ist, dass vornehmlich in Studienpläne investiert wird, welche die *employability* der Absolventinnen zum Ziel haben, dass mithin Ausbildung mehr zählt als Bildung – eine weitere Facette der Ökonomisierung.

Tipp | Bildung in der Informationsgesellschaft

Liessmann, Konrad Paul (2016): Theorie der Unbildung. Die Irrtümer der Wissensgesellschaft. 11. Aufl. München u. a.: Piper.

Open Access

Zu Beginn der 1990er Jahre eskalierte die Situation zusehends: Einerseits stiegen die Preise für wissenschaftliche Publikationen und besonders für Zeitschriften, andererseits blieben die Budgets der Bibliotheken gleich bzw. wurden sogar gekürzt. In Wissenschaftskreisen setzte sich die Forderung durch, dass die Ergebnisse der wissenschaftlichen Forschung, die durch die Öffentlichkeit finanziert werden, wieder der Öffentlichkeit unentgeltlich zur Verfügung zu stellen sind. So entstand die *Open-Access*-Bewegung – vgl. https://www.open-access.net Man suchte nach Möglichkeiten, die Produktion, Qualitätssicherung und Distribution von Publikationen unabhängig von

Verlagen direkt vom produzierenden zum konsumierenden Wissenschaftler zu realisieren. Tatsächlich war das noch nie leichter umzusetzen: Mit der weltweiten Vernetzung durch das Internet ist es möglich, Informationen mit geringem technischem und finanziellem Aufwand zu verbreiten. *Open-Access* wird in zweierlei Hinsicht verwirklicht: entweder als Primär-Veröffentlichung in einer *Open-Access*-Zeitschrift (das ist der goldene Weg) oder als parallele Archivierung von Artikeln aus kostenpflichtigen Zeitschriften auf einem *Open-Access*-Dokumentenserver (der grüne Weg). Forschende und vor allem jene, die in Ländern und Organisationen mit geringeren Forschungsbudgets tätig sind, sollten die Chance bekommen, wissenschaftliche Dokumente unentgeltlich zu nutzen, um an der wissenschaftlichen Diskussion teilnehmen zu können.

Die Entwicklung hat allerdings gezeigt, dass das Prinzip des *Open Access* wissenschaftlicher Publikationen mit einigen Schwierigkeiten konfrontiert ist und am bestehenden System scheitert. Für die Karriere von Wissenschaftler*innen ist es nach wie vor unumgänglich, Beiträge in wissenschaftlichen Journalen zu publizieren, die aufgrund ihrer Verbreitung einen hohen Impact Factor aufweisen, und das sind die klassischen, von Verlagen produzierten und vertriebenen Zeitschriften. Viele Forschende sind überzeugt von der Idee des *Open Access*, aber die Forschungspolitik hat es noch nicht nachhaltig geschafft, entsprechende Anreize für Veränderungen zu schaffen. Der *mainstream* im wissenschaftlichen Publikationswesen bleibt nach wie vor kommerziell orientiert. Und ähnlich wie die Produktion und Distribution von Informationen bleiben auch Produktion und Distribution von Metainformationen in fester Hand. Und *Open-Access*-Angebote werden aus verständlichen Gründen im Allgemeinen nicht in den gängigen Referenz- und Volltextdatenbanken erschlossen.

Tipp | OAIster findet *Open Access*
OAIster https://www.oclc.org/de/oaister.html ist eine Suchmaschine der University of Michigan, mit der mit einer einzigen Sucheingabe die Metadaten von verschiedenen Dokumentenservern mit frei zugänglichen Publikationen durchsucht werden können.

Suchmaschinen

Relativ neue Akteure sind die Anbieter von Suchmaschinen, welche den wissenschaftlichen Informationsmarkt grundlegend verändert haben, obwohl sie primär nicht für die wissenschaftliche Recherche geschaffen wurden. Die offensichtlich erfolgreiche Geschäftsidee der Suchmaschinenbetreiber zielt darauf ab, die Suchmaschine zu etablieren, ihre Benutzungsfrequenz zu steigern, ihr eine Monopolstellung zu sichern und die Aufmerksamkeit der Kunden zu binden: *Wozu* aber? Wenn wir eine Suchmaschine benutzen, zahlen wir nichts: Doch wie finanziert ein riesiges Unternehmen wie *Google LLC* seine aufwändigen Technologien, die kostspieligen Serverfarmen, die Crawler und Robots, mit denen das Internet abgegrast wird? Dass sich ein solches Unternehmen rechnet, zeigen die Umsätze:

Exkurs | Die Umsätze von *Google LLC*
Im Jahr 2022 hatte *Google LLC* einen Umsatz von rund 279,81 Milliarden US-Dollar. Gegenüber dem Vorjahreswert entspricht dies einem Umsatzzuwachs um rund zehn Prozent. 2017 waren es rund 110.55 Milliarden (vgl. https://de.statista.com).
Google LLC (bis 2017 *Google Inc.*) ist seit Oktober 2015 ein Tochterunternehmen von Alphabet Inc.
Nota bene: In der 1. Auflage dieses Buches war noch zu lesen: „Umsatz von *Google Inc.* für 2008: 21,8 Milliarden US-Dollar, 97 % davon Werbeeinnahmen."
Und noch weiter zurück: 1995 lernten sich die beiden Studenten Larry Page und Sergey Brin an der Stanford University kennen, in einer Garage gründeten sie am 4. September 1998 die *Google Inc.*, das Startkapital kam von ihren Familien und Freunden. Apropos: Auch Steve Wozniak, Steve Jobs und Ron Wayne haben ihre Personal Computer Firma Apple in einer Garage gegründet.

Wenn man bedenkt, dass *Google* in der Hauptsache „nur" eine Referenzquelle ist, d. h. Informationen auf Servern über eine Suchmaschine zugänglich macht, muss man annehmen, dass mit Metainformationen mittlerweile das größere Geschäft zu machen ist mit Informationen. Alle Zeitungsherausgeber und Verlage, die ihre Informationen frei verfügbar machen, um im Online-Geschäft präsent und konkurrenzfähig zu sein, haben in Wirklichkeit für Profit auf Seite der Suchmaschinen gesorgt: Den Kunden interessiert weniger, wer eine Information ins Netz gestellt hat, wichtiger ist ihm, wie er sie finden kann. *Google* präsentiert sich als unentgeltlich zu benutzende, komfortable Suchmaschine, aber *Google LLC* ist zudem ein gigantisches Marketingunternehmen. Und *Google* Benutzer*innen finanzieren indirekt das Unternehmen mit: Wer in *Google* sucht, gehört zum willkommenen Publikum für Werbeeinschaltungen, für die *Google LLC* von Unternehmen viel Geld kassiert, und liefert unfreiwillig Daten für Benutzer- und Konsumentenprofile, die für Marktstudien verwendet werden.

Suchmaschinen sind für die wissenschaftliche Recherche wichtiger geworden, vor allem die wissenschaftlichen Suchmaschinen, die nur wissenschaftliche Texte erschließen, z. B. *BASE* https://www.base-search.net/. Aber auch *Google LLC* ist sehr interessiert am wissenschaftlichen Informationsmarkt, ein Beispiel ist *Google Scholar* https://scholar.google.com/ und *Google Books* https://books.google.com/. Im Oktober 2004 präsentierte das Unternehmen auf der Frankfurter Buchmesse dieses gigantische Digitalisierungsprojekt. Innerhalb eines Jahrzehnts sollten in Kooperation mit Verlagen und Bibliotheken 15 Millionen Bücher eingescannt und über das Internet verfügbar gemacht werden. Für die Verlage ein attraktives Angebot angesichts der zu erwartenden Werbeeffekte für die eigene Verlagsproduktion. Je nach Vereinbarung mit einzelnen Verlagen und abhängig von urheberrechtlichen Bestimmungen werden die Volltexte von Büchern überhaupt nicht, teilweise oder ganz im Volltext angezeigt. Auch große Bibliotheken sind auf den Zug in Richtung digitale *Google-Bibliothek* aufgesprungen, ältere und urheberrechtsfreie Bücher werden massenweise gescannt und zugänglich gemacht.

Das Projekt bringt zweifelsfrei große Vorteile für die Kunden, doch weniger für Autoren, da sich *Google* in seiner expansiven Unternehmenspolitik nicht immer an die gesetzlichen Bestimmungen hält. So werden mittlerweile viele urheberrechtlich geschützte Publikationen angeboten, *Google LLC* beschränkt die Nutzung allerdings auf die Anzeige der Texte, ausdrucken und downloaden ist nicht möglich.

Ursprünglich war es die Zielsetzung von *Google Books*, urheberrechtsfreie gedruckte Bücher im Volltext anzubieten, mittlerweile sollen so viel als möglich Bücher recherchierbar sein. Ob sie dann verfügbar sind, ist sekundär und hängt von der urheberrechtlichen Situation ab. Die Recherchemöglichkeiten sind einerseits auf Kategorien der formalen Beschreibung orientiert (auch da kann *Google LLC* nicht mehr als die klassischen Bibliotheken), andererseits steht eine mächtige Volltextsuche in einem riesigen Datenpool zur Verfügung. Eine Suche in *Google Books* lohnt sich auf jeden Fall, man findet überraschend viel, unter anderem ist es möglich, Zitate zu überprüfen, oder zu verfolgen, ob ein Buch in anderen Büchern zitiert wird – allerdings nicht vollständig, da ja nicht alle Bücher digitalisiert sind.

Auf dem wissenschaftlichen Informationsmarkt gibt also es eine Reihe von Akteuren, die einerseits Informationen anbieten und bereitstellen, die andererseits auch Metainformationen produzieren, indem sie wissenschaftliche Dokumente professionell dokumentieren und das Ergebnis als Referenzquelle anbieten. Das geschieht mit unterschiedlichen Motiven: Die Bibliothek und die Open-Access-Bewegung sind dem Ideal des freien und unentgeltlichen Zugangs zu Informationen für alle verpflichtet, Verlage, Datenbankanbieter und Suchmaschinenbetreiber hingegen agieren marktwirtschaftlich, mit der Konsequenz, dass Informationen und Metainformationen aufgrund steigender Nachfrage hohe Teuerungsraten aufweisen. Doch bei alledem sollen Sie nicht vergessen: **Sie sind im Zentrum.**

Sie gehören zu der wichtigsten Gruppe am wissenschaftlichen Informationsmarkt: das sind die „*Kunden*", die Wissenschaftler*innen, Lehrenden, Studierenden, an Wissenschaft Interessierte. Sie alle stehen im Zentrum des wissenschaftlichen Informationsmarktes. Einerseits schaffen sie ein Angebot: Sie *produzieren* die wissenschaftlichen Informationen und versorgen so den Informationsmarkt mit Rohstoff. Andererseits stellen sie eine Nachfrage: Sie *konsumieren* die wissenschaftlichen Informationen und sind interessiert an einem kostengünstigen und effizienten Zugang zu Informationen.

Beide Mal arbeiten sie mit Metainformationen. Als Konsumenten: Informationen zu *recherchieren* ist nur möglich mit Hilfe der Metainformationen in Referenzquellen. Aber auch als Produzenten von neuer Information arbeiten Studierende und Wissenschaftler*innen mit Metainformationen. In einer wissenschaftlichen Arbeit müssen zitierte Quellen in einem *Literaturverzeichnis* angeführt werden. Ein Literaturverzeichnis ist eine → *formale* Beschreibung der verwendeten Quellen: Diese Metainformationen sind nicht so differenziert wie jene der Bibliotheken, aber sie erfordern einheitliche → *Zitierregeln.*

Studierende und Forschende machen formale und inhaltliche Beschreibungen von Publikationen auch zu einem anderen Zweck: Wenn sie die Ergebnisse ihrer Recherche im Hinblick auf ihre eigenen Lern- und Forschungsinteressen *dokumentieren.* Sie lesen Quellen und werten sie aus, sie beschreiben formal die Quelle und halten den Inhalt in relevanten Teilen und Aspekten fest, sie legen Metainformationen an.

Die persönliche Dokumentation ist mit dem *professionellen* Dokumentieren z. B. von Bibliothekar*innen im Prinzip vergleichbar. Diese dokumentieren *alle* Bücher und Zeitschriften, die eine Bibliothek besitzt, in einer öffentlich zugänglichen Referenzquelle (z. B. im Online-Katalog). Studierende und Forschende hingegen schaffen mit ihrer Dokumentation – mit Aufzeichnungen auf Karteikarten oder in einem Literaturverwaltungsprogramm – eine *persönliche* Referenzquelle der für sie relevanten Primär- und Sekundärquellen, ihrer Bibliothek.

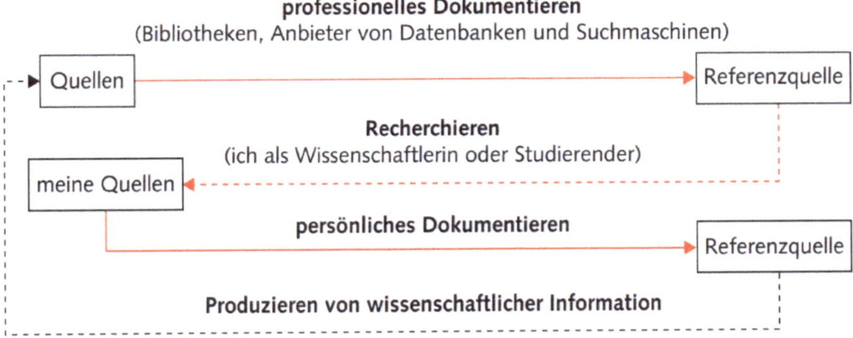

Abb. 3: Kreislauf der wissenschaftlichen Information

Hier schließt sich der Kreis: Wenn Sie recherchieren, verwenden Sie Referenzquellen. Diese sind das Ergebnis einer **professionellen Dokumentation**, in der Quellen durch formale und inhaltliche Beschreibung sowie durch Volltextindizierung – den Methoden der Wissensorganisation – erschlossen werden. Der Zweck der Erschließung ist, dass Quellen wieder gefunden werden können. Wenn Sie nun die in einer Recherche gefundenen relevanten Quellen persönlich dokumentieren (ebenso nach den Methoden der Wissensorganisation), schaffen Sie sich ihre eigene persönliche Referenzquelle. Auf der Basis Ihrer **persönlichen Dokumentation schaffen** Sie dann selbst eine schriftliche Arbeit, die wieder zu einer *Quelle* werden kann.

3.3 Methoden der Wissensorganisation

Referenzquellen sollen brauchbare Hilfsmittel für die Recherche sein: Zu diesem Zweck müssen sie Wissen so dokumentieren, dass es in unterschiedlichen Situationen der Informationsnachfrage wieder gefunden werden kann. In der professionellen Dokumentation kommen deshalb standardisierte *Methoden der Wissensorganisation* zum Einsatz. Bereits die oben angeführten Beispiele lassen vermuten, dass die Metainformationen, mit deren Hilfe Wissen in Referenzquellen dokumentiert wird, unterschiedlich organisiert sein können. Wer diese Methoden der Wissensorganisation in der professionellen Dokumentation versteht, findet sich leichter mit den Funktionalitäten und den Benutzeroberflächen von Referenzquellen zurecht. Das gilt auch für das Internet – mittlerweile die Plattform für Informationen und Metainformationen.

Tipp | Kiel, Ewald; Rost, Friedrich (2002): Einführung in die Wissensorganisation. Grundlegende Probleme und Begriffe. Würzburg: Ergon-Verl.

Spätestens in den 1990er Jahren wurde für das Internet die Übersichtlichkeit zum Problem: Wo und wie kann man welche Informationen finden? Wie können Dokumente im Internet erschlossen und zugänglich gemacht werden? In der kurzen Zeit bis heute wurden zwar vielfältige und innovative Möglichkeiten erprobt, dennoch beruhen sie im Wesentlichen nur auf drei Methoden der Wissensorganisation. Einerseits zwei alt bewährte: die → formale und die → inhaltliche Beschreibung von Dokumenten. Diese Methoden haben bereits eine lange Tradition in der Wissenschafts- und Bibliotheksgeschichte, sie wurden über zwei Jahrtausende hinweg erfolgreich für die Erschließung der „alten“ Medien – der Codices, Handschriften und Bücher – verwendet, sie wurden nun auch auf digitale Medien und das Internet angewandt, natürlich mit den neuen technischen Voraussetzungen in einer erheblich optimierten Form. Eine dritte Methode ist allerdings erst mit diesen neuen Technologien möglich geworden: die Indizierung der Volltexte von Dokumenten.

Volltextindizierung

Wenn wir mit *Google* suchen, ist uns vermutlich die Logik und die Technik dahinter nicht bewusst. Suchmaschinen sind schon zur alltäglichen Selbstverständlichkeit geworden. Sie antworten auf unsere Fragen, wir können *anytime anywhere* Informationen suchen und auf sie zugreifen. Vor allem die Interaktivität der Suchmaschinen – dass der Benutzer entsprechend seinem Informationsbedürfnis eine individuelle Suchanfrage im System absetzen kann, und dass das System sofort Antworten liefert – ist außergewöhnlich, diese Technologie bietet spektakuläre Möglichkeiten.

Suchmaschinen beruhen auf der Methode der → *Volltextindizierung*: Das Wortmaterial unzähliger Webseiten und Dokumente weltweit wird ausgelesen, indiziert und in Indexdateien gespeichert und steht als Referenzquelle, als riesiger Pool von Metainformationen, für die Abfrage bereit. Die Tatsache, dass Suchmaschinen die Möglichkeiten der Informationsrecherche revolutioniert haben, ist nicht zu bestreiten, da so eine gigantische Menge an Informationen verfügbar wird. Ob jedoch mit dieser Quantität an Informationen gleichzeitig ihre Qualität gesichert ist, bleibt fraglich. Denn wie mächtig auch immer eine Volltextsuche mit Suchmaschinen ist, vom Standpunkt der Wissensorganisation aus betrachtet, kommt sie nicht annähernd an die Möglichkeiten einer qualifizierten Suche heran, welche z. B. Bibliothekskataloge oder Referenzdatenbanken bieten. Diese Referenzquellen beruhen, was die Methoden der Wissensorganisation betrifft, primär auf einer sehr aufwändigen formalen und inhaltlichen Beschreibung der Dokumente. Die Treffer, die eine Suchmaschine bringt, sind hingegen nicht das Ergebnis einer intellektuellen Leistung.

Sie ergeben sich vielmehr auf Grund eines maschinellen Kriteriums: Die eingegebenen Suchbegriffe werden mit allen Wörtern eines Dokumentes verglichen, und jedes Dokument ist genau dann ein Treffer, wenn dieses *Matching* positiv ist, abgesehen vom problematischen *Relevance Ranking*. Es heißt deswegen richtigerweise Suchmaschine – umgekehrt sollte man einen Online-Katalog oder eine Referenzdatenbank keinesfalls als Suchmaschinen bezeichnen! Natürlich muss auch bei den Treffern in einem Online-Katalog oder in einer Referenzdatenbank eine nachträgliche Selektion erfolgen, doch der Aufwand dabei ist viel geringer als bei den langen Trefferlisten einer Suchmaschine. Die fehlende intellektuelle Leistung in der Wissensorganisation vorher muss offensichtlich bei Suchmaschinen durch eine erhöhte intellektuelle Leistung in der anschließenden Selektion der Treffer kompensiert werden: Das sollte man nicht übersehen.

Wirklich effektive, weil auf intellektuelle Leistung beruhende Formen von Metainformation im Internet hingegen rekurrieren wie gesagt auf die bewährten, herkömmlichen Methoden der Wissensorganisation: die formale und inhaltliche Beschreibung von Dokumenten. So war es Mitte der 1990er Jahre unter den Internetveteranen gang und gäbe, quasi aus der Begeisterung heraus, so viel im Netz gefunden zu haben, persönliche Linklisten zu erstellen, aufbauend auf einer differenzierten Klassifikation, durchaus mit dem Anspruch, damit eine für einen ganzen Forschungsbereich repräsentative Sammlung von Informationen anbieten zu können, und diese Metainformationen auch im Netz öffentlich zugänglich zu machen. Recht schnell erkannte man, dass dies ein Sisyphos-Unterfangen ist und unmöglich im Alleingang zu bewältigen, besonders wegen der Schnelllebigkeit des Internets, dem mitunter kurzen *lifecycle* von Dokumenten und der hohen Zuwachsrate immer neuer Dokumente.

Ebenso sehr früh in der Geschichte des *World Wide Web* wurde als Alternative zu den Suchmaschinen versucht, dem Chaos dadurch entgegenzuwirken, dass relevante Webseiten *inhaltlich klassifiziert* werden, um sie über eine hierarchisch organisierte Liste von Kategorien zugänglich zu machen – ein Klassiker der so genannten → *Directories* ist *Yahoo* https://www.yahoo.com, zugleich eine Suchmaschine. Das gleiche Prinzip wird mit Erfolg bei Fachportalen und Virtuellen Bibliotheken für wissenschaftliche Dokumente implementiert. Die Schwächen solcher Systeme sind die gleichen wie bei den herkömmlichen Medien: die Einseitigkeit von Klassifikationssystemen und vor allem der hohe Aufwand, die Metainformationen aktuell zu halten. Das zeigt auch die Tatsache, dass *Google Inc.*, sein Projekt *Google Directory* https://directory.google.com im Juni 2011 eingestellt hat.

Von einem weiteren, innovativen Versuch, das Internet mit Hilfe von Metainformationen zu erschließen, wird noch die Rede sein: Mit dem Konzept der *Metadaten* wird versucht, die Vorteile der formalen und inhaltlichen Erschließung einerseits mit jenen der Suchmaschinentechnologie andererseits zu verbinden und gleichzeitig die Nachteile beider zu kompensieren. Doch vorerst zu den altbewährten Methoden der formalen und inhaltlichen Beschreibung.

Formale Beschreibung

In der Geschichte der Wissenschaft haben die → formale und → inhaltliche Beschreibung von wissenschaftlichen Werken als Methoden der Wissensorganisation eine lange Tradition. Das ist der Welt der Bibliothek. Ursprünglich waren Wissenschaftler in Personalunion auch Bibliothekare, sie versuchten, eine Ordnung des Wissens und der Wissenschaft zu finden, die Quellen des Wissens zu erschließen und zu dokumentieren.

Exkurs | Berühmte Bibliothekare
Gottfried Wilhelm Leibniz (1646–1716) war 40 Jahre lang Bibliothekar, zuerst in Hannover, dann an der Herzog August Bibliothek in Wolfenbüttel. Er hat die Dezimalklassifikation entwickelt, eine universelle Klassifikation zur Einteilung und Beschreibung von Wissen, die auch heute noch verwendet wird. Bibliothekare waren übrigens unter anderem: der antike Dichter Kallimachos von Kyrene in der Bibliothek von Alexandria, Gotthold Ephraim Lessing, Immanuel Kant, Johann Wolfgang von Goethe, Friedrich Engels, J. Edgar Hoover, Jorge Luis Borges, und *last not least*: Giacomo Casanova.

Die formale Beschreibung betrifft formale Merkmale von Publikationen, insbesondere Autor, Herausgeber, Titel, Erscheinungsjahr, Reihe usw. Sie erfordert Kenntnisse der einschlägigen Normen und Standards, die in so genannten Regelwerken zusammengefasst sind. Obwohl sie für Laien mitunter kompliziert und unverständlich scheinen, sind sie keineswegs Selbstzweck, sondern wichtige Voraussetzungen für eine effiziente Recherche. Dabei ist es zweifellos eine Schwäche der derzeit verwendeten Standards, dass sie für die herkömmlichen Medien, bspw. für Zettelkataloge, entwickelt wurden und erst langsam den Möglichkeiten der digitalen Medien angepasst werden.

Tatsächlich wurde die formale Beschreibung bis vor kurzem (bis Ende der 1980er Jahre) auf einer Karteikarte, dem **Katalogzettel**, erfasst, der dann in alphabetischer Reihenfolge in den Katalog eingeordnet wurde. Naturgemäß waren die Sucheinstiege bei einem herkömmlichen Zettelkatalog beschränkt: Es musste deshalb genau und für jeden nachvollziehbar festgelegt werden, unter welcher Haupteintragung ein Buch im Katalog zu finden ist, und unter welchen Voraussetzungen eine Nebeneintragung vorgesehen war. Z. B. konnte ein Buch, welches von zwei Autoren verfasst wurde, sowohl unter dem Namen des ersten als auch des zweiten Autors gefunden werden, es waren also zwei Katalogzettel erforderlich. Für einen Sammelband hingegen musste ein Katalogzettel mit dem Sachtitel und ein zweiter mit dem Herausgeber geschrieben werden: für einen zweiten Herausgeber war im Katalog kein eigener Eintrag vorgesehen. Also vergleichsweise bescheidene Metainformationen.

Im deutschsprachigen Raum waren bis in die 1980er Jahre die 1899 entwickelten so genannten *Preußischen Instruktionen (PI)* in Verwendung. Diese regelten vor allem die Einsortierung des Zettels in den Katalog: Verfasserschriften waren unter dem Nachnamen des Verfassers eingeordnet, Herausgeberwerke hingegeben unter dem ersten unabhängigen Hauptwort, dem so genannten *Substantivum regens* – so war für die „Abhandlungen zur theoretischen Physik" bspw. die Wortfolge „Abhandlungen Physik theoretische" das Sortierkriterium.

In den 1970er Jahren wurden die *Regeln für die Alphabetische Katalogisierung (RAK)* eingeführt. Obwohl auch diese unter den technologischen Voraussetzungen des Zettelkataloges konzipiert wurden, wird es noch heute in den meisten Bibliothekskatalogen des deutschsprachigen Raumes verwendet. Entscheidend für das Ordnungswort ist die mechanische Wortfolge, wobei Artikel und Präpositionen als Stoppwörter vernachlässigt und zwischen die Nichtsortierzeichen ¬ gesetzt werden – ein Herausgeberwerk mit dem Titel „Die Bibliothek und ihre Kataloge" steht so z. B. unter dem Ordnungswort „¬Die¬ Bibliothek und ihre Kataloge" eingeordnet im Buchstaben B.

Zur bibliografischen Beschreibung in den RAK gehören unter anderem folgende **Kategorien** (Datenfelder): Verfasserangabe, Hauptsachtitel, Zusätze zum Sachtitel (Untertitel), Ausgabebezeichnung, Ausgabe, Erscheinungsvermerk, Erscheinungsort, Verleger, Erscheinungsjahr, Umfangsangabe, Illustrationsangabe, Formatangabe, Angabe von Begleitmaterial, Gesamttitelangabe (Titel des Gesamtwerks), Fußnoten, ISBN oder ISSN, ggf. Stücktitel. Ein Beispiel finden Sie auf der Rückseite des Haupttitelblattes der meisten Bücher.

In den angelsächsischen Ländern sind die *Anglo-American Cataloguing Rules (AACR)* in Verwendung. Die Unterschiede zwischen RAK und AACR betreffen unter anderem die Sammelwerke. In den RAK sind mehrschichtige Hierarchien vorgesehen: Für einen Band in einem mehrbändigen Werk werden z. B. zwei Datensätze (Katalogzettel) aufgenommen, einer für das mehrbändige Werk, einer für den Band, wobei die Datensätze hierarchisch verlinkt werden. Ähnlich wird für ein Buch, das in einer gezählten Reihe erscheint, der Stücktitel selbst und die Reihe verzeichnet, beide auch verlinkt. Bei so genannten Abteilungswerken (Schriftenreihen, Unterreihen usw.) kann dies zu verschachtelten Hierarchien führen, welche die Benutzbarkeit des Kataloges erschweren. Die AACR sind in diesem Fall ökonomischer, eine Publikation wird mit *einem* Datensatz beschrieben.

Seit der Einführung der Online-Kataloge hat sich die Situation stark verändert. Zwar haben die alten Regelwerke noch immer Sinn, insbesondere was die formalen Merkmale und ihre Normierung betrifft, die nunmehr als Datenfelder eines Datensatzes gespeichert werden. Doch durch die Möglichkeit, in mehreren Datenfeldern zu suchen, also viele Sucheinstiege wählen zu können, ist die Notwendigkeit, für einen Datensatz Haupteintragungen und Nebeneintragungen für gezielte Sucheinstiege im Katalog zu definieren, weggefallen – die entsprechenden Normen werden aber aus Gewohnheit oder bestenfalls aus puristischen Gründen noch weiterverwendet.

Früher musste jede Bibliothek alle ihre Bestände selbst formal erfassen (katalogisieren). Heute ist es gängige Praxis, dass Datensätze aus fremden Katalogen kopiert werden. Zu diesem Zweck sind so genannte Austauschformate definiert worden, für die RAK ist dies das MAB-Format, für die AACR das MARC-Format. Das Prinzip der kooperativen Katalogisierung hat seit den 1980er Jahren auch zur Entwicklung von *Verbundsystemen* geführt: Dabei werden die bibliografischen Datensätze in einer zentralen Datenbank gespeichert, die einzelnen Bibliotheken nutzen diese Datensätze und ergänzen sie mit den bibliotheksspezifischen Daten ihrer Exemplare, insbesondere Standort und Signatur, aber ebenso Verwaltungsdaten für die Entlehnung und die Bestellung.

Überblick | Was bringt die formale Beschreibung?

- Durch die formale Beschreibung werden formale Kriterien einer Publikation, z. B. Titel, Autor, Erscheinungsort, Verlag, Erscheinungsjahr, nach festgelegten Standards als → Referenz dokumentiert und in einer → Referenzquelle für die Recherche zugänglich gemacht. Dadurch ist es möglich, eine Publikation aufgrund von Angaben, z. B. aus einem Literaturverzeichnis, zu finden (→ bibliografische Suche).
- Die formale Beschreibung liefert meistens auch Informationen über die Zugänglichkeit einer Quelle. So gibt uns ein Bibliothekskatalog mit dem Standort, der Signatur und den Entlehnbedin-

gungen einer Publikation Hinweise, wo und wie die Quelle in der Bibliothek benutzt und ggf. außer Haus entlehnt werden kann. Ähnlich wird die Verfügbarkeit von Internetquellen mit der Angabe eines *URL (Uniform Ressource Locator)* und ggf. der Zugangsbedingungen (Kennung, Passwort) beschrieben.

- In der Recherche können anhand formaler Merkmale eine Klasse von Publikationen gebildet und als Liste ausgegeben werden, bspw. die Publikationen eines Autors oder die verschiedenen Ausgaben (Auflagen) einer Publikation, die Publikationen eines Verlages usw.
- Elektronische Referenzquellen machen es möglich, ein Bündel von formalen Suchkategorien für die Selektion von Publikationen zu verwenden, bspw. können einfach und schnell die deutschsprachigen Publikationen eines Autors mit einem bestimmten Erscheinungsjahr recherchiert werden.
- Elektronische Referenzquellen erlauben auch die assoziative Suche, d. h. es kann vom Merkmal eines Datensatzes – etwa von einem Autor – zu Daten-sätzen, die dasselbe Merkmal aufweisen, z. B. denselben Autor aufweisen, über *clickable links* navigiert werden.

Inhaltliche Beschreibung

Die → inhaltliche Beschreibung ist das Ergebnis einer Inhaltsanalyse von Dokumenten. Sie beruht demnach auf einer *intellektuellen* Leistung, was für Verfahren, bei denen Stichwörter aus Dokumenten automatisch extrahiert werden, nicht gilt. Ähnlich wie bei der maschinellen Volltextindizierung durch Suchmaschinen muss das nicht bedeuten, dass diese Stichwörter *relevant* sind. An dieser prinzipiellen Schwäche der automatischen Indizierung ändert auch eine auf Quantifizierung begründete Relevanz nichts, denn es kann, aber muss nicht sein, dass die Häufigkeit eines Stichwortes in einem Dokument ein brauchbarer Indikator für die Relevanz des Dokumentes ist.

Die inhaltliche Beschreibung kann auf zweifache Weise erfolgen: als **verbale Sacherschließung** und durch **Klassifikation**. In der verbalen Sacherschließung können → **Stichwörter** verwendet werden, die entweder frei gewählt oder aus dem Titel bzw. aus dem Text des Dokumentes entnommen werden. Auch kann der Inhalt eines Dokumentes in einem

→ Abstract zusammengefasst oder in einer Rezension zusätzlich kritisch bewertet werden. Dies sind Formen der Sacherschließung, die mit einem sog. *freien Vokabular* arbeiten.

Im Allgemeinen greift man in der verbalen Sacherschließung jedoch auf ein *kontrolliertes* bzw. *normiertes* Vokabular zurück.

Das Ziel ist, dass bei der inhaltlichen Beschreibung eines Dokumentes und genauso bei der Formulierung einer Suchfrage nur Begriffe aus dem kontrollierten Vokabular verwendet werden. Zudem sollen dieselben Themen immer mit denselben Begriffen beschrieben werden. Im Unterschied dazu können Begriffe, die im Titel vorkommen, ggf. sogar inhaltlich irreführend sein.

Diese Form der inhaltlichen Beschreibung wird auch als Indexierung oder *Beschlagwortung* bezeichnet. Dabei werden → **Schlagwörter**, so genannte Deskriptoren, aus Schlagwortlisten, Schlagwortnormdateien oder aus → Thesauren gewählt und ggf. zu einer Schlagwortkette verbunden. In den meisten deutschsprachigen wissenschaftlichen Bibliotheken werden seit Anfang der 1980er Jahre die *Regeln für den Schlagwortkatalog (RSWK)* verwendet. Als kontrolliertes Vokabular dient die Schlagwortnormdatei (SWD). In den Schlagwortketten werden die Schlagwörter nach den folgenden Kategorien geordnet: Person, Sache, Ort, Zeit, Form.

Überblick | Was bringen Schlagwörter?

- Der Inhalt des Dokuments wird sachlich und wertneutral durch Schlagwörter beschrieben, mit ein und demselben Schlagwort wird immer dasselbe Thema bezeichnet.
- Mithilfe von Schlagwörtern kann differenziert recherchiert werden.
- In der Recherche können auch → synonyme und → verwandte Begriffe, → Unterbegriffe und → Oberbegriffe verwendet werden. Einige Kataloge bieten zusätzlich die Möglichkeit der → hierarchischen Recherche durch Browsing innerhalb des Begriffsnetzwerkes.
- Schlagwörter machen bei der Recherche eine Differenzierung im Hinblick auf Primär-, Sekundär- oder Tertiärquellen möglich. So kann man gezielt Publikationen recherchieren, die über eine bestimmte Primärquelle handeln. Wenn Sie z. B. ins Suchfeld „Thema“ oder „Schlagwörter“ *Tacitus, Cornelius; Annales* als Such-

begriffe eingeben, finden Sie Sekundärquellen über dieses Werk. Die Primärquelle selbst finden Sie, wenn Sie in das Titelfeld *Tacitus Annalen* oder *Annales* eingeben.

- Schlagwörter eigenen sich auch für die Recherche von empirischen Primärquellen: Wenn sie etwa Datenreihen zur Einkommenssteuer in Österreich benötigen, werden Sie mit der Kette *Österreich; Einkommensteuer; Statistik* fündig.
- Auch sog. *Formschlagwörter* können hilfreich sein: Eine Publikation, welche z. B. die Rezeption des Werkes von Robert Musil in Österreich nach 1945 untersucht, sollte mit der Schlagwortkette *Musil, Robert; Rezeption; Österreich; Geschichte 1945-* inhaltlich erschlossen sein. Sie finden demnach eine Tertiärquelle, die Ihnen einen geschichtlichen Überblick über die Sekundärliteratur zum Werk Robert Musils gibt.

Bei der zweiten wichtigen Form der Inhaltserschließung, der → **Klassifikation**, wird jede Publikation einer Klasse und damit einem ganzen Klassifikationssystem zugeordnet, mit dem die Wissenschaften geordnet und eingeteilt werden. Publikationen über das gleiche Thema sind dann über dieselbe Notation zu finden. Diese Methode der Wissensorganisation bietet viele Möglichkeiten bei der Recherche, besonders wenn man *top-down*, vom Allgemeinen zum Besonderen, von Klassen zu Unterklassen vorgeht – die → *Recherchemethode der hierarchischen Suche.* Bis in die 1990er Jahre war die Klassifikation im so genannten *Systematischen Katalog* implementiert, ein mächtiges und anspruchsvolles Suchinstrumentarium, das die Bestände einer Bibliothek systematisch nachweist; heute hingegen wird die Klassifikation auch als thematische Suchkategorie in Online-Katalogen und Referenzdatenbanken verwendet. Die Klassifikation dient zweitens als **Aufstellungssystematik** für den Freihandbereich in Bibliotheken.

Tipp | Machen Sie sich mit der Aufstellungssystematik Ihrer Bibliothek vertraut. Suchen Sie in der Systematik die Notation eines interessanten Themenbereiches, gehen Sie ins Regal und prüfen Sie die Bestände. Vielleicht finden Sie im Sinne des → Mitnahmeeffektes ein Buch – und nehmen es mit ...

Eine international verbreitete Systematik ist die Dezimalklassifikation, die wie bereits erwähnt ursprünglich von *Gottfried Wilhelm Leibniz* konzipiert und später von *Melvil Dewey* weiterentwickelt wurde. Die *Dewey Decimal Classification (DDC)* ist in den USA und vielen anderen Ländern in Verwendung, im deutschsprachigen hat sich die *Universelle Dezimalklassifikation (UDK)* etabliert. Das Prinzip in diesen Systematiken beruht darauf, dass das Wissen in 10 Klassen geteilt wird (0 bis 9), jede dieser Klassen kann wieder 10 Unterklassen aufweisen usw.

Beispiel | Klassifikation nach der DDC
Mit der Notation 531 wird die Klasse „Allgemeine Mechanik" bezeichnet, die der Klasse 53 „Physik" zugeordnet ist, 53 gehört wiederum zur Klasse 5 „Mathematik, Nachbarwissenschaften".

Die Länge der Notation bezeichnet den Spezifikationsgrad einer Klasse. Im deutschsprachigen Raum wird die DDC von der Deutschen Nationalbibliothek verwendet, seit 2006 werden alle Neuerscheinungen nach der DDC erschlossen. In Europa kommt sie sonst selten zum Einsatz, da sie ursprünglich für die Publikationen in den USA entwickelt wurde.

In den wissenschaftlichen Bibliotheken des deutschsprachigen Raums hat sich die etwas komplexere **Regensburger Verbundklassifikation (RVK)** durchgesetzt, hauptsächlich als Aufstellungssystematik des Freihandbestandes in Bibliotheken. Die Welt des Wissens wird hier in 34 Hauptgruppen geteilt, die jeweils durch ein oder zwei Buchstaben bezeichnet werden.

Beispiel | Klassifikation nach der RVK
N bspw. bezeichnet die Gruppe Geschichte, NH bezeichnet die Griechisch-römische Geschichte, anschließend wird mit 3–5stelligen Zahlen spezifiziert, 7000 bis 8600 umfasst die Römische Geschichte, 7150 bis 7260 die Römische Republik (510–31), 7250 die Ära von Pompeius bis zu Caesar und Oktavian (78–31).
Der Notation NH 7250 ist kann das Buch „Baltrusch, Ernst (2008): Caesar und Pompeius, 2. Aufl., Darmstadt: Wiss. Buchges." zugeordnet werden – und unter derselben Notation finden sich weitere Bücher zum selben Themenbereich.

Wird die RVK als Systematik für die Aufstellung der Bücher in einem Freihandbereich verwendet, so wird die Signatur eines Buches noch näher spezifiziert durch den Nachnamen des Autors, der nach einer Tabelle verschlüsselt wird.

Beispiel | Aufstellung nach der RVK
Baltrusch wird als B197 notiert, dazu kommen noch die Auflage und Bandzählung. Signaturen können in dieser Notation lang und unübersichtlich werden, wie man an der Signatur NH 7250 B197(2) für das Buch von Baltrusch in der 2. Auflage sehen kann.

Klassifikationen sind nicht nur wertvolle Wege zu wissenschaftlichen Dokumenten, man bekommt so auch Einblicke in die Systematik von Wissenschaftsdisziplinen und dieser Blick *top-down* vom *Allgemeinen* ins *Einzelne* ist typisch für Wissenschaftler*innen – ein gutes Beispiel ist der Universalgelehrte Leibniz.

Das Internet und die Organisation von Wissen

Die Volltextindizierung ist wie gesagt eine neue Technologie der digitalen Medien, Informationen so zu erschließen, dass sie punktgenau gefunden werden können. Aber bietet das Internet noch andere neuartige Möglichkeiten, Wissen zu organisieren und so für eine effiziente Recherche zugänglich zu machen?

Jene medientechnische Funktionalität, die dem Medium Internet zum wirklichen Durchbruch verholfen hat, nämlich die Möglichkeit, via **Hyperlinks** zu navigieren, ist vom Standpunkt der Wissensorganisation keine Innovation. *Links*, also Verweisungen im Sinne des „Siehe auch“, gab es schon immer. Die Schnelligkeit, mit welcher im Internet über *Hyperlinks* navigiert werden kann, ist ohne Zweifel komfortabel und animiert zum Browsing und Surfing, was zwar für die → Einstiegssuche hilfreich sein kann, aber weniger für die → gezielte thematische Suche.

Im Internet *Surfen* bedeutet, die Hyperlinks in einem Internetdokument verfolgen, auf Geradewohl und auf die Vermutung hin, irgendetwas Brauchbares zu finden. Im Internet *Recherchieren* hingegen ist zielgerichtet.

Beim Surfen finden wir durch Zufall: Zufällig sind die jeweils brauchbaren Informationen über *Hyperlinks* „verdrahtet" sind und zufällig folgt der Surfer den Links. Natürlich ist nicht ausgeschlossen, dass auf diese Weise im Sinne des Mitnahmeeffektes (→ *serendipity-effect*) wertvolle Informationen gefunden werden, entscheidend bleibt jedoch das Prinzip des Zufalls – und nicht der strategischen Suche. Die Navigation mit *Hyperlinks* ist zweifellos ein Mehrwert für die *Usability* von elektronischen Referenzquellen: die Möglichkeit, in einem → Directory, in einem → Online-Katalog oder in einer → Referenzdatenbank von einem Eintrag zu weiteren zu verzweigen, ist in dieser Form ein Novum der digitalen Medien. Aber es gibt dafür auch das Risiko, sich im Geflecht der Hyperlinks zu verlieren und zu vergessen, was man eigentlich suchen wollte: das Syndrom des *lost in hyperspace*.

Exkurs | Web of Science
Wirklich innovativ wurde das Prinzip der Verweisungen vom Informationsspezialisten *Eugene Garfield* fruchtbar gemacht, und zwar lange vor dem Internet noch im Zeitalter der gedruckten Bibliografien, obwohl sich sein Konzept erst unter den Voraussetzungen der Navigation mit Hyperlinks wirklich durchgesetzt hat. *Eugenie Garfield* hatte die Bahn brechende Idee, Zeitschriftenartikel nicht nur wie sonst üblich formal und inhaltlich zu erschließen, sondern zusätzlich im Hinblick auf ihre Vernetzung im wissenschaftlichen Diskurs, indem sowohl die in einem Artikel zitierten Artikel (die *cited articles*) als auch die diesen Artikel zitierenden Artikel (die *citing articles*) angeführt werden. Das Ergebnis ist ein Netzwerk von Artikeln: Die → Referenzdatenbanken, die nach diesem Prinzip aufgebaut werden, werden vom *ISI Institute of Information* als *Web of Science* angeboten, und zwar für alle Wissenschaftsdisziplinen, allerdings beinhalten sie nur englischsprachige Zeitschriftenartikel. Die zugrunde liegende Methode der Wissensorganisation unterstützt die → assoziative Recherchestrategie, die so genannte Schneeballsuche.

Ein weiteres Schlagwort ist **Web 2.0**. Wir haben bereits den Trend der Demokratisierung in der Produktion von Information im Zusammenhang mit der Wiki-Bewegung erwähnt: Einen ähnlichen Trend gibt es im Hinblick auf die Produktion von Metainformationen, und zwar die freie, für alle und jeden offene, demokratische Form der verbalen Sacherschließung: das social oder *collaborative tagging* – ein Angebot, das von der Internetgemeinschaft mit Enthusiasmus aufgegriffen wurde. Jeder Internetbenutzer kann für ein Dokument freie Schlagwörter vergeben, jeder kann Dateien, Bilder, Videos taggen. Einen Vorteil könnte man einerseits darin sehen, dass ein Dokument aus verschiedenen Perspektiven und Interessen erschlossen wird. Fraglich bleibt aber, ob durch die pluralistische Anreicherung eines Dokumentes mit einer Unmenge von subjektiven und teilweise willkürlichen Metainformationen wirklich ein effektives Instrumentarium für die Recherche geschaffen wird.

Auch ein neues und für die Recherche von Information an sich vielversprechendes Konzept sind die → *Metadaten* in Internetdokumenten. Das Prinzip der Erschließung von Informationen mit Hilfe von Metadaten beruht auf der Kombination der drei Methoden der Wissensorganisation, der formalen und inhaltliche Beschreibung und der Volltextindizierung. Die Synergieeffekte sind offensichtlich: Mit Metadaten werden die formalen und inhaltlichen Merkmale eines Internetdokumentes beschrieben (bspw. Autor, Titel, Zusammenfassung, Schlagworte, Redaktionsdatum usw.) und durch spezielle Metadaten-Suchmaschinen maschinell indiziert und suchbar gemacht.

Exkurs | Metadaten
Wenn Sie in einem Internetbrowser (Chrome, Firefox, Internet Explorer) die Funktion *Quelltext* aktivieren, sehen Sie den in der Programmiersprache HTML (Hypertext markup language) geschriebenen Sourcecode des Dokumentes: Neben den vielen HTML-Tags (das sind Steuerzeichen für die Bildschirmanzeige usw.) erkennen Sie im so genannten Header auch die *Metadaten* in Form von Meta-Tags. Ein Beispiel:
<HEAD>
<TITLE>Recherchieren, Dokumentieren, Zitieren</TITLE>
<META http-equiv=“author“ content =“Klaus Niedermair“>
<META http-equiv=“keywords“ content=“Wissenschaftliches Arbeiten; Informationsrecherche; Wissensmanagement; Literaturverwaltung; Recherchieren; Dokumentieren; Zitieren“>
</HEAD>

Metadaten sind im Dokument selbst enthalten, allerdings versteckt, da sie im Internetbrowser nicht angezeigt werden. Sie werden von speziellen Suchmaschinen mit Hilfe so genannter *Harvester* oder *Crawler* ausgelesen, in

Indexdateien abgelegt und können so für eine differenzierte Suche verwendet werden. Wenn wir mit einer Metadaten-Suchmaschine recherchieren, finden wir nur jene Dokumente, deren Metadaten unseren Suchbegriff enthalten – und diese Metadaten sind bewusst spezifiziert worden. Verwenden wir für unsere Suche aber eine übliche Suchmaschine wie etwa *Google*, so erhalten wir in der Trefferliste alle Dokumente, die irgendwo im Text – nicht ausschließlich in den Metadaten – den Suchbegriff enthalten. Zudem können wir mit der Metadaten-Suchmaschine gezielt einzelne Metadatenfelder ansprechen, wir können z. B. nach Dokumenten suchen, die eine Autorin namens Bauer verfasst hat. Wenn wir in *Google* den Suchbegriff *Bauer* verwenden, werden wir auch Dokumente angezeigt bekommen, die etwa über den Beruf oder die Arbeits- und Lebensbedingungen von Bauern handeln.

Für die formale und inhaltliche Beschreibung eines Internetdokumentes ist ein Metadaten-Standard entwickelt worden, der so genannte **Dublin-Core**, in dem Datenfelder und deren Syntax normiert werden – übrigens in Anlehnung an Standards der formalen und inhaltlichen Beschreibung, wie sie in Bibliotheken üblich sind: Metadaten leisten im Prinzip dasselbe wie bibliografische Daten-sätze, der Begriff Metadaten wird deshalb zunehmend für die Bezeichnung von Metainformationen verwendet. Im Internet werden Metadaten übrigens auch verwendet, um rechtliche Merkmale (Copyright, Zugriffsbeschränkungen) von Dokumenten oder didaktische Merkmale von Lernmaterialien festzuhalten.

Es ist ein schöner Traum, dass die Milliarden von Internetdokumenten mit Metadaten formal und inhaltlich beschrieben werden und auf diese Weise für eine qualifizierte Suche zugänglich wären. Die Realität sieht anders aus. Grundsätzlich könnte jeder die Dokumente, die er ins Netz stellt, mit Metadaten versehen. Aber diese Möglichkeit wird relativ selten genutzt. Ein zweites Problem ist die Uneinheitlichkeit der Syntax z. B. bei der Ansetzung von Personennamen und das unkontrollierte Vokabular der *keywords* – würde das jeder mit derselben Verantwortung machen, mit der Bibliothekar*innen bei der formalen und inhaltlichen Beschreibung vorgehen, wäre es um die Metadaten zweifellos besser bestellt. Zudem wurden Metadaten bedauerlicherweise auch missbräuchlich verwendet: Nachdem einige Suchmaschinen ursprünglich Metadaten für das Ranking von Dokumenten ausgewertet haben, wurde immer wieder versucht, dieses Ranking auszutricksen, indem bewusst falsche Begriffe als Metadaten eingegeben wurden. Die Antwort der großen Suchmaschinen blieb nicht aus: Keine von ihnen indiziert mehr die *keywords* aus den Metadaten. Metadaten-Suchmaschinen haben jedoch im Bereich der wissenschaftlichen Information überlebt – wir kommen darauf zurück.

Überblick | Was sind Referenzquellen?

- Referenzquellen sind *Tertiärquellen*. Sie informieren darüber, welche Quellen es gibt und – in den meisten Fällen auch – wo und wie sie zu finden sind.
- Referenzquellen beinhalten Referenzen (Literaturhinweise), also Informationen *über* Informationen, d. h. Metainformationen.
- Am wissenschaftlichen Informationsmarkt gibt es unterschiedliche Akteure, die Informationen und Metainformationen anbieten: Bibliotheken, Verlage, Datenbankanbieter, die Open-Access-Bewegung, Suchmaschinenbetreiber.
- Diese Institutionen produzieren Referenzquellen durch professionelle Dokumentation von Quellen.
- Auch Studierende und Forschende dokumentieren und schaffen so ihre persönliche Referenzquelle.
- Referenzquellen implementieren Methoden der Wissensorganisation, z. B. die formale und die inhaltliche Beschreibung von Quellen und die Volltextindizierung.
- Referenzquellen werden auch als *Informationsressourcen* bezeichnet.

3.4 Typen von Referenzquellen

Referenzquellen sind Medien und wie andere Medien können sie *gedruckt* oder *elektronisch* verfügbar sein – in der langen Geschichte der Referenzquellen gab es natürlich auch handschriftliche Formate, die Pinakes der antiken Bibliothek von Alexandria, die mittelalterlichen Indices, Bandkataloge, und es ist nicht so lange her, dass Katalogzettel noch mit Hand geschrieben wurden. Während Bücher vorwiegend im Druck erscheinen, werden Referenzquellen nur noch selten gedruckt, sie sind den elektronischen im Hinblick auf → Recherchetechniken und → -methoden weit unterlegen sind. Die Kataloge sind bereits in den Untergeschossen der Bibliotheken verschwunden und für die Recherche im „Altbestand“ in digitalisierter Form zugänglich. Auch Bibliografien werden nur in Ausnahmen in Buchform publiziert, etwa wenn eine Universität die Publikationen ihrer Mitarbeiter*innen der Öffentlichkeit präsentiert.

In der folgenden Typologie werden Referenzquellen nach den **Methoden der Wissensorganisationen**, welche sie implementieren, und nach ihrem **Medientyp**, dem *medientechnischen* Format unterschieden. Dass dabei auch noch die alten Formate berücksichtigt werden, geschieht nicht aus Pietät oder Nostalgie, sondern aus zwei Gründen. Erstens sind noch nicht 20 Jahren vergangen seit der Zeit, als die Recherche in Katalogschränken und Bibliografien noch zum Handwerk des wissenschaftlichen Arbeitens gehörte – dass Sie also in Ihrer Karriere als Studierender oder als Wissenschaftlerin doch einmal einem Katalog begegnen und in einer Bibliografie nachschlagen sollten, ist nicht auszuschließen. Und zweitens waren die alten Formate, was ihre *Funktionalität* betrifft, transparenter und ehrlicher: Es ist leichter zu durchschauen, was man tut, wenn man in einem Zettelkatalog sucht, nicht zu durchschauen ist, was passiert, wenn man in *Google* einen Suchbegriff eingibt. Daran ändert auch die narrensichere und mittlerweile zunehmend KI-gesteuerte *Usability* der Benutzeroberfläche von *Google* wenig.

Typologie der Referenzquellen		**Strategie der Wissensorganisation**		
		Formale Beschreibung	*Inhaltliche Beschreibung*	*Volltextindizierung*
Medientechnisches Format	*gedruckt*	❶ Alphabetischer Katalog		
			❷ Schlagwortkatalog	
			❸ Systematischer Katalog	
		❹ Bibliografie		
	elektronisch	❺ Online-Katalog		
		❻ Referenzdatenbank		
		❼ Volltextdatenbank		
		❾ Directory, Virtuelle Bibliothek, Fachportal		
				❽ Suchmaschine
		❿ Metadaten-Suchmaschine		

Abb. 4: Typologie der Referenzquellen

Die alten Kataloge der Bibliotheken ① ② ③

In den wissenschaftlichen Bibliotheken gab es bis in die 90er Jahre des vorigen Jahrhunderts sog. Zettelkataloge, das waren ausziehbare Schränke mit Schubladen, in denen die – früher handgeschriebenen, mit Schreibmaschine getippten – Zettel (Karteikärtchen) alphabetisch sortiert aufbewahrt waren. Im Gegensatz zur heutigen elektronischen Dokumentation des Bibliotheksbestandes war die Pflege dieser großen Metadaten-Apparate mit einem erheblichen Arbeitsaufwand verbunden. So war z. B. schon das Einlegen der Zettel – nach präzisen Ordnungskriterien! – mit Risiko verbunden, da ein verlegter Zettel so schnell nicht wiedergefunden werden konnte.

Von diesen Katalogen gibt bzw. gab es mehrere, je nachdem wie der Bibliotheksbestand abgebildet wird bzw. welche Methode der Wissensorganisation dabei verwendet wurde.

Einmal der **Alphabetische Katalog** ① (oder Nominalkatlog), der auf Katalogzettel die Katalogisate – modern gesprochen: die Metadaten – der Medien (Bücher und Zeitschriften) einer Bibliothek enthält. Die Sortierung ist alphabetisch und erfolgt nach dem sogenannten *Ordnungswort*, meist der erste Autor oder bei Herausgeberwerken der Titel, wobei weitere Autoren und Herausgeber unter einem *Nebeneintrag* (auf einem separaten Katalogzettel) aufscheinen.

Diese Referenzquelle ist im Hinblick auf die Wissensorganisation eine **formale Beschreibung**, und eignet sich demnach für die → Recherchemethode der → formalen Suche.

Die spezifischen Regeln der formalen Beschreibung (Katalogisierung) waren in einem Regelwerk festgelegt – für den deutschsprachigen Raum waren das die sog. Regeln für den Alphabetischen Katalog (RAK).

75.719/20,220

NIEDERMAIR,Klaus:

Wittgensteins Tractatus und die Selbstbezüglichkeit der Sprache. - Frankfurt a.M.,Bern, New York,Paris:Lang(1987). 223 S. 8°
Innsbruck,überarb.geisteswiss.Diss.1984 u.d. T.:Das Problem der sprachlichen Selbstbezüglichkeit im Tractatus logico-philosophicus.
(Europäische Hochschulschriften.R.20,Bd 220.

1987:2772. Fie.

Abb. 5: Ein Katalogzettel im Alphabetischen Katalog der Universitäts- und Landesbibliothek Tirol

Alphabetische Kataloge in der herkömmlichen Form sind inzwischen nicht mehr im Einsatz, teilweise sind die Bestände einer Bibliothek in den Online-Katalog überführt worden, teilweise sind Alphabetische Kataloge auch als Micro-Fiche-Ausgabe oder als Imagekatalog von eingescannten Katalogzetteln verfügbar.

Das Ergebnis der *inhaltlichen Beschreibung* von Publikationen war früher der **Schlagwortkatalog** ②. Er enthält in alphabetischer Reihenfolge die normierten Schlagwörter und jeweils die Publikationen, die mit dem betreffenden Schlagwort versehen sind.

Abb. 6: Schlagwortkatalog der Universitätsbibliothek Graz[6]

Ähnlich wie der Schlagwortkatalog werden im **Systematischen Katalog** ③ Bücher und Zeitschriften nach einer Klassifikation zugänglich gemacht.

Beispiele
Digitalisierter Nominalkatalog der Universitäts- und Landesbibliothek Tirol (1500–1988): https://webapp.uibk.ac.at/alo/cat/collection.jsp?id=1001
Digitalisierter Schlagwortkatalog der Universitätsbibliothek Wien 1972–1989:
https://www.univie.ac.at/ubwdb/cgi-bin/katzoom.cgi?katalog=3

6 Abbildung von Marcus Gossler – Eigenes Werk, CC BY-SA 3.0, https://commons.wikimedia. org/w/index.php?curid=483741

Bibliografie ④

Eine in Buchform publizierte Referenzquelle ist die **Bibliografie**, die im Unterschied zur Referenzdatenbank – ihrem elektronischen Nachfolger – auch Bücher und Zeitschriften verzeichnen kann. Die Bibliografie weist nach, welche Quellen es zu einem Thema überhaupt gibt; der Katalog weist nach, ob es eine bestimmte Quelle in einer Bibliothek gibt. In der Bibliografie werden Dokumente formal, inhaltlich und klassifizierend beschrieben. Bibliografien waren früher die wichtigsten Referenzquellen für die Literaturrecherche.

Man kann unterscheiden zwischen *Allgemeinbibliografien* und *Fachbibliografien*, je nach thematischer Ausrichtung. Die *Nationalbibliografie* verzeichnet die gesamten Publikationen eines Landes, die als Pflichtexemplare an die Nationalbibliothek abgeliefert werden (z. B. die Deutsche Nationalbibliografie oder die Österreichische Nationalbibliografie). Die *kommentierte* Bibliografie verzeichnet nicht nur Publikationen, sondern kommentiert und bewertet zudem deren Inhalt. Versteckte Bibliografien sind als Literaturverzeichnis in wissenschaftlichen Publikationen enthalten.

Die Bibliografie enthält bibliografische Einträge, die nach sachlichen Kriterien geordnet bzw. alphabetisch sortiert sind und über Autoren-, Titel- oder Schlagwortregister erschlossen werden.

Beispiele

Eppelsheimer, Hanns W u. a. (1970-): Bibliographie der deutschen Sprach- und Literaturwissenschaft. Frankfurt a.M.: Klostermann. URL: https://www.bdsl-online.de/ [Stand: 2023-03-31]

Michel Foucault. Bibliografie der deutschsprachigen Veröffentlichungen in chronologischer Folge, geordnet nach den französischen Erstpublikationen, von 1945 bis 1988. Bielefeld: Aisthesis-Verl.

Lube, Manfred (2005): Karl R. Popper. Bibliographie 1925–2004: Wissenschaftstheorie, Sozialphilosophie, Logik, Wahrscheinlichkeitstheorie, Naturwissenschaften. Frankfurt a. M. u. a.: Peter Lang, 2005. (Schriftenreihe der Karl Popper Foundation Klagenfurt)

Frage 9 | Wie unterscheiden sich Katalog und Bibliografie?

Online-Katalog (OPAC), Bibliothekssuchmaschine ⑤

In den 1980er Jahren wurde in den Universitätsbibliotheken der Alphabetischen Kataloges, Schlagwortkatalog und der Systematischen Katalog alles in einem – durch den **Online-Katalog** ersetzt, auch bezeichnet als *OPAC (Online Public Access Catalogue)*. Der OPAC erschließt den Bestand an Büchern und Zeitschriften einer Bibliothek nach formalen, inhaltlichen und systematischen Kriterien und weist den Bestand und die Verfügbarkeit der Exemplare nach. In den ersten Jahren war der Bestandsnachweis auf die aktuellen Neuerwerbungen beschränkt, für ältere Publikationen musste weiterhin der Alphabetische Katalog konsultiert werden. Dieser war nun üblicherweise als Mikrofiche-Ausgabe verfügbar, später auch in digitalisierter Form, während die edlen Katalogschränke im Keller der Bibliothek verschwanden.

Der Online-Katalog enthält Referenzen, bibliografische Datensätze (*bibliografic references*), in denen formale und inhaltliche Merkmale der Publikationen beschrieben sind. Online-Kataloge ermöglichen, im Vergleich zum Alphabetischen Katalog, einerseits mehrere → Recherchetechniken, unter anderem die sog. Einfache Suche (mit einem Suchbegriff wird in allen Datenfeldern gesucht), die → Trunkierung, die Verwendung von → logischen Operatoren, andererseits auch vielfältigere → Recherchemethoden (→ formale, → inhaltliche, → hierarchische Suche, → Berrypicking). Online-Kataloge sind über Internet weltweit zugänglich, Bücher können online bestellt, vorgemerkt und verlängert werden.

In den kommenden Jahren wurde der Bestand der Online-Kataloge massiv erweitert, sei es durch systematische Erfassung der älteren Bestände in sog. Retrokatalogisierungsprojekten, aber auch durch Übernahme von Metadaten aus Referenz- und Volltextdatenbanken.

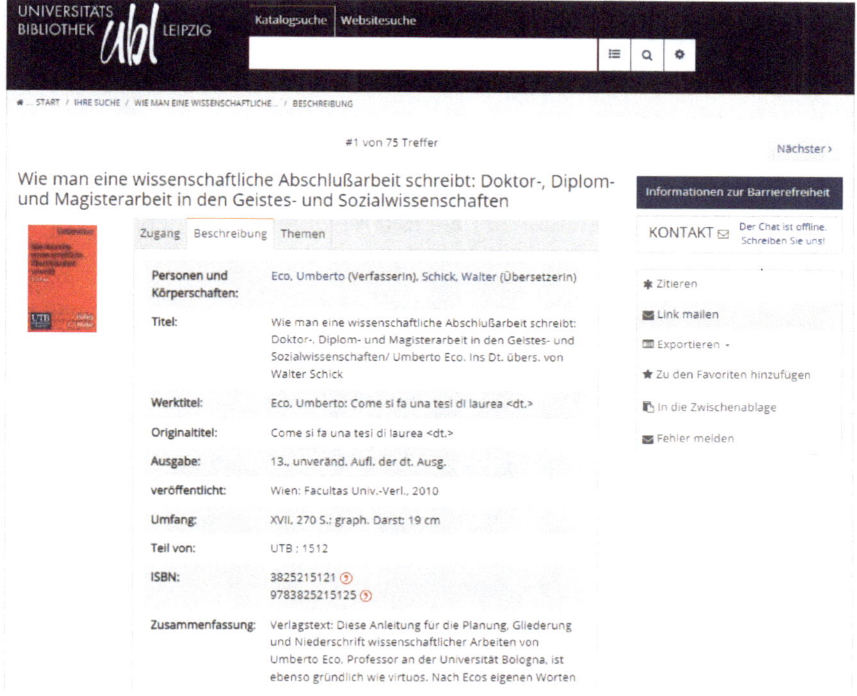

Abb. 7: Online-Katalog der Universitätsbibliothek Leipzig

Mittlerweile sind die OPACs der Bibliotheken durch *Discovery-Systeme* bzw. *Suchmaschinen* abgelöst worden, angepasst an die Benutzeroberfläche der üblichen Suchmaschinen. Die Vorteile liegen auf der Hand: Es gibt ein Suchformular, einfach zu handhaben wie bei Suchmaschinen; die Treffermenge kann durch Facettierung zusätzlich gefiltert werden; es gibt ein Ranking der Treffer; und, *last not least*, es gibt bei Eingabefehlern die von Suchmaschinen her bekannte Frage „Meinten Sie …?".

Die Bibliotheken setzen auf den Slogan *One-Stop-Shop* – also *einmal* suchen, *alles* finden, Bücher, Aufsätze und E-Ressourcen, da die Suchmaschine nun gleichzeitig mehrere Daten- bzw. Referenzquellen durchsucht (Bibliotheksbestand, Referenzdatenbanken usw.). Allerdings, welche Metadaten, also welche Bestände in der Suchmaschine einer Bibliothek, im OPAC, wirklich vorhanden sind, ist nicht *transparent*. Der OPAC ist *opak* geworden. Die durch die Suchmaschine nachgewiesenen Bestände können zwar repräsentativ sein und insofern ggf. ausreichend für eine Abschlussarbeit. Sie sind keineswegs vollständig, eher zusammengewürfelt, heterogen. Sehr hilfreich ist die folgende Visualisierung der Universitätsbibliothek Leipzig, mit der versucht wird, die unterschiedlichen Metadatenbestände, aus denen ein Katalog bestehen kann, transparent zu machen. Man sieht, was der Katalog abdeckt und was nicht, d. h. man sollte über den Katalog hinausgehend auch Referenz- und Volltextdatenbanken zu Rate ziehen und überhaupt einen Blick über die Grenzen und in andere Referenzquellen machen.

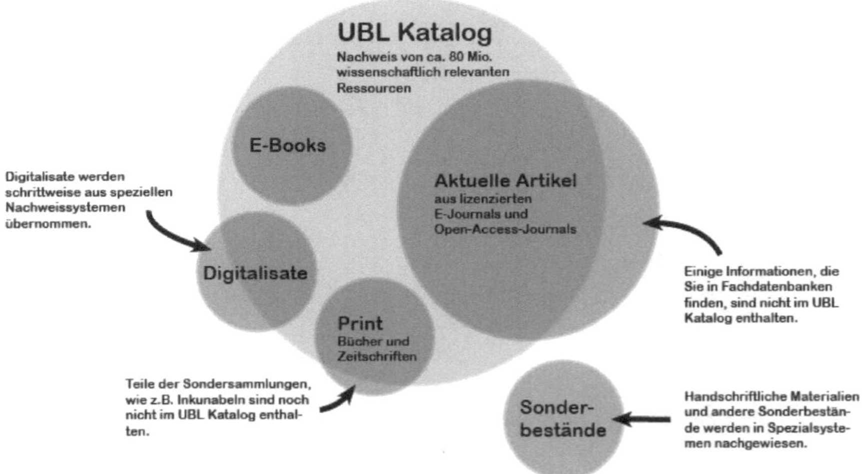

Abb. 8: Der heterogene Katalog der Universitätsbibliothek Leipzig[7]

Was kann die Suchmaschine besser als der klassische OPAC und was nicht? Die Suchmaschine funktioniert ähnlich wie *Google*, es gibt eine Sortierung nach Relevanz (wie sich diese ergibt ist unklar); viel mehr Treffer, da mehr Datenfelder durchsucht werden, z. B. Inhaltsverzeichnisse, Abstracts usw.; auch Artikel aus Referenz- und Volltextdatenbanken werden erfasst; noch mehr Treffer ergeben sich deshalb mit englischsprachigen Suchbegriffen. Der OPAC ist beschränkt auf den Print und Online-Bestand der Bibliothek, es gibt eine differenzierte Suche und Sortierung nach formalen und inhaltlichen Kriterien, eine Indexsuche: weniger, aber transparenter.

7 https://www.ub.uni-leipzig.de/recherche/katalog-information/

Neben den vielen Online-Katalogen und Suchmaschinen für den Bestand einzelner Bibliotheken gibt es → *Verbundkataloge*, welche die Bestände mehrerer Bibliotheken bzw. eines regionalen Bibliotheksverbundes in einer Datenbank nachweisen. Noch mächtigere Referenzquellen sind → *Virtuelle Kataloge*, die grundsätzlich ähnlich funktionieren wie die Meta-Suchmaschinen im Internet, z. B. der *Karlsruher Virtueller Katalog (KVK)* und *WorldCat.* Mit einer einzigen Suchanfrage wird dabei in einer Reihe von einzelnen Katalogen und Datenbanken gesucht, die Trefferlisten werden kumuliert ausgegeben.

Abb. 9: Ein Treffer im WorldCat

Beispiele | Online-Kataloge bzw. Suchmaschinen

Suchportal (Online-Katalog) der Universitäts- und Landesbibliothek Tirol

- URL: https://bibsearch.uibk.ac.at
- Inhalt: „Im Suchportal BibSearch finden Sie ca. 90 % des Print- und Onlinebestand der ULB Tirol, insbesondere Aufsätze aus E-Journals und E-Books aller Fachgebiete.“ (ebd.)

Suchmaschine der Universitätsbibliothek Wien

- URL: https://usearch.univie.ac.at
- Inhalt: „Suchen Sie in Print- und elektronischen Publikationen (Bücher, Zeitschriften und Artikel) im Bestand der UB Wien sowie in lizenzierten oder frei zugänglichen Datenbanken und E-Journal-Collections.“ (ebd.)

Österreichische Verbundsuchmaschine

- URL: https://search.obvsg.at
- Inhalt: „Die Verbundsuchmaschine bietet einen zentralen, einfachen Einstieg für die Recherche in den Beständen der über 90 Einrichtungen des Österreichischen Bibliothekenverbundes. Die Verbunddatenbank umfasst derzeit mehr als 14,5 Millionen Titel.“ (ebd.)

WorldCat

- URL: https://www.worldcat.org
- Inhalt: „WorldCat.org is a great resource for locating unique, trustworthy materials that you often can't find anywhere except in a library. And by connecting thousands of libraries' collections in one place, WorldCat.org makes it easy for you to browse the world's libraries from one easy search box.“ (ebd.)

Karlsruher Virtueller Katalog (KVK)

- URL: https://kvk.bibliothek.kit.edu
- Inhalt: „Der Karlsruher Virtuelle Katalog (KVK) ist eine Meta-Suchmaschine zum Nachweis von mehreren hundert Millionen Medien in Bibliotheks- und Buchhandelskatalogen weltweit.“ (ebd.)

Gateway Bayern / Bibliotheksverbund Bayern (BVB)

- URL: https://gateway-bayern.de
- Inhalt: Gateway Bayern ist ein Verbundkatalog: Bayerische Staatsbibliothek, Universitäts- und Hochschulbibliotheken in Bayern, Berlin und Brandenburg, Regionale Staatliche Bibliotheken, bayerische Spezial- und Behördenbibliotheken sowie die Bibliotheken der Kunsthistorischen Institute in Florenz, München, Paris und Rom. (vgl. ebd.)

Steckbrief | Meine Online-Kataloge
Legen Sie sich eine Sammlung der für Sie relevanten Online-Kataloge an, jenen Ihrer Bibliothek und wichtige Verbund- und Metakataloge, und beschreiben Sie diese unter folgenden Kriterien:

- Titel
- URL
- Inhalt

Referenzdatenbank ⑥

Der elektronische Nachfolger der Bibliografie ist die **Referenzdatenbank** (*reference database*), welche Zeitschriftenartikel und Artikel in Sammelbänden zu einem Forschungs- oder Themenbereich nach formalen und inhaltlichen Merkmalen erschließt. Referenzdatenbanken beinhalten nicht die → *Volltexte* von Publikationen, sondern ihre → **Referenzen**, also bibliografische Datensätze (*bibliografic references*).

Das **Datenbank-Infosystem (DBIS)** https://dbis.ur.de/
Wenn Sie Referenz- oder Volltextdatenbanken suchen, ist das DBIS *die* Adresse. Dieser digitale Service umfasst rund 14.000 Datenbanken. An diesem Projekt sind mehr als 300 Bibliotheken beteiligt. Vertreten sind sowohl rund 6.000 frei zugängliche Datenbanken als auch kostenpflichtige, die von einer jeweiligen Bibliothek lizenziert werden.

Beispiele[8]
SocINDEX

- URL: https://www.ebsco.com/products/research-databases/socindex – ggf. campusweit verfügbar über Lizenz
- Inhalt: bibliographische Datenbank mit Abstracts; verzeichnet Zeitschriftenaufsätze aus über 4.000 Fachzeitschriften, daneben Kongressbeiträge sowie eine Auswahl an Monografien und Dissertationen zur theoretischen und angewandten Soziologie sowie verwandten Fachgebieten.

8 Vgl. Datenbank-Infosystem (DBIS) https://dbis.ur.de/

Web of Science

- URL https://www.webofscience.com – ggf. campusweit verfügbar über Lizenz
- Inhalt: fachübergreifend, ca. 9.200 wissenschaftliche Zeitschriften mit ca. 37 Millionen Artikel.
- Nota bene: Über die „Cited Reference Search" lässt sich die Forschungsentwicklung über zitierte und zitierende Artikel verfolgen. Über die Suche verwandter Artikel, die die gleiche Literatur zitieren, können thematisch relevante Aufsätze („Find Related Records") ermittelt werden.

Periodicals Index Online (PIO, Periodicals Contents Index, PCI)

- URL: https://pio.chadwyck.co.uk/ – ggf. campusweit verfügbar über Lizenz
- Inhalt: Geistes- und Sozialwissenschaften, 5.500 Zeitschriften, in über 60 Sprachen, 18 Millionen Literaturhinweise, Zeitraum 1665–1995.
- Nota bene: Links zu Volltexten des „Periodicals Archive Online" oder JSTOR.

PubMed (Medline, National Library of Medicine – NLM, Index Medicus)

- URL: https://www.ncbi.nlm.nih.gov/pubmed/ – frei verfügbar, Volltexte kostenpflichtig
- Inhalt: Medizin, Zahnmedizin, Tiermedizin, Gesundheitswesen, Biologie usw., mehr als 5.200 biomedizinische Zeitschriften
- Nota bene: Links zu verwandten Artikeln und zu Artikeln im Volltext

PsycINFO (PsycLit)

- URL: https://ovidsp.ovid.com/ – ggf. campusweit verfügbar über Lizenz
- Inhalt: Zeitschriftenartikel, Bücher, Buchkapitel, Buchbesprechungen, Monografien, Forschungsberichte, Fallstudien etc. zur Psychologie und Randgebiete, ca. 2.000 Zeitschriften, ca. 60.000 Neueintragungen jährlich. Herausgeber: American Psychological Association (APA).

PSYNDEXplus

- URL: https://ovidsp.ovid.com/ – ggf. campusweit verfügbar über Lizenz
- Inhalt: psychologische Publikationen von Autoren aus deutschsprachigen Ländern ab dem Erscheinungsjahr 1977: derzeitiger Stand ca. 220.000 Datensätze, jährlicher Neuzugang ca. 8.000; ca. 350 Zeitschriften. Herausgeber: Zentralstelle für Psychologische Information & Dokumentation (ZDIP), Trier.

Beispiel | Datensatz aus dem *Web of Science* (gekürzt)

Title: Impact of social media use on critical thinking ability of university students
Author(s): Cheng, L (Cheng, Li); Fang, GG (Fang, Gege); Zhang, XX (Zhang, Xiaoxue); Lv, YX (Lv, Yuxiang); Liu, LX (Liu, Lingxuan)
Source: LIBRARY HI TECH DOI: 10.1108/LHT-11-2021-0393 Early Access Date: AUG 2022
Total Times Cited: 0
Cited Reference Count: 105
Abstract: Purpose This research aims to discover the relationship between social media usage (SMU) and the critical thinking ability (CTA) of university students, and to answer the question that whether social media dependence (SMD) affects the development of CTA, and thus providing a reference ft he social media access strategy of academic libraries from the perspective of media information literacy. Design/methodology/approach The research data were collected via 300 valid questionnaires whose respondents are students from three universities in China. Multistage stratified cluster sampling method was used to select the respondents, which guarantees statistical representativeness. A pre-test was conducted to ensure the validity ft he questionnaire. Findings It is shown that the total score of CTA and the six sub-dimensions are significantly positively correlated with SMU, but strongly negatively correlated with SMD. Based on the mediating effect testing, it is discovered that the degree of SMD can affect the promoting relations between the usage intensity of social media (UISM) and CTA. Clearly, SMU is a double-edged sword. While it narrows the digital gap in terms of

accessibility, it widens the digital gap in terms of usage. Originality/value The differences in SMU have a significant impact on the development of CTA of university students. This inspires us to consider the ability of „using social media in a balanced way" as an important evaluation and training direction when inquiring media literacy. As social media is becoming a critical channel in cultivating individual's thinking skills, it is highly suggested that the amount of time spent on reading fragmented information on the internet should be controlled.
Accession Number: WOS:000837543400001
Language: English
Document Type: Article; Early Access
Author Keywords: Critical thinking ability; University students; Social media usage; Social media dependence; Digital gap
KeyWords Plus: ACADEMIC-PERFORMANCE; WEB 2.0; DIGITAL DIVIDE; FACEBOOK; USAGE; SATISFACTION; DISPOSITION; VALIDATION; MODERATION; LIBRARY
Web of Science Categories: Information Science & Library Science
IDS Number: 3P4XL
ISSN: 0737-8831
29-char Source Abbrev.: LIBR HI TECH
ISO Source Abbrev.: Libr. Hi Tech
Output Date: 2022-08-29

Volltextdatenbank ⑦

Die große Schwester der Referenzdatenbank ist die Volltextdatenbank, die wie die Referenzdatenbank Artikel formal und inhaltlich beschreibt, aber auch deren → **Volltexte** enthält, meistens im pdf-Format, teilweise im html-Format. In Referenzdatenbanken erhält man bloß Metainformationen über relevante Treffer, die Texte selbst muss man sich anschließend beschaffen, Treffer in einer Volltextdatenbank sind in diesem Sinne Volltreffer.

Beispiele[9]
JSTOR (Journal storage)

- URL: https://www.jstor.org – ggf. campusweit verfügbar über Lizenz
- Inhalt: JSTOR (Journal STORage) enthält rund 12 Millionen wissenschaftliche Zeitschriftenartikel aus über 2600 Fachzeitschriften aus 75 Disziplinen, die digitalisiert im Volltext zur Verfügung gestellt werden. JSTOR selbst ist kein eigener Verlag, sondern fungiert als Plattform mit einheitlicher Oberfläche und vielfältigen verlagsübergreifenden Recherchemöglichkeiten.

Academic Search Premier

- URL: https://search.ebscohost.com – ggf. campusweit verfügbar über Lizenz
- Inhalt: interdisziplinär, ca. 8.300 wissenschaftliche Zeitschriften, ca. 4.700 dieser Zeitschriften sind im Volltext zugänglich.

Steckbrief | Meine Referenz- und Volltextdatenbanken
Ihre Universitätsbibliothek bietet eine Reihe von Referenz- und Volltextdatenbanken, einige davon sind für Sie von Interesse. Recherchieren Sie im Datenbank-Infosystem DBIS relevante Datenbanken und dokumentieren Sie diese nach den folgenden Merkmalen:

- Titel
- URL
- Verfügbarkeit
- Inhalt, Zeitraum

Suchmaschinen ⑧

Haben Sie heute schon *gegoogelt*? Tatsächlich ist *Google* aus unserem Alltag nicht mehr wegzudenken. Täglich wird gesucht nach Personen, Nachrichten, Produktinformationen, Reiseangeboten, Rezepten, Bildern und vielem mehr. **Suchmaschinen** sind mächtige Referenzquellen für die Suche im Internet, sie liefern eine Unmenge von Treffern auf spezifische Anfragen.

9 Vgl. Datenbank-Infosystem (DBIS) https://dbis.ur.de/

Suchmaschinen wie *Google* verführen damit zur Annahme, dass man mit ihnen alles finden kann, was im Netz vorhanden ist. Dies trifft jedoch aus mehreren Gründen nicht zu, genauso wenig, dass damit in allen Fällen wirklich *qualifizierte* Treffer gefunden werden.

Im Internet suchen oder *googeln* bedeutet nicht, dass immer auf *allen* Servern im Netz weltweit gesucht wird. Gesucht wird auf der Serverfarm des Suchmaschinenbetreibers in einer **Indexdatei**. In dieser sind (vereinfacht gesagt) Wörter und Phrasen samt ihren Fundstellen gespeichert sind. Das ist das Prinzip der Datenbankabfrage (vgl. → S. 137). Gibt man bspw. die Suchbegriffe *Flughafen Wien* in das Interface der Suchmaschine ein, so wird in dieser Indexdatei nach allen Fundstellen gesucht, die sowohl den Begriff *Flughafen* als auch *Wien* enthalten. Als Treffer erhält man die → Kurzanzeige der gefundenen Dokumente, die meist aus dem Titel des Dokumentes und Textfragmenten bestehen, in denen die Suchbegriffe im Kontext dargestellt sind. Diese Metainformationen sind noch auf der Suchmaschine gespeichert: Erst durch Klick auf den Titel gelangt man zum Server, auf dem das Dokument liegt – sofern es noch vorhanden ist.

Eine Suchmaschine beruht demnach auf dem Prinzip der → **Volltextindizierung** von Dokumenten: Das ist keine intellektuelle Leistung, sondern eine maschinelle. Obwohl mit einer Suchmaschine viele Dokumente zugänglich sind, ist die Treffermenge im Grunde zufällig, weil jede Suchmaschine mit spezifischen Programmen und Algorithmen vorgeht. *Crawlers (Spiders)* durchstöbern das Netz, indem sie von Webseite zu Webseite wandern mit Hilfe der Hyperlinks, die sie in einem Dokument finden. Die gefundenen Dokumente werden nach internen Mechanismen ausgewertet und in den Volltextindex aufgenommen. Das bedeutet, dass eine Suchmaschine nur einen geringen Teil der Dokumente im Netz auswertet. Vor allem aber wird ein großer Bereich des Internets, der besonders für wissenschaftliche Anliegen wichtig ist, ausgeblendet: das so genannte *hidden web* oder → *deep internet.* Sehr viele Informationen sind in Datenbanken gespeichert, deren Zugang beschränkt ist, das gilt vor allem für die Referenz- und Volltextdatenbanken und für viele Primärquellen (wie statistische Daten, Patente usw.).

Für die wissenschaftliche Recherche ist, was eine Suchmaschine an Treffer auflistet, prinzipiell bedenklich. Nicht nur was die Zufälligkeit in Berücksichtigung von Webseiten betrifft, sondern vor allem das **Ranking** der Treffermenge bei der Suche. Warum werden aber in einer Trefferliste meistens die auch aus unserer subjektiven Sicht relevanten Dokumente an erster Stelle angeführt? Das so genannte *Relevance Ranking* der Dokumente ist ein gut gehütetes Geheimnis der Suchmaschinen, das auf komplizierten Algorithmen beruht. Suchmaschinen sind deswegen so erfolgreich, weil sie für die meisten alltäglichen Suchanliegen effizient funktionieren, weniger gut für wissenschaftliche Anliegen.

Ein naheliegendes Kriterium für die Relevanz von Dokumenten ist z. B. die *Häufigkeit* der *Suchbegriffe* in einem Dokument, jedoch lässt sich dieses Kriterium bei der Erstellung eines Webdokuments leicht unterlaufen, indem entsprechend viele Suchbegriffe im nicht sichtbaren Quelltext versteckt werden. *Google* verwendet zudem einen raffinierten Algorithmus, nämlich die *Anzahl* von *Hyperlinks*, die von anderen Webseiten auf die betreffende Seite verweisen, wobei zudem die Relevanz dieser Seiten selbst im Ranking berücksichtigt wird. Auch die Häufigkeit der *Zugriffe* auf ein Dokument wird als Merkmal von Relevanz verwendet.

Das wären noch, sofern Transparenz gegeben ist, informationswissenschaftlich nachvollziehbare Kriterien für das Ranking. Studien zeigen aber, dass sich die durchschnittlichen Benutzer*innen nur auf ein bis zwei Trefferseiten konzentrieren. Das bedeutet, dass so Dokumente, die gegebenenfalls relevant wären, aber nicht aufgerufen werden, immer unter ferner liefen bleiben, während häufig aufgerufene in diesem Sinne noch mehr „Relevanz" gewinnen. Eine traurige Logik einer sich selbstreproduzierenden Uniformierung von Wirklichkeit. Kritisch zu beurteilen ist darüber hinaus, dass sich Unternehmen einen Platz unter den Top Ten einer Kurzanzeige kaufen können. Noch kritischer ist, dass *Google* wahrscheinlich aufgrund von Eigeninteressen, geschäftliche oder politische, die Trefferliste definiert. Dass massive Interessen im Spiel sein können, zeigt z. B. die Tatsache, dass *Google LLC* vom Gerichtshof der Europäischen Union zu einer Strafe von 4.1. Milliarden Euro verurteilt wurde, weil sich das Unternehmen mit seinem Betriebssystem Android Marktmacht und Vorteile gegenüber der Konkurrenz verschafft haben soll.

Es gibt neben *Google* noch andere Suchmaschinen, diese unterscheiden sich im Hinblick auf die Erfassung von Sprachen, Regionen, Anzahl der indizierten Dokumente, die → Recherchetechniken (→ Trunkierung, → Maskierung, → logische Operatoren, → Phrasensuche), dem Ranking der Treffer.

Übung | *Google* https://www.google.com hat seit 2009 einen neuen starken Konkurrenten: *Bing* https://www.bing.com von *Microsoft* Corporation. Geben Sie in beide Suchmaschinen dieselben Suchbegriffe ein und vergleichen Sie die Treffer.

Neben allgemeinen Suchmaschinen gibt es auch *Metasuchmaschinen*: Diese haben keine eigene Datenbank im Hintergrund, sondern erlauben es, mit einer einzigen Eingabe in mehreren anderen Suchmaschinen gleichzeitig zu suchen, wobei die Suchanfrage in die jeweilige → Abfragesprache übersetzt wird, die Ergebnisse der Suchmaschinen werden sammelt und aufbereitet. Beispiele sind *MetaCrawler*, *Startpage*, *DuckDuckGo*.

Allgemeine Suchmaschinen

Google

- URL: https://www.google.com/
- *Google* ist die weitverbreitetste Suchmaschine (Marktanteil ca. 80 %). Sie liefert personalisierte Suchergebnisse, basierend auf gespeicherten Daten der Nutzer*innen. Die Anzeige bietet neben Webseiten die Links zu Bildern, News oder Videos. Auch für die Suche nach Preisvergleichen für Flüge sowie Online-Shopping-Artikeln gibt es eigene Funktion.

Bing

- URL: https://www.bing.com/
- Die Suchmaschine von *Microsoft* ist der zweitgrößte Anbieter nach *Google* (Marktanteil ca. 10 %). Ähnlich wie bei *Google* gibt es Kategorien wie Bilder, Videos, News oder Shopping, dazu kommt eine eigene Kartensuche.

Yandex

- URL: https://yandex.com/
- Xandex ist eine niederländisch-russische Suchmaschine. Die Suchfunktion gliedert sich ähnlich übersichtlich wie bei *Google*. Es lassen sich Websites, Bilder und News anzeigen. Zudem gibt es Karten und eine Übersetzungsfunktion.

Baidu

- URL: https://www.baidu.com/

- Baidu ist eine chinesische Suchmaschine, die von dem ebenfalls in China ansässigen Unternehmen Baidu betrieben wird. Die Suchmaschine bietet Tools wie Karten sowie eine Musik- und Videosuche, ist allerdings nur in chinesischer Sprache verfügbar.

Yahoo

- URL: https://de.yahoo.com/.
- Die *Yahoo*-Suche wird von Bing unterstützt, verfügt über eine Bildersuche im Fotodienst Flickr, bietet außerdem ein Webportal und eine eigene E-Mail-Plattform.

Startpage

- URL: https://www.startpage.com/
- *Startpage* leitet Suchanfragen anonymisiert an *Google* weiter und sichert so den Datenschutz der Benutzer*innen. *Startpage* verzichtet auch auf gezielte Werbeeinschaltungen.

MetaCrawler

- URL: https://www.metacrawler.com/
- Die erste Metasuchmaschine, entwickelt 1995, immer noch aktiv.
- **MetaGer**
- URL: https://metager.de/
- Deutsche Metasuchmaschine (1996), personenbezogene Daten werden weder gespeichert noch an Suchmaschinen weitergegeben.

DuckDuckGo

- URL: https://duckduckgo.com/
- Eine sehr faire Metasuchmaschine: Suchergebnisse werden nicht gefiltert, es gibt keine Werbeanzeigen, Internetadresse und Suchverläufe der Nutzer*innen usw. werden nicht gespeichert.
- **Swurl**
- URL: https://swurl.com/
- Eine Suchmaschine, mit der man zudem in Sozialen Medien wie Instagram, Twitter, Reddit und YouTube recherchieren kann.

Wissenschaftliche Suchmaschinen

Google Scholar

- URL: https://scholar.google.com/
- „Stand on the shoulders of giants. *Google Scholar* provides a simple way to broadly search for scholarly literature. From one place, you can search across many disciplines and sources: articles, theses, books, abstracts and court opinions, from academic publishers, professional societies, online repositories, universities and other web sites. *Google Scholar* helps you find relevant work across the world of scholarly research." (ebd.) *Google Scholar* ist mit ca. 390 Millionen Dokumenten die weltweit größte akademische Suchmaschine. Angezeigt werden zumindest die Referenzen, meist auch die Volltexte. *Google Scholar* bietet darüber hinaus eine Zitationsanalyse an. Mit einem intelligenten, aber auch aufwändigen Verfahren (zumindest, was die Rechenleistung betrifft): Die Literaturhinweise einer Arbeit werden maschinell extrahiert, das ergibt eine Liste, welche Arbeiten eine Arbeit zitiert, und – mit dem Gesamtpool abgeglichen – eine weitere Liste, welche Arbeiten diese Arbeit zitieren.

Semantic Scholar

- URL: https://www.semanticscholar.org/
- „We are a Research and Product Development team within the Allen Institute for AI building a better way to search and discover scientific knowledge. Developed in-house, our state-of-the-art models process and classify papers in our pipeline. We distribute open code and datasets while publishing results of our research in the areas of Natural Language Processing, Machine Learning, Human Computer Interaction, and Information Retrieval." (ebd.)

Google Books

- URL: https://books.google.com/ (→ S. 81.)

Gegen die Vergänglichkeit des Internets

Internet Archive

- URL: https://archive.org/
- „The Internet Archive is a non-profit library of millions of free books, movies, software, music, websites, and more." (ebd.) Das Internet Archive ist ein Projekt mit dem Ziel, digitale Daten zu archivieren. Ursprünglich war es ein reines Internetarchiv, in dem die mit einer sog.

Wayback Machine archivierten Websites weiterhin allgemein zugänglich sind. Später kamen Textsammlungen und Bücher, Bilder, Audio- und Videodaten usw. dazu.

Steckbrief | Meine Suchmaschinen
Dokumentieren Sie Ihre Suchmaschinen unter folgenden Kategorien:

- Titel
- URL
- Inhalt
- Sprachen
- Regionen
- Anzahl Dokumente
- Recherchetechniken

Directories, Fachportale, virtuelle Bibliotheken ⑨

Im Unterschied zu Suchmaschinen bieten → **Directories**, → **Fachportale** und → **virtuelle Bibliotheken** qualifizierte Metainformationen, die auf intellektueller Arbeit basieren: Experten eines Faches suchen nach Dokumenten, beschreiben sie formal und inhaltlich und ordnen sie einer Systematik zu. Insofern eignen sich Directories gut als Startpunkt einer Recherche.

Die gängige Suchpraxis sieht allerdings anders aus: Wer sucht, ruft üblicherweise seine Lieblings-Suchmaschine auf, auch bei wissenschaftlichen Fragestellungen. Das ist zwar einfacher, als sich durch die Hierarchie eines *Directorys* zu bewegen, aber weniger effektiv. Directories, Fachportale und virtuelle Bibliotheken bieten Vorteile, vor allem dann, wenn man sich über einen Forschungsbereich und seine Terminologie informieren möchte.

Dazu zählen z. B. die *Virtuellen Bibliotheken*, die im Gegensatz zu einer realen Bibliothek ausschließlich Referenzquellen sind: Der Klassiker ist die WWW Virtual Library https://vlib.org/. Virtuelle Bibliotheken erschließen die Dokumente durch formale und inhaltliche Beschreibung, solche die im Netz verfügbar sind, aber auch Bücher, Zeitschriften und Artikel, die sich in unterschiedlichen Bibliotheken befinden. Die *Fachportale*, herausgegeben von akademischen Institutionen und *Clearinghouses*, erschließen die elektronischen Ressourcen bestimmter Fachbereiche. Auch → *Document Delivery Services* sind Fachportale, in ihnen können Dokumente recherchiert und direkt bestellt werden. Prominente Beispiele sind *Subito*, https://www.subito-doc.de, wo Artikel fächerübergreifend nachgewiesen sind, und *GetInfo* https://getinfo.de mit Schwerpunkt auf technischen Fächern.

Beispiele
WWW Virtual Library

- URL https://vlib.org/ frei verfügbar
- Inhalt: „The WWW Virtual Library (VL) ft he oldest catalogue ft he Web, started by Tim Berners-Lee, the creator of HTML and ft he Web itself, in 1991 at CERN in Geneva. Unlike commercial catalogues, it is run by a loose confederation of volunteers, who compile pages of key links for particular areas in which they are expert; even though it isn't the biggest index ft he Web, the VL pages are widely recognised as being amongst the highest-quality guides to particular sections ft he Web." (ebd.)

Open Directory Project (ODP)

- URL https://www.dmoz.org/ – frei verfügbar
- Inhalt: Das ODP ist der größte Webkatalog, er verzeichnet 5 Millionen Dokumente, eingeteilt in 16 Hauptklassen, aktiv sind weltweit ca. 75.000 Redakteure, unter dem Motto: Humans do it better als die Suchmaschinen natürlich.

Vascoda

- URL https://www.vascoda.de/ – frei verfügbar
- Inhalt: „vascoda bietet Ihnen als Einstiegsportal für die wissenschaftliche Literaturrecherche interdisziplinäre und fachspezifische Suchmöglichkeiten und leitet Sie für vertiefende Recherchen in spezialisierte Fachangebote der beteiligten Bibliotheken und Informationsanbieter." (ebd.)

Virtuelle Fachbibliothek Musikwissenschaft

- URL https://www.vifamusik.de/ – frei verfügbar
- Inhalt: Das zentrale Informationsportal für Musik und Musikwissenschaft bietet einen umfassenden und schnellen Zugang zu wissenschaftlicher Recherche sowie zu einem reichhaltigen Angebot an

Fachinformationen und Internetressourcen. Die ViFaMusik ermöglicht eine Recherche in mehreren Datenbanken, diese beinhalten bibliografische Daten, Angaben über Wissenschaftler, Forschungsprojekte und aktuelle Termine.

MedPilot

- URL: https://www.medpilot.de/ – frei verfügbar
- Inhalt: MedPolit ist ein medizinisches Informationsportal für Ärzte, Wissenschaftler und Studierende. MedPilot bietet die Möglichkeit, mit nur einer Suchanfrage gleichzeitig in verschiedenen medizinischen Datenbanken zu recherchieren (unter anderem Medline, Kataloge von Medizinischen Bibliotheken, Faktendatenbanken und gleichzeitig die Dokumente direkt zu bestellen.

Metadaten-Suchmaschinen ⑩

Das → Metadaten-Prinzip war ein vielversprechendes Konzept für die Erschließung von Internetdokumenten, bei dem die *Synergieeffekte* der formalen und inhaltlichen Beschreibung und der Volltextindexierung zur Geltung kommen. Aber es hat sich nur im Wissenschaftsbereich etabliert: **Metadaten-Suchmaschinen** werten einschlägige, mit Metadaten versehene Dokumente aus und stellen sie für gezielte Recherchen zur Verfügung. Die Metadaten selbst werden teils von Bibliothekar*innen und Dokumentar*innen oder auch von den Autoren selbst eingegeben.

In Repositorien (*repositories*) – das sind Dokumentenserver – werden wissenschaftliche Publikationen und Lernmaterialien mit Metadaten erschlossen und im Sinne der *Open-Access*-Bewegung frei zugänglich gemacht. Eine Liste weltweit vorhandener Repositorien findet man im *Directory of Open Access Repositories (OpenDOAR)* unter https://v2.sherpa.ac.uk/opendoar.

Beispiele
Social Science Open Access Repository (SSOAR)

- URL: https://www.gesis.org/ssoar/home/ – frei verfügbar
- Inhalt: SSOAR mit dem Themenschwerpunkt Qualitative Sozialforschung, wird von der Freien Universität Berlin – dem Center für

Digitale Systeme und dem Institut für Qualitative Forschung in der Internationalen Akademie – gemeinsam mit dem GESIS – Leibniz Institut für Sozialwissenschaften betrieben.

BASE (Bielefeld Academic Search Engine)

- URL: https://www.base-search.net/
- „*BASE* ist eine der weltweit größten Suchmaschinen für wissenschaftliche Webdokumente. Der Index umfasst über 300 Millionen Dokumente von über 10.000 Datenlieferanten. Bei etwa 60 % der in *BASE* indexierten Dokumente sind die Volltexte frei zugänglich (Open Access). Betreiberin der Suchmaschine *BASE* ist die Universitätsbibliothek Bielefeld. Wir indexieren die Metadaten von Datenlieferanten mit wissenschaftlichen Inhalten – zum Beispiel Zeitschriften, Repositorien, Digitale Sammlungen etc. –, die über eine OAI-Schnittstelle verfügen und die Metadaten über OAI-PMH bereitstellen". (ebd.)

Steckbrief | Meine Virtuellen Bibliotheken, Fachportale usw.
Erfassen Sie Ihre Virtuellen Bibliotheken, Fachportale, Directories, Repositories, Meta-Datensuchmaschinen usw. gemäß folgenden Kriterien:

- Titel
- URL
- Verfügbarkeit
- Inhalt

Überblick | Typen von Referenzquellen

- Referenzquellen unterscheiden sich im Hinblick auf die Methoden der Wissensorganisation (formale, inhaltliche Beschreibung, Volltextindizierung) und im Hinblick auf das Medienformat (gedruckt oder elektronisch).
- Mit diesen Merkmalen kann man Typen von Referenzquellen bilden.
- Gedruckte: Alphabetischer Katalog, Schlagwortkatalog, Systematischer Katalog, Bibliografie;

- Elektronische: Online-Katalog, Referenzdatenbank, Volltextdatenbank, Directory, Portal, Suchmaschine, Metadaten-Suchmaschine.
- Zu welchem Typ eine Referenzquelle gehört, ist dafür entscheidend, mit welchen → Recherchetechniken und → -methoden recherchiert wird.

3.5 In welcher Referenzquelle suchen

Zurück an den Start. Von diesem Faktum müssen wir ausgehen: Nicht alles, was man sucht, ist *veröffentlicht*, und nicht alles, was veröffentlicht ist, ist in einer Referenzquelle *dokumentiert*. Vor der Recherche und vor der Entscheidung, welche Referenzquellen konsultiert werden, sollte man sich die folgenden Fragen im Hinblick auf die Forschungsfrage überlegen:

Checkliste | Vor der Recherche

- □ Welche ggf. relevanten Informationen sind wahrscheinlich veröffentlicht und dokumentiert?
- □ Welche könnten bereits veröffentlicht, aber noch *nicht* dokumentiert sein?
- □ In welchen Publikationen wurden die ggf. relevanten Informationen wahrscheinlich veröffentlicht, z. B. Buch, Artikel, Arbeitspapier usw.
- □ Welche ggf. relevanten Informationen könnte es nur in Archiven und in Papierform geben oder in einer nicht zugänglichen Experten-Datenbank?
- □ Welche ggf. relevanten Informationen könnten weder publiziert noch dokumentiert noch öffentlich verfügbar sein. Warum nicht?

Falls es möglicherweise relevante Informationen gibt, die nicht publiziert und/oder nicht dokumentiert sind, bleibt die Frage: *Wer* könnte über diese Informationen verfügen?

Denn auch **Personen** sind Informationsquellen. Und das soll nicht nur die *ultima ratio* sein für das Szenario, wenn alle anderen Quellen versiegen.

Wenn Sie z. B. im Zuge einer Abschlussarbeit konkrete Fragen haben, sollten Sie, wenn sich die Gelegenheit ergibt, mit Ihren Lehrenden, mit Ihren Studienkolleg*innen, mit Mitarbeiter*innen der Bibliothek sprechen. Anstatt stundenlang im Internet zu recherchieren, lassen sich so Umwege und Zeit sparen und die Qualität der eigenen Arbeit verbessern.

Kommunikation und Austausch mit Forschenden, mit Studierenden, die im selben Forschungsbereich tätig sind, bringt Ihnen unter Umständen einen Wissensvorsprung. Besonders gilt das für Wissenschaftsdisziplinen, die eine kurze → *Halbwertszeit* aufweisen – damit ist die Zeitspanne gemeint, nach welcher die Hälfte von dem Wissen, welches heute als gesichert gilt, auch noch gilt. Dieser Wissensvorsprung ist deshalb wichtig, weil es länger dauern kann, bis eine Arbeit veröffentlicht wird. Besonders bei Zeitschriftenartikel – primär werden ja in diesen die aktuellen Forschungsergebnisse kommuniziert – kann es von der Einreichung der Arbeit über das *Peer Review* usw. bis zur Veröffentlichung sehr lange dauern, im Extremfall Jahre, je renommierter eine Zeitschrift, umso länger. Ein weiterer Grund, warum die verfügbare Forschungsliteratur nicht immer den letzten Forschungsstand repräsentiert, liegt darin, dass Hochschulschriften, vor allem wenn sie innovative Forschungsthemen behandeln, sehr oft für mehrere Jahre für die Benutzung gesperrt werden.

*Kommunikation mit Expert*innen* ist demnach zielführend, um an Informationen zu kommen, die sonst nicht verfügbar sind, oder um schneller an Informationen zu können, und auch um im Gespräch Anregungen und neue Ideen zu bekommen. Doch gehen Sie nicht unvorbereitet in ein Gespräch mit Expert*innen. Je besser Sie wissen, was Sie wollen, umso mehr sind Sie auf gleicher Augenhöhe, werden ernst genommen und können so mehr aus dem Gespräch mitnehmen. Gehen Sie in der Vorbereitung des Gespräches strategisch vor.

Checkliste | Vorbereitung eines Gespräches mit Expert*innen

- ☐ Lesen Sie sich in den Themenbereich ein.
- ☐ Halten Sie Schwerpunkte fest, formulieren Sie Ihre Fragen.
- ☐ Konkretisieren Sie einen möglichen Gesprächseinstieg.
- ☐ Erkundigen Sie sich nach wichtigen Quellen.
- ☐ Dokumentieren Sie nach dem Gespräch die Ergebnisse.

Der Großteil der wissenschaftlich relevanten Informationen ist veröffentlicht. Dafür gibt es einige gute Gründe: um die Forschungsergebnisse und sich selbst als Forscherin zu präsentieren und bekannt zu machen, um Austausch und Diskussion in der *scientific community* möglich zu machen, wissenschaftlicher Fortschritt hängt ja unter anderem wesentlich davon ab, oder aus pragmatischen Gründen, um z. B. Forschungsmittel zu lukrieren.

Und der Großteil wissenschaftlich relevanter Informationen ist nicht nur veröffentlicht, sondern zudem in **Referenzquellen** erschlossen. Davon kann man bei einer Recherche ausgehen. Das sind gute Voraussetzungen für eine effektive Recherche. Und das heißt auch: Die Qualität einer Recherche steht und fällt mit der Entscheidung, welche Referenzquellen man verwendet. Sich klar zu werden, **wo** man recherchieren soll, ist ein wichtiges Prinzip der strategischen Planung einer Recherche. Die Landschaft ist allerdings unübersichtlich, denn Referenzquellen erschließen unterschiedliche Quellen: Online-Kataloge weisen z. B. den Buch- und Zeitschriftenbestand einer Bibliothek nach (allerdings nur in den seltensten Fällen den Gesamtbestand); Referenz- und Volltextdatenbanken sind meist auf bestimmte Wissenschaftsdisziplinen und auf bestimmte Erscheinungsjahre beschränkt; Suchmaschinen weisen zwar eine große Quantität an Dokumenten nach, welche Dokumente, hängt jedoch davon ab, welche Webseiten durch die *Crawler* erreicht werden.

Schon allein bei *Zeitschriften* ist es mitunter schwierig zu überblicken, in welchen Referenzdatenbanken sie nachgewiesen und in welchen Volltextdatenbanken sie online verfügbar sind. Jeder größere Zeitschriftenverlag bietet eine eigene Suchmaschine an, Artikel sind zudem in Referenzdatenbanken nachgewiesen, teilweise mehrfach und mit Überschneidungen. Eine Ursache dafür ist die Kommerzialisierung der wissenschaftlichen Information: Verlage verkaufen die Rechte von Zeitschriften an verschiedene Datenbankanbieter, das führt dazu, dass etwa in einer Volltextdatenbank der aktuelle Jahrgang gesperrt ist, ältere Jahrgänge bis zu einem bestimmten Erscheinungsjahr in der einen Datenbank, noch ältere in einer anderen verzeichnet und zugänglich sind. Lücken und Überschneidungen erschweren die Recherche.

Beispiel | Wo überall suchen ...
Die Zeitschrift *Psychological Science* erscheint als Printausgabe seit 1990, zuerst bei Blackwell, anschließen bei Wiley-Blackwell und ab 2010 bei Sage.
Einschlägige Bibliotheken verfügen über die *Druckausgabe* der aktuellen Hefte und teilweise der älteren Jahrgänge dieser Zeitschriften. Wenn eine Bibliothek die Zeitschrift im Abonnement führt, verfügt sie auch über den Zugang zur *elektronischen* Ausgabe aller Jahrgänge, die von Wiley-Blackwell bzw. ab 2010 von Sage angeboten werden.
Zusätzlich gibt es eine elektronische Ausgabe ab 2000 in den *Volltextdatenbanken* Academic Search Premier und Business Source, mit Ausnahme des laufenden Jahrganges; ab 2001 zudem in der Volltextdatenbank WISO und ab 1990 mit Ausnahme der letzten 5 Jahre wird diese Zeitschrift auch in der Volltextdatenbank JSTOR angeboten.
Neben diesen Volltextdatenbanken, die ja auch als Referenzquellen für die Recherche verwendet werden können, ist die Zeitschrift Psychological Science in *Referenzdatenbanken* nachgewiesen: in PsychINFO vollständig ab 1990, in PsynDEXPlus aber erst ab 1999.

Es ist utopisch, dass alle Quellen jemals an *einem* Ort gespeichert vorliegen werden, und es ist genauso utopisch, dass alle Quellen durch *eine* Referenzquelle erschlossen werden. Technisch wäre dies vielleicht realisierbar, jedoch die Ökonomisierung der Information führt dazu, dass Zugangsbeschränkungen geschaffen werden, um den Preis der Ware Information zu steigern. Informationen bleiben weltweit verstreut, Metainformationen auch. Es gibt zwar *Meta-Kataloge*, z. B. den Karlsruher Virtuellen Katalog, oder *Meta-Suchmaschinen*, mit denen in mehreren Online-Katalogen, Referenzdatenbanken und Suchmaschinen gleichzeitig recherchiert werden kann, und es gibt *Google* und *Google Books*, doch keine Referenzquelle, egal wie global und universal sie verkauft wird, deckt das gesamte Wissen ab.

Es gibt keine Referenzquelle, die alle Quellen erschließt. Lassen Sie sich nicht täuschen Suchmaschinen wie *Google*, die Sie glauben machen wollen, alles zu finden, und Ihnen auch noch Treffer servieren, wenn Sie sich vertippt haben, mit dem Hinweis: „Meinten Sie vielleicht ...?“. Die *Googleisierung* hat inzwischen im Wissenschaftsbereich Eingang gefunden. Bibliothekskataloge und Discovery Systeme sind mittlerweile *just like Google* organisiert (→ S. 105). Über eine Suchoberfläche soll *alles* gefunden werden, in welchen Referenzquellen dabei gesucht wird, bleibt unklar, ebenso, wie die Treffer zustande kommen. Dass sich die Informationslandschaft zunehmend diversifiziert und unübersichtlich wird, ist eine Tatsache: umso mehr ist die Informationskompetenz gefragt, sich souverän orientieren zu können.

Denn die tägliche Suche mit Suchmaschinen hat vermutlich Auswirkungen auf das Informationsverhalten und die Informationsverarbeitung. Das wird sehr kontroversiell diskutiert – wie man mit einer schnellen Suche in *Google* feststellen kann: Es gibt Webseiten, in denen von „digitaler Demenz" die Rede ist, da wir uns (einfach gesagt) weniger merken, je mehr wir uns auf *Google* verlassen. Oder es wird positiv gesehen, insofern das menschliche Gehirn für andere kognitive Aktivitäten „frei" wird. Zudem suggerieren Suchmaschinen, dass Recherchieren ein Kinderspiel ist und dass man sich um Techniken, Methoden und Strategien der Recherche nicht kümmern braucht. Wer etwas sucht, soll es ganz einfach finden können – das ist die Philosophie von *Google LLC.* Wird *Google* eines Tages vielleicht besser wissen, was wir suchen?

Das hoffentlich nicht. Allerdings gibt es inzwischen *KI-gestützte Systeme*, die theoretisch auch für die Literatursuche verwendet werden können. Der letzte Schrei ist *ChatGPT*, entwickelt von OpenAI, ein Unternehmen im legendären Silicon Valley, der Heimat der *big player* Apple, Facebook und *Google*. Das System wurde Ende 2022 im Testbetrieb für die Öffentlichkeit freigegeben und stieß auf großes Interesse und Nachfrage, die Rechner gehen regelmäßig wegen Überlastung in die Knie.[10] *ChatGPT* ist ein sog. Chatbot, ein Interface für Kommunikation – besser: für textbasierte Interaktion zwischen Mensch und Maschine. *CGT* ist die Abkürzung von *Generative Pre-trained Transformer*, d. h. *ChatGPT* ist ein KI-Sprachmodell, das auf der Grundlage einer großen Menge von Texten aus unterschiedlichen Quellen (Zeitungsartikel, wissenschaftliche Zeitschriften, Bücher, *Wikipedia*) „trainiert" wurde, wobei der Textkorpus zeitlich mit dem Jahr 2021 limitiert ist, Daten und Fakten ab dann fehlen. *ChatGPT* kann tatsächlich zu einem vorgegebenen Thema eine Liste von Literaturhinweisen anbieten.

10 Alternativ zum Chatbot *ChatGPT* von OpenAI, der zurzeit im Mittelpunkt der Aufmerksamkeit steht, gibt es z. B. *Neuroflash* https://neuroflash.com/de, „die magische Feder für deutsche Texte" (ebd.), *Jasper Chat* https://www.jasper.ai, „a natural conversation with AI that *feels surprisingly human*" (ebd., Kursivsetzung K.N.), YouChat, *Microsoft's Bing ChatGPT* – und sicher gibt es bald weitere.

Beispiel | Recherchergebnisse von *ChatGPT*[11]
Am 26.03.2023 deponierte ich höflich mein Recherche-Anliegen:[12] „Können Sie mir Literatur recherchieren zum Thema 'Placebo-Effekte im Marketing – Auswirkungen auf das Konsumentenverhalten'?"
Nach nicht mal 2 Sekunden replizierte *ChatGPT*: „Selbstverständlich! Hier sind einige wissenschaftliche Artikel und Bücher zum Thema [...]: Shiv, B. & Fedorikhin, A. (1999). Heart and mind in conflict: The interplay of affect and cognition in consumer decision making. Journal of Consumer Research, 26(3), 278–292. – Waber, R. L., Shiv, B., Caruso, E. M., & Ariely, D. (2008). Commercial features of placebo and therapeutic efficacy. Journal of the American Medical Association, 299(9), 1016–1017. – Keller, K. L., & Aaker, D. A. (1992). The effects of sequential introduction of brand extensions. Journal of Marketing Research, 29(1), 35–50. – Hauser, J. R., Urban, G. L., & Weinberg, B. D. (1993). An evaluation cost model of consideration sets. Journal of Consumer Research, 20(3), 393–408. – Schaffner, D., & Bizer, G. Y. (2012). Placebo effects in advertising: Is it real? Journal of Advertising Research, 52(4), 417–428. –Price, L. L., & Arnould, E. J. (1999). Commercial friendships: Service provider-client relationships in context. Journal of Marketing, 63(4), 38–56. [... noch 4 Treffer]
Auch meinem Wunsch nach aktueller und deutschsprachiger Literatur wurde entsprochen inklusive ausgeschriebener Vornamen. Zwischendurch war der Rechner wegen Überlastung nicht erreichbar, die Anzeige der Liste wurde abgebrochen und bei Wiederholung der Anfrage gab es plötzlich ganz andere Referenzen. Auch die Zuordnung von bibliographischen Daten (z. B. Titel, Autor, ISBN) war fehlerhaft, so ergab die Recherche mit einer ISBN einen nicht existierenden Titel.

ChatGPT steckt auf jeden Fall noch in den Kinderschuhen, das Rechercheergebnis ist zufallsabhängig und nicht überprüfbar, da nicht transparent ist, woher die Referenzen kommen – *ChatGPT* nennt auf Rückfrage nur plakativ seine „bevorzugten Datenbanken", nämlich: *Google Scholar, JSTOR, Web of Science, PubMed, ScienceDirect, SpringerLink, Wiley Online Library.* Diese Literaturempfehlungen ersetzen demnach keine Recherche, sie können

---

11 OpenAI's *ChatGPT* AI language model, persönliche Interaktion, 26.03.2023
12 Siehe auch das Recherchebeispiel auf S. 183

nur *nebenbei* interessant sein. Tatsächlich ist die Literaturrecherche für *ChatGPT* ja nur ein Nebenschauplatz, es gibt attraktivere Bereiche für einen spektakulären KI-Auftritt, z. B. das Verfassen von Texten (dazu ausführlicher → S. 256). Dennoch kann man annehmen, dass KI-Unterstützung für die Recherche an sich relativ gut ausbaufähig wäre, denn Recherchetechniken und -methoden würden sich vermutlich gut in Algorithmen transformieren lassen. Aber selbst dann kann KI nur Unterstützung sein. Die Recherche und Auswahl relevanter Quellen gehört (wie die Interpretation von Quellen, die Auswertung von Daten, die Theoriebildung und das Schreiben) zu dem, was Wissenschaft zu Wissenschaft macht, und – das sei jetzt einmal normativ in den Raum gestellt – Wissenschaft kann und darf nicht einer künstlichen Intelligenz überlassen werden.

Welche Referenzquellen für eine Recherche in Frage kommen, lässt sich anhand von *Auswahlkriterien* entscheiden. Mit diesen kann entschieden werden, ob die Quellen, die man benötigt, wirklich in einer Referenzquelle nachgewiesen sind:

Ein erstes Kriterium ist die **Publikationsform** der Quellen, die durch eine Referenzquelle erschlossen werden. Dies verrät schon der Typ der Referenzquelle: Bücher z. B. recherchiert man in Online-Katalogen oder Buchhandelskatalogen, Zeitschriftenartikel in Referenz- und Volltextdatenbanken usw. Welche Publikationsformen man recherchieren will, ist primär dafür entscheidend, wo man recherchieren sollte. Es gibt z. B. Forschungsbereiche, zu denen vorwiegend in Zeitschriften publiziert wird. In solchen Disziplinen vermitteln Bücher vorwiegend Lehrbuchwissen, weniger den aktuellen Stand der Forschung, und sind insofern als Tertiärquellen sinnvoll, um sich einen Überblick zu verschaffen. In anderen Wissenschaftsdisziplinen hingegen sind Bücher primär relevant, vor allem in den Geisteswissenschaften – diese werden nicht ohne Grund als Bücher-Wissenschaften bezeichnet.

Ein zweites Kriterium ist, welche **Wissenschaftsdisziplinen** in einer Referenzquelle nachgewiesen sind. Vorher ist also zu klären, zu welcher Wissenschaftsdisziplin bzw. zu welchem Fachbereich die Forschungsfrage gehört. Eine eindeutige Zuordnung von Referenzquellen zu Fachbereichen gibt es nur in wenigen Fällen, hauptsächlich bei Referenzdatenbanken. Online-Kataloge hingegen decken meistens mehrere Wissenschaftsdisziplinen ab, je nachdem welche Sammelschwerpunkte eine Bibliothek verfolgt. Wenn Sie entscheiden, welche Referenz- oder Volltextdatenbank Sie verwenden, sollten Sie ein entsprechendes Verzeichnis Ihrer Bibliothek nutzen. Seit einigen Jahren bieten viele Bibliotheken das von der Universitätsbibliothek Regensburg entwickelte *Datenbank-Infosystem (DBIS) https://dbis.ur.de/* an.

Tipp | Gehen Sie, was die Auswahl von Referenzquellen betrifft, immer redundant vor. Wenn Sie z. B. Quellen zum Thema *Anorexia nervosa* benötigen (ein Thema, das im Schnittbereich Psychologie und Medizin angesiedelt ist), sollten Sie sowohl in den fachspezifischen Referenzdatenbanken der Psychologie *PsycINFO* und *PSYNDEXplus* als auch in jenen der Medizin *Medline* und *PubMed* recherchieren, und fachübergreifende Referenzquellen wie *Web of Science* und *Academic Search Premier* berücksichtigen.

Drittens die **Zugänglichkeit** der Referenzquelle *und* der Quellen, die jene erschließt. Es bringt Ihnen wenig, wenn Sie eine Referenzquelle kennen, von der Sie vermuten, dass sie für Ihre Forschungsfrage interessant sein könnte, diese aber für Sie nicht zugänglich ist. Genauso wenig hilft es Ihnen, wenn Sie in einer Referenzdatenbank Hinweise auf relevante Artikel finden, die Artikel selbst jedoch nicht vor Ort verfügbar haben oder nur zeitaufwändig oder teuer beschaffen könnten. Einige Referenzquellen und Quellen gibt es zwar frei zugänglich im Netz, viele jedoch sind nur in der *Bibliothek* vor Ort oder über einen VPN-Zugang verfügbar. Primär sollte man deshalb aus Kostengründen das Angebot der lokalen Bibliothek ausschöpfen, und meistens verfügen Bibliotheken für die Studienfächer, die vor Ort angeboten werden, über eine repräsentative Sammlung von Quellen und Referenzquellen.

Kriterium 4 ist der **Erscheinungszeitraum** der Publikationen, die in der Referenzquelle nachgewiesen sind. Dabei ist entscheidend, ob für ein Forschungsanliegen ebenso ältere oder vorwiegend aktuelle Quellen relevant sind. Forschungsbereiche unterscheiden sich erheblich, was die → Halbwertszeit der Forschungsergebnisse betrifft, in einigen ist diese dramatisch gering, die Aufmerksamkeit der Forschung gilt dann nur der aktuellen Literatur, in anderen Disziplinen hat der wissenschaftliche Diskurs noch einen längeren Atem.

Kriterium 5 ist die **Sprache** der Publikationen, die eine Referenzquelle nachweist. Man muss sich entscheiden, ob man sich in der Recherche auf deutschsprachige Publikationen beschränken will oder ob auch englischsprachige mit zu berücksichtigten sind. In der *scientific community* wird – ob oberflächliche Mode oder notwendige Internationalisierung, sei dahingestellt – zunehmend englisch publiziert und kommuniziert, in einigen Wissenschaftsdisziplinen sogar ausschließlich.

Die folgende Checkliste soll Ihnen helfen, für Ihre Recherche geeignete Referenzquellen zu finden.

Checkliste | Wo recherchieren

Kriterium 1: ***Publikationsform***

Ich suche nach **Büchern** (Monografien, Sammelbände, Handbücher):

- ☐ aus dem Bestand meiner Bibliothek: im Online-Katalog oder mit Hilfe der Aufstellungssystematik oder direkt im Regal,
- ☐ weltweit (evtl. auch für eine Fernleihe): in Metakatalogen, z. B. im Karlsruher Virtuellen Katalog (KVK), *Google Books,*
- ☐ falls ich das Buch kaufen möchte: in Buchhandelskatalogen, z. B. in Buchhandel.de, oder in Antiquariatskatalogen, z. B. im ZVAB.

Ich suche nach **Zeitschriftenartikel** und **Artikel in Sammelbänden**:

- ☐ wenn ich Referenzen suche: in Referenzdatenbanken, Suchmaschinen, Bibliografien,
- ☐ wenn ich Volltexte suche: in Volltextdatenbanken, Suchmaschinen(Phrasensuche).

Ich suche nach (frei zugänglichen) **Internetdokumenten**:

- ☐ allgemeine Dokumente, Tertiärquellen: in Suchmaschinen, *Wikipedia,*
- ☐ Diskussionspapiere: in Portalen, Suchmaschinen,
- ☐ wissenschaftliche Texte: Suchmaschinen, *Google Scholar, Google Books, Academia.edu, Researchgate.*

Ich suche nach **Primärquellen**:

- ☐ literarische Texte, Zeitungsbeiträge: in elektronischen Archiven,
- ☐ Gesetzestexte: in Archiven, Suchmaschinen,
- ☐ statistische Daten: Portale, Archive, Suchmaschinen,

- biografische Daten: in biografischen Archiven.

Kriterien 2–6: ***Wissenschaftsdisziplin, Zugänglichkeit, Sprache, Erscheinungszeitraum, geografische Zuordnung***:

- Bücher: entscheidend sind Sammelschwerpunkte meiner Bibliothek, Entlehnbarkeit der Bestände, Fernleihe.
- Zeitschriftenartikel, Artikel in Sammelbänden: siehe detaillierte Angaben zu Referenz- und Volltextdatenbanken im Datenbank-Infosystem (DBIS) https://dbis.ur.de/.
- Primärquellen: siehe detaillierte Angaben zu Archiven, Portalen usw. im DBIS.

Wichtige Begriffe

→ Referenzquelle, → Referenz, → Metainformation, → Leseliste, Literaturverzeichnis, professionelle Dokumentation, persönliche Dokumentation, → formale Beschreibung, → inhaltliche Beschreibung, → Volltextindizierung, → Alphabetischer Katalog, → Online-Katalog, → Bibliografie, → Referenzdatenbank, → Volltextdatenbank, → Suchmaschine, → Directory, → Portal, → Metadaten-Suchmaschine, Referenzquelle: Auswahlkriterien.

4 Wie recherchieren

Ans Ziel kommt nur, der eines hat.
Martin Luther

In diesem Kapitel geht es um die Praxis der Recherche. Wir machen uns mit den *Recherchetechniken* vertraut, wie man die Datenbank einer Referenzquelle gezielt abfragen kann: Dazu werfen wir einen kurzen Blick in das IT-Innenleben einer Datenbank. Die Funktionsweise von Referenzquellen beruht auch auf unterschiedlichen Methoden der Wissensorganisation (formale, inhaltliche Beschreibung usw.): Damit hängen die *Recherchemethoden* zusammen. Schließlich besprechen wir noch die Rechercheprinzipien und die *Recherchestrategien*, die je nach *Rechercheszenario* zur Anwendung kommen. Und zuletzt finden Sie Praxisbeispiele, anhand derer Sie nachvollziehen können, wie man recherchiert.

Eine Recherche sollte *effizient* und *effektiv* gleichzeitig sein. Die **Effizienz** einer Recherche – d. h. wie schnell man zu einem Ergebnis kommt – beruht darauf, wie sicher und souverän man in der Nutzung und Abfrage einer Datenbank vorzugehen vermag und das heißt, wie gut man über den Aufbau und Struktur von Referenzquellen Bescheid weiß und die entsprechenden → Recherchetechniken und → Recherchemethoden beherrscht.

Die **Recherchetechniken** hängen mit dem medientechnischen Format einer Referenzquelle zusammen, in einem Zettelkatalog sucht man z. B. anders als in einer Datenbank. Wir beschäftigen uns primär mit den *elektronischen* Referenzquellen, da die gedruckten Referenzquellen (Zettelkataloge, Bibliografien) nur noch in Ausnahmefällen verwendet werden, zudem sind sie im Allgemeinen einfacher zu benutzen und teilweise elektronisch verfügbar (z. B. die digitale Version eines Zettelkataloges).

Die **Recherchemethoden** unterscheiden sich, je nachdem, wie Referenzquellen strukturiert sind – und d. h.: welche Methoden der Wissensorganisation zur Anwendung kommen. So unterscheiden sich Adressdaten oder Kochrezeptdaten von bibliografischen Datensätzen im Hinblick auf das Datenformat, z. B. welche Datenfelder vorkommen. Wir haben drei Methoden der Wissensorganisation, nach welchen Referenzquellen strukturiert sein können, kennen gelernt: die Volltextindizierung, die formale und inhaltliche Beschreibung von Dokumenten. Diesen entsprechen jeweilige Recherchemethoden.

Doch gut recherchieren bedeutet nicht nur technisch und methodisch effizient suchen. Das reicht bestenfalls bei einer einfachen und klaren Informationsnachfrage oder für eine schnelle *Google-Suche.*

Die **Effektivität** einer Recherche, d. h. ob man dabei auch zu wirklich *relevanten* Ergebnissen kommt, hängt von weiteren Voraussetzungen ab:

1. Wie klar man die Informationsnachfrage sieht, *warum* man recherchiert,
2. wie weit man zu konkretisieren vermag, *was* man eigentlich sucht,
3. ob man richtige Referenzquellen, *wo* man suchen soll, ausgewählt hat und
4. schließlich davon, ob man diese effizient nutzt, nämlich, *wie* man in technischer und methodischer Hinsicht recherchiert.

Die Fragen *Warum, Was, Wo* und *Wie* sind die → *Rechercheprinzipien*, um bestmögliche Voraussetzungen für eine effektive Recherche zu schaffen.

Die Frage *Warum* ist als erste zu klären. Je nach Motivation und Art der Informationsnachfrage ergibt sich bestimmtes → Rechercheszenario. Und für dieses ist jeweils eine bestimmte → **Recherchestrategie** sinnvoll.

Recherchetechniken: aufgrund des Datenbanksystems gibt es abfragetechnische Möglichkeiten, z. B. logische Operatoren, Trunkierung, Maskierung.
Recherchemethoden: aufgrund der Methoden der Wissensorganisation gibt es z. B. formale, inhaltliche, hierarchische Suche, Volltextsuche usw.
Recherchestrategien: aufgrund eines Rechercheszenario gibt es z. B. Personen-Daten-Fakten-Suche, informelle Recherche, formelle Recherche, bibliografische Suche.

Meist werden die Begriffe *Recherchetechnik*, *-methode* und ggf. auch *-strategie* synonym gebraucht. Die Unterscheidung, die hier vorgenommen wird, ist angezeigt, vor allem jene zwischen Technik und Methode, da sich elektronische Referenzquellen in recherchetechnischer Hinsicht erheblich von den herkömmlichen Referenzquellen unterscheiden, und in der Tat weniger, was die Recherchemethode und die -strategie betrifft.

4.1 Recherchetechniken

Eine elektronische Referenzquelle ist, was ihr Datenmanagement betrifft, als **Datenbank** (*database*) organisiert. Insofern sind Recherchetechniken *Techniken zur Abfrage einer Datenbank*, sie beruhen auf den Möglichkeiten einer ⟶ Abfragesprache. Es gibt einige Techniken, die mehr oder weniger bei jeder Datenbankabfrage zielführend sind, egal ob Sie in einem Online-Katalog, in einer Adress- oder in einer Kochrezeptdatenbank recherchieren. Recherchetechniken hängen mit der datentechnischen Architektur einer Datenbank und den entsprechenden Möglichkeiten der Datenbankabfrage zusammen. Deshalb sehen wir uns zunächst das Innenleben einer Datenbank im Detail an.

Im Hinblick auf das Datenmanagement ist eine relationale Datenbank nichts anderes als eine Menge von Tabellen (*tables*). Eine Tabelle – auch Relation bezeichnet – besteht aus Zeilen und Spalten, in den *Zeilen* sind die ⟶ Datensätze (*records*) abgelegt, in den *Spalten* die ⟶ Datenfelder (*data fields*). Die erste Zeile einer Tabelle enthält Bezeichnungen der Datenfelder, die intern als Typen mit einer bestimmten Speichergröße definiert werden (bspw. integer, varchar, text usw.). Die erste Spalte eines Datensatzes enthält eine Datensatznummer, die den Datensatz eindeutig identifiziert. *Relational* heißt eine solche Datenbank, weil eine Tabelle als Relation ihrer Datenfelder definiert wird, und weil mehrere Tabellen über Identifikationsnummern verknüpft werden können, was den Vorteil hat, dass keine Redundanzen entstehen, da ein und dieselbe Information nicht mehrmals gespeichert werden muss.

Als Beispiel und zur Veranschaulichung entwickeln wir eine kleine ⟶ **Literaturverwaltung** für eine persönliche Dokumentation. Die Datenbank wird im Datenbankmanagementsystem *MySQL* eingerichtet, dieses stellt auch die Basisfunktionen zur Verfügung, um Daten eingeben, speichern, ändern, löschen und vor allem abfragen zu können. Die Datenbank soll im Netz über einen Internetbrowser zugänglich sein. Wir benötigen dazu eine Benutzeroberfläche, die wir in *Perl* programmieren. Damit können ein paar Funktionalitäten implementiert werden:

1. Bibliografisches Management (formale und inhaltliche Beschreibung von Quellen, wobei wir uns auf Bücher beschränken);
1. Wissensmanagement (Verwalten von Exzerpten, Notizen, Ideen);
2. Projektmanagement (Verwalten von Aufgaben und To-do's).

Diese Datenbank könnte aus mehreren Tabellen bestehen:

Die Tabelle „Quellen" enthält bibliografische *Datensätze (records)*, die in folgenden *Datenfeldern (data fields)* spezifiziert werden: *QID* als Identifikationsnummer der Quelle und *Autor, Titel, Ort, Verlag, Jahr, Schlagwort.* Diese Datenfelder wären sogar für eine Zitation ausreichend, ggf. könnte man noch einen Link zum Volltext vorsehen.

QID	Autor	Titel	Ort	Verlag	Jahr	Schlagwort
1	Eco, Umberto	Wie man eine wissenschaftliche Abschlussarbeit schreibt	Heidel-berg	Müller	2007	Wissenschaftliches Arbeiten; Schreiben
2	Sesink, Wer-ner	Einführung in das wissenschaftli-che Arbeiten, 7. Aufl.	München	Olden-bourg	2009	Wissenschaftliches Arbeiten
3	Eco, Umberto	Der Name der Rose	München	Hanser	1983	Belletristische Darstellung
4	…	…				

Abb. 10: Datenbanktabelle „Quellen"

Eine zweite Tabelle „Zitate" enthält die Zitate, also Passagen aus den Quellen, die beim Dokumentieren festgehalten und mit einem Schlagwort, das das Thema beschreibt, versehen werden. Ein Datensatz dieser Tabelle besteht aus den Datenfeldern: *ZID, QID, Zitat, Seiten, Kategorie.* Über das Datenfeld *QID* ist diese Tabelle mit der Tabelle „Quelle" verbunden.

ZID	QID	Zitat	Seiten	Kategorie
1	1	„An jedem Ort der Welt sind die Regeln, wie man vernünftig wissen-schaftlich arbeitet, insgesamt gesehen dieselben, gleichgültig, auf welchem Niveau man arbeitet oder wie kompliziert die Angelegen-heit ist."	IX	Regeln des wissenschaftlichen Arbeitens
2	…	…		

Abb. 11: Datenbanktabelle „Zitate"

Ähnlich ist die dritte Tabelle „Notizen" aufgebaut: *NID, QID, Notiz, Seiten, Kategorie.* Hier werden Notizen und Ideen, mit oder ohne Bezug auf eine Quelle, festgehalten und beschlagwortet, die sich ggf. auf eine Publikation und auf eine bestimmte Textstelle beziehen.

NID	QID	Notiz	Seiten	Kategorie
1	1	Die Regeln des wissenschaftlichen Arbeitens sind demnach nicht nur Konventionen, sondern hängen mit den Prinzipien der Wissenschaftlichkeit zusammen: Argumentation, intersubjektive Nachprüfbarkeit, Verständlichkeit usw.	IX	Regeln des wissenschaftlichen Arbeitens
2		Warum muss überhaupt recherchiert werden? Um Aussagen zu begründen.		Recherchieren; Begründen
3	…	…		

Abb. 12: Datenbanktabelle „Notizen"

Schließlich gibt es noch eine dritte Tabelle „Aufgabe", in der To-do's festgehalten werden, die während der Auswertung und Dokumentation zu erledigen sind:

AID	QID	Aufgabe	Frist	Kategorie
1	1	entlehnen	2023/07/31	
2	3	exzerpieren	2023/03/31	
3	…	…		

Abb. 13: Datenbanktabelle „Aufgaben"

Frage 10 | Versuchen Sie herauszufinden, aus welchem Buch das Zitat „An jedem Ort der Welt …" stammt.

Die Zugriffsgeschwindigkeit einer Datenbankabfrage wird erhöht, indem die Werte jener Datenfelder, auf die häufig zugegriffen wird, in einer so genannten **Indexdatei** abgelegt werden. Auch eine Indexdatei ist eine Tabelle und besteht aus mehreren Datenfeldern: 1. die Identifikationsnummer des Datensatzes; 2. die Werte des indizierten Datenfeldes der Primärtabelle in alphabetischer Reigenfolge, etwa alle Autorennamen der Primärtabelle; und 3. die Identifikationsnummern jener Datensätze der indizierten Primärtabelle, welche die jeweiligen Autoren enthalten.

Index-Tabelle „Autoren": Indexdatei des Datenfeldes Autor der Primärtabelle „Quelle"

IID	Autor	QID
1	Eco, Umberto	1, 3
2	Kruse, Otto	2
3	…	…

Abb. 14: Datenbanktabelle „Autoren"

Wird nach Büchern des Autors *Eco, Umberto* gesucht, so könnte die ganze Tabelle „Quellen" sequenziell, d. h. Datensatz für Datensatz, ausgelesen werden, was allerdings je nach Anzahl der Datensätze sehr zeitaufwändig sein könnte. Stattdessen wird in der Index-Tabelle „Autoren" inkrementell, d. h. in sukzessiven Annäherungsschritten, auf den entsprechenden Indexeintrag *Eco, Umberto* zugegriffen, anschließend werden mit Hilfe der Identifikationsnummern QID die Datensätze in der Tabelle „Quellen" ausgelesen und angezeigt.

Für die Formulierung einer Datenbankabfrage (einer *Query*) gibt es → **Abfragesprachen**, ein häufig verwendeter Standard ist *SQL (Standard Query Language)*. Um z. B. in der Tabelle „Quellen" ein Buch von *Umberto Eco*, das entweder über wissenschaftliches Arbeiten oder über Schreiben oder beides handelt, zu finden, wird folgende SQL-Query verwendet:

```
SELECT * FROM Quellen WHERE Autor LIKE 'Eco%' AND (Schlagwort LIKE '
%wissenschaftliches Arbeiten%' OR Schlagwort LIKE '%Schreib%')
```

Wenn Sie auf der Suchoberfläche einer elektronischen Referenzquelle eine → **Suchanfrage** eingeben, so muss diese zuerst in die interne Abfragesprache der Datenbank übersetzt werden. Aber grundsätzlich haben Sie „an der Oberfläche" (am *frontend*) mehr oder weniger die gleichen technischen Möglichkeiten, die Datenbank abzufragen, wie das Datenbankmanagementsystem (das *backend*) im Hintergrund. Die Abfrage einer Datenbank beruht auf ein paar grundlegenden Voraussetzungen:

- Die Suche funktioniert als Mustererkennung *(pattern search)*: Das Wort, nach dem gesucht wird, wird mit den Inhalten der Datenfelder 1:1 verglichen *(matching)*.
- Ein Suchbegriff *(search string)* kann in Klein- oder Großschreibung eingegeben werden: Die meisten Referenzquellen sind nicht *case-sensitive*.
- Die Suche kann sich nur auf ein Datenfeld beziehen (ich suche nur im Feld Autoren) oder auf mehrere (ich suche etwa im Feld Autoren, Titel oder gar im Volltext). Oder ich kann in ein und demselben Feld nach mehreren Suchbegriffen suchen usw. Um für diese Fälle ein eindeutiges Ergebnis zu bekommen (wahr oder falsch), werden → logische Operatoren verwendet – im Suchbeispiel erkennen Sie die Operatoren AND und OR.
- Da der Inhalt eines Datenfeldes in Details vom Suchbegriff abweichen kann, er kann länger sein, kürzer oder anders geschrieben, gibt es

die Möglichkeiten der → Trunkierung und → Maskierung. In der Suchanfrage von SQL wird dafür das Prozentzeichen verwendet: mit *%Schreib%* finden Sie Schreiben, Schreibprozess, Abschreiben usw.

- Das Ergebnis einer Datenbankabfrage ist im Sinne der Aussagenlogik entweder wahr oder falsch. Als Treffer qualifizieren sich jene Datensätze der Datenbank, für welche die Suchanfrage zutrifft, den Wert *wahr* ergibt.
- Ist die Suche in einer Referenzquelle erfolgreich, wird meist in einem ersten Schritt eine → Trefferliste angezeigt, in der die Treffer jeweils in einer → **Kurzanzeige** angeführt sind, die dann über *clickable links* zur jeweiligen → **Vollanzeige** führen. In der Kurzanzeige werden immer nur → Referenzen angeführt. Bei der Vollanzeige hängt es davon ab, wo Sie suchen. Z. B. in einem Online-Katalog suchen Sie nur in den Datenfeldern, in denen die formale und inhaltliche Beschreibung des Dokumentes gespeichert ist – mehr bietet ein Online-Katalog nicht, die Vollanzeige enthält deshalb auch nur die Referenz auf ein Dokument, nicht dieses selbst. Wenn Sie in einer Suchmaschine oder in einer Volltextdatenbank suchen, kommen Sie entweder direkt oder indirekt über einen Link von der Vollanzeige zum Volltreffer, zum → **Volltext**.

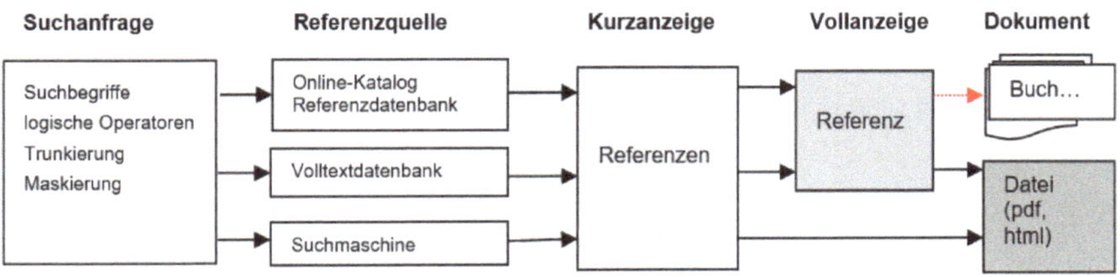

Abb. 15: Suche in Referenzquellen

Auf diesen Möglichkeiten der Datenbankabfrage beruhen die **Recherchetechniken** für elektronische Referenzquellen, sie legen fest, wie die → Suchanfrage aussehen kann, nach welcher Syntax die → *Suchbegriffe* → trunkiert, → maskiert oder mit → logischen Operatoren kombiniert werden.

Logische Operatoren. Eine wichtige Recherchetechnik basiert auf den → logischen Operatoren, mit denen Suchbegriffe verknüpft werden können. Logische oder *Boole'sche Operatoren* – benannt nach dem Mathematiker *Georg Boole* – sind Ausdrücke, die eine logische Verknüpfung zwischen

Suchbegriffen angeben. In vielen Referenzquellen, die als Datenbanken verfügbar sind, können die logischen Operatoren AND, OR, NOT verwendet werden, um eine Suche genauer zu spezifizieren, einzugrenzen oder zu erweitern.

Werden zwei Suchbegriffe A und B mit **AND** verbunden, so werden alle Dokumente angezeigt, die sowohl den Suchbegriff A und den Suchbegriff B im Volltext oder in ihren Referenzen (Metadaten) enthalten. Die Trefferliste ist demnach die Schnittmenge der Menge, die den Suchbegriff A enthält, und der Menge, die den Suchbegriff B enthält. Eine Verknüpfung mit AND ist immer dann sinnvoll, wenn Sie nach mehreren Themen gleichzeitig suchen.

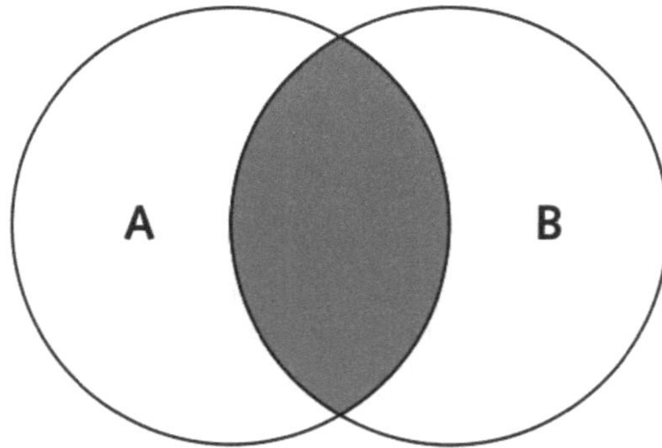

Abb. 16: Der logische Operator AND

Tipp | Im Allgemeinen werden mehrere Suchbegriffe, die nicht mit logischen Operatoren verknüpft sind, vom System automatisch als AND-Verknüpfung „interpretiert", Sie brauchen demnach AND nicht eingeben.

Beispiel | Wenn Sie nach Dokumenten zum Frauenbild in Goethes Faust suchen, können Sie die Suchanfrage „Frauenbild AND Faust AND Goethe" verwenden oder auch nur „Frauenbild Goethe Faust".

Beispiel | Suchen Sie nach Quellen von oder über Umberto Eco, können Sie „Eco AND Umberto“ oder „Eco NEAR Umberto“ oder „Eco Umberto“ eingeben.

Werden zwei Suchbegriffe A und B mit **OR** verknüpft, so werden alle Referenzen bzw. Dokumente angezeigt werden, in denen einer der Suchbegriffe oder beide vorkommen. Die Trefferliste ist die Vereinigungsmenge der Menge, die den Suchbegriff A enthält, und der Menge, die den Suchbegriff B enthält. OR wird verwendet, um bspw. verschiedene Schreibweise eines Suchbegriffes, synonyme und verwandte Begriffe oder fremdsprachige Ausdrücke gleichzeitig zu berücksichtigen. Mit OR verbundene Suchbegriffe sind zwischen Klammern zu stellen.

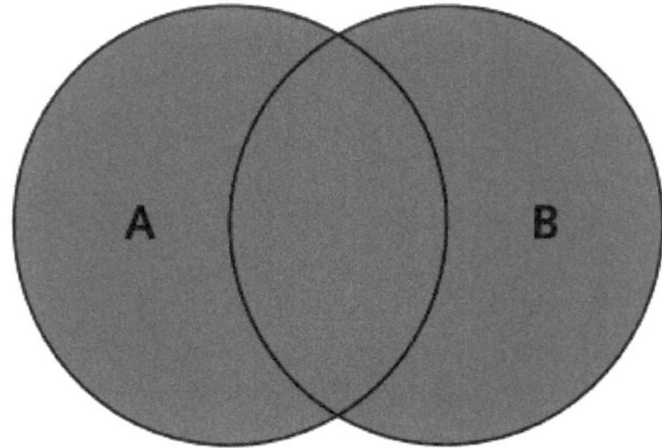

Abb. 17: Der logische Operator OR

Beispiel | Wenn Sie nach Dokumenten zum Frauenbild in Goethes Faust suchen und wissen, dass das Thema Frauenbild auch mit alternativen Suchbegriffen (synonyme oder verwandte Begriffe) bezeichnet werden kann, etwa mit Geschlechterrolle, können Sie die Suchanfrage „(Frauenbild OR Geschlechterrolle) AND Faust AND Goethe“ verwenden.

Frage 11 | Angenommen, Sie verknüpfen zwei Suchbegriffe einmal mit AND und einmal mit OR: Welche Verknüpfung bringt mehr Treffer – und warum?

Werden zwei Suchbegriffe A und B mit **NOT** verknüpft, so werden alle Dokumente angezeigt, in denen A vorkommt, aber nicht B. Die Trefferliste ist die Differenzmenge der Menge, die den Suchbegriff A enthält, und der Menge, die den Suchbegriff B enthält. NOT kann dann verwendet werden, wenn ein bestimmtes Thema, das nicht interessiert, aus dem Themenbereich ausgeschlossen werden soll.

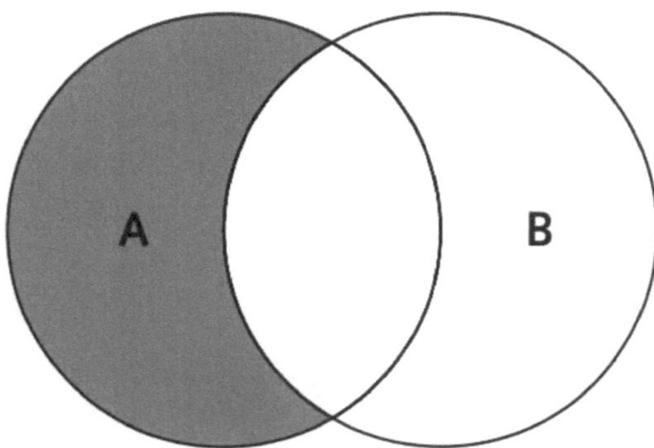

Abb. 18: Der logische Operator NOT

Tipp | Anstatt AND kann && oder das Pluszeichen geschrieben werden, anstatt OR der vertikale Strich |, anstatt NOT ein Minus. Die logischen Operatoren werden meistens englisch geschrieben, je nach Datenbank können auch die deutschen Ausdrücke UND, ODER, NICHT oder das Pluszeichen für AND und das Minuszeichen für NOT verwendet werden. Suchmaschinen wie *Google* verwenden darüber hinaus sprachliche Umschreibungen: für AND wird die Formel „Beide Ausdrücke müssen vorkommen“, für OR hingegen „Mindestens einer der beiden Ausdrücke muss vorkommen“ verwendet. Für die zu Grunde liegende Datenbankabfrage werden solche Wendungen in die Syntax der logischen Operatoren übersetzt.

Abstandsoperatoren. Wenn zwei Suchbegriffe in Dokumenten (im Volltext oder in ihren Metadaten) nicht nur beide vorkommen, sondern auch noch einen bestimmten Abstand voneinander aufweisen sollen, werden die Operatoren NEAR oder ADJACENT verwendet.

Hinweis | In *Google* wird als Abstandsoperator AROUND(n) verwendet, wobei n die Anzahl der Wörter angibt, die mindestens zwischen den Suchbegriffen stehen sollen.

Beispiel | Wenn Sie nach Dokumenten suchen, in denen das Thema *Frauenbild* im Zusammenhang mit *Goethe* und *Faust* steht, können Sie mit „Frauenbild NEAR Goethe* NEAR Faust" suchen.

Beispiel | Wenn die Zeichenkombination „Goethes Faust" genauso vorkommen soll, können Sie mit „Goethes ADJ(acent) Faust" – als Alternative zur → Phrasensuche mit Anführungszeichen.

Trunkierung. Eine weitere Recherchetechnik beruht auf der Möglichkeit, *Platzhalter* zu verwenden. Die Suche in einer Datenbank vergleicht einen Suchbegriff mit allen Wörtern im Dokument (im Falle der Volltextsuche) oder mit bestimmten Datenfeldern (etwa Autor oder Titel) seiner Referenzinformationen. Da es verschiedene grammatikalische Formen eines Begriffes geben kann (z. B.: Lernprozess, Lernprozesses, Lernprozesse, Lernprozessen), müssten alle als Suchbegriffe mit OR verknüpft eingegeben werden. Hier hilft die Trunkierung. Mit den Trunkierungszeichen * oder ? werden grammatikalische Endungen abgeschnitten und für die Suche als variabel gekennzeichnet.

Beispiel | Der Suchbegriff Lernprozess* findet Wörter wie Lernprozesses, Lernprozessen usw.

Frage 12 | Angenommen, Sie möchten nach Dokumenten suchen, deren Titel das Wort *Lernprozess* in mehreren grammatikalischen Formen enthält, und es gäbe nicht die Möglichkeit der Trunkierung: Welchen logischen Operator würden Sie verwenden, um die unterschiedlichen Schreibweisen zu verknüpfen?

Maskierung. Eine ähnliche Platzhalter-Funktion ist die Maskierung, durch die ein oder mehrere Zeichen in einem Suchbegriff als variabel gekennzeichnet werden: Tos?ana bspw. sucht gleichzeitig nach Toscana und Toskana.

Phrasensuche. Häufig kommt es vor, dass Suchbegriffe verwendet werden, die aus mehreren Wörtern bestehen, bspw. *anaphylaktischer Schock*. Will man die Suchbedingung stellen, dass eine Wortgruppe, eine Phrase oder ein ganzer Satz in derselben Kombination in der formalen oder inhaltlichen Beschreibung der Dokumente oder in ihrem Volltext vorkommt, wird die → Phrasensuche verwendet. Zu diesem Zweck wird die Wortgruppe in Anführungszeichen gesetzt. Dies ist zudem eine einfache, aber sehr effiziente Technik, um Plagiate zu entdecken. Genauso kann man ein Zitat auf seine Quelle zurückverfolgen, sofern diese im Volltext zugänglich ist.

> **Frage 13** | Führen Sie in *Google* die folgenden Suchanfragen durch und notieren Sie die dabei jeweils erzielte Trefferzahl: Geben Sie zuerst (1) die Suchbegriffe *anaphylaktischer Schock* ein, dann (2) *anaphylaktischer AND Schock*, (3) *anaphylaktischer NEAR Schock*, (4) *anaphylaktischer AROUND Schock* und (5) *„anaphylaktischer Schock“*. Wie erklären Sie sich jeweils die Anzahl der Treffer?

Bei **Suchmaschinen** gibt es noch weitere Operatoren, um die Treffermenge gezielt zu optimieren – im Folgenden einige Funktionalitäten von *Google*:

- Man kann die Suche auf eine Website einschränken: *site:www.utb.de* listet 20.400 Treffer, *site:www.utb.de recherchieren* 165 Treffer (2023/03/31).
- Oder auf den Text von Dokumenten: mit *allintext: recherchieren dokumentieren* finden Sie nur Dokumente, die beide Wörter nur im Text enthalten, nicht aber im Titel oder in der URL.
- Mit *dokumentieren zitieren intext: recherchieren* suchen Sie nach Dokumenten, in denen *recherchieren* nur im Text und *dokumentieren zitieren* überall vorkommen kann.
- Mit *allintitle: recherchieren dokumentieren zitieren* finden Sie Dokumente, in den die drei Wörter im Titel vorkommen.
- Mit *intitle: recherchieren dokumentieren zitieren* Dokumente, in denen *recherchieren* nur im Titel und *dokumentieren zitieren* überall vorkommen kann.
- Analog funktionieren *allinurl* und *inurl*.

- Mit *filetype* schränken die Suche auf Dokumente eines bestimmten Dateityps ein: *allintitle: recherchieren dokumentieren filetype:pdf* findet pdf-Dateien, in deren Text Titel *recherchieren* usw. vorkommen.
- Mit recherchieren *after:2020–12–31 recherchieren dokumentieren* Dokumente, die nach dem 2020–12–31 erstellt wurden.
- Analog *before.*
- Mit *define:recherchieren* findet man Definitionen über „recherchieren“.
- Mit *link:www.utb.de* findet man Dokumente, die auf diese Website verlinken.

Sparsamkeit der Suchbegriffe. Die Sucheingabe sollte so erfolgen, dass Sie mit einem Minimum an Suchbegriffen ein Maximum an Treffsicherheit erzielen. Wenn Sie bspw. die bibliografischen Angaben eines Buches kennen, dann sollten sie nicht alle Angaben oder etwa den Titel in ausgeschriebener Form, eingeben, Sie laufen sonst Gefahr, das Buch wegen eines Tippfehlers nicht zu finden. Sollte die Treffermenge zu groß sein, können Sie anschließend mit zusätzlichen Suchbegriffen weiter einschränken. Ein Buch findet man am besten, wenn man den Nachnamen des Autors oder der Herausgeberin und ein markantes Stichwort aus dem Titel eingibt. Führen Sie keine Artikel, Präpositionen, Pronomina an. Verwenden Sie auch nicht zu allgemeine Begriffe.

> **Frage 14** | Sie suchen in Ihrem Online-Katalog nach dem Buch „Brown, Archie (2009): Aufstieg und Fall des Kommunismus. Berlin: Propyläen“: Mit welchen Suchbegriffen? Können Sie die Suchbegriffe auch klein schreiben?

Indexsuche. Oben wurde bereits erwähnt: Um die Abfrage zu optimieren, werden in Datenbanken Indextabellen angelegt, in denen die Werte eines bestimmten Datenfeldes aller Datensätze (z. B. alle Autor*innen) in alphabetischer Reihenfolge abgelegt werden. Diesen Umstand macht man sich in der Indexsuche zu Nutze: Für eine Suchkategorie kann man sich durch Eingabe eines Suchbegriffs den Index ab der gewünschten Stelle anzeigen lassen, vor- und zurückblättern und einen Indexeintrag für eine Suche auswählen. Hilfreich ist diese Technik, um z. B. den genauen Namen einer Autorin ausfindig zu machen, oder durch Nachschlagen im Schlagwortindex ein noch unbekanntes Schlagwort zu konkretisieren, auch kann man, sofern der genaue Titel bekannt ist, ausgehend vom Titelindex sich punktgenau den Datensatz anzeigen lassen.

Überblick | Recherchetechniken

- Logische Operatoren AND, OR, NOT, NEAR
- Abstandsoperatoren
- Trunkierung
- Maskierung
- Phrasensuche
- Indexsuche

Die Recherchetechniken sind in der Regel für alle Referenzquellen (Suchmaschinen, Online-Kataloge, Referenzdatenbanken usw.) die gleichen wie für Datenbanken überhaupt: Damit optimieren wir die Datenbankabfrage (*information retrieval*) im Hinblick auf die datenbanktechnische Architektur der gespeicherten Informationen.

4.2 Recherchemethoden

Die Recherchemethoden hingegen haben mit den spezifischen *Methoden der Wissensorganisation* zu tun, mit deren Hilfe in den Referenzquellen die Quellen beschrieben und erschlossen werden.

Formale Suche. Wenn Sie in einer Referenzquelle nach formalen, bibliografischen Kriterien suchen (etwa Autor, Titel, Jahr), verwenden Sie die Recherchemethode der formalen Suche. Die Voraussetzung dafür ist, dass die Dokumente in der Referenzquelle mit Hilfe der → *formalen Beschreibung* erschlossen sind, nach dieser Methode der Wissensorganisation. Die formale Suche kann auf eine → Suchkategorie eingeschränkt werden (wenn Sie bspw. nur nach Autor*innen suchen) oder auf alle Suchkategorien ausgedehnt werden (das ist dann die sog. Freitextsuche). Formale Suchkategorien sind auch wertvolle Filtermöglichkeiten, um eine Treffermenge bspw. auf Publikationen einer Sprache oder eines Erscheinungszeitraumes einzuschränken.

Inhaltliche Suche. Analog dazu verwenden Sie die Recherchemethode der inhaltlichen (thematischen) Suche, wenn Sie in Suchkategorien recherchieren, die das Ergebnis einer → *inhaltlichen Beschreibung* sind, insbesondere → Schlagwort, → Klassifikation oder → Stichwörter.

Volltextsuche. Die Voraussetzung der Volltextsuche ist, dass Dokumente vollständig indexiert werden: Dabei wird jedes Wort – mit Ausnahme der Stoppwörter (etwa Artikel und Präpositionen) – in einer Indexdatei aufgenommen. Die Recherchemethode der Volltextsuche beruht demnach auf der → *Volltextindizierung*.

Bei einer Suche in Volltextdatenbanken oder mit Suchmaschinen stehen alle → *Recherchetechniken* – logische Operatoren, Trunkierung, Maskierung, Phrasensuche – zur Verfügung. Manchmal kann es in der Volltextsuche wichtig sein, in welchem Abstand zueinander zwei Suchbegriffe stehen, denn bei der Verknüpfung mit AND können zwei Suchbegriffe ja irgendwo in einem Dokument stehen, dafür gibt es die Abstandsoperatoren.

Besonders die → *Phrasensuche* kann bei der Volltextsuche sehr effektiv eingesetzt werden. Diese Technik ist übrigens eine einfache Möglichkeit, um → *Plagiaten* auf die Spur zu kommen. Aus verdächtigen Textpassagen kann eine Phrase entnommen werden (ein Satz), mit der dann z. B. in *Google* gesucht wird. *Google* eignet sich auch deswegen gut, weil angenommen werden kann, dass man am Ehesten dort Dokumente findet, die manche von uns – sehr wenige – in „Versuchung“ bringen könnten, auf vermeintlich unbedenkliche, aber jedenfalls komfortable Art und Weise mit *Cut and Paste* Textmaterial zu transferieren, zu klauen. Findet man wider Erwarten ein Dokument, in dem der gesuchte Satz in einem gleichen inhaltlichen Kontext vorkommt, ist der Plagiatsnachweis erbracht. Allerdings gilt der Umkehrschluss nicht: Ein Plagiatsverdacht, der sich aufgrund von Indikatoren wie auffälliger Stilbruch, nicht zusammenhängende Textpassagen usw. ergeben kann, ist durch ein negatives Suchergebnis natürlich nicht ausgeräumt: Die Textpassagen können geschickt verändert worden sein oder das Dokument ist zwar online verfügbar, aber nicht über *Google* suchbar (weil z. B. nur kostenpflichtig zugänglich), oder es kann aus einer nur im Druck vorliegenden Quelle stammen.

Die Technik der Phrasensuche ist auch gut geeignet, um aufzuspüren, in welchen Kontexten Zitate vorkommen. Versuchen Sie z. B. eine Phrasensuche in *Google Books* mit der Suchanfrage „Habe Mut, dich deines eigenen Verstandes zu bedienen!“ Sie werden überrascht sein, in wie vielen Büchern dieser Satz aus Immanuel Kants Abhandlung „Beantwortung der Frage: Was ist Aufklärung?“ zitiert wird. Zumindest diese Häufigkeit gibt Hoffnung für die Zukunft der Menschheit.

Hierarchische Suche. Eine weitere Recherchemethode, die sich auch die Möglichkeiten der inhaltlichen Beschreibung von Dokumenten zu Nutze macht, ist die *hierarchische Suche.* Voraussetzung dafür ist, dass in der inhaltlichen Erschließung der Dokumente Beschreibungselemente vorkommen, die untereinander hierarchisch definiert sind, wie in einer → *Klassifikation* oder in einem → *Thesaurus.*

Eine Klassifikation ist die Einteilung von Wissenschaften in Teilgebiete mit Hilfe von Klassen und Subklassen. Zwei Beispiele einer hierarchischen Suche. Unter https://deweysearchde.pansoft.de/webdeweysearch kann man die Bestände einiger Bibliotheken Deutschlands mit Hilfe der *Dewey-Dezimalklassifikation DDC* recherchieren, in der Systematik navigieren und sich die Treffer einer Notation anzeigen lassen. Auf der Seite https://www.bibliothek.uni-regensburg.de/rvko_neu können Sie in der *Regensburger Verbundklassifikation (RVK)* navigieren von Hauptgruppen zu Untergruppen und den jeweiligen Systemstellen und anschließend eine Suche im Bayerischen Verbundkatalog, im Südwestdeutschen Katalog und im Österreichischen Verbundkatalog durchführen.

Ein Thesaurus enthält die Terminologie einer oder mehrerer Wissenschaftsdisziplinen. Die Begriffe wurden einer „terminologischen Kontrolle" unterzogen, d. h. nach Ähnlichkeit (Synonyme), Hierarchie (Ober- und Unterbegriffe) und Assoziation (verwandte Begriffe) geordnet. Der Thesaurus wird als sog. *Dokumentationssprache* verwendet für die inhaltliche Beschreibung von Dokumenten (inhaltliche Dokumentation, Indexierung) und schafft so die Voraussetzung, dass die Dokumente mit Hilfe dieser Begriffe in der Recherche wiedergefunden werden können.

	Information literacy
Scope Note	Here are entered works on the ability to recognize when information is needed and to locate, evaluate, and use the required information effectively
Broader Terms	Literacy
	Competence
Narrower Terms	Digital literacy
	Health literacy
	Media literacy

Related Terms	Information science
	Technologial literacy
Used for	Literacy, Information

Abb. 19: Beispiel: Thesaurus der Referenzdatenbank *Socindex*

Die Suche kann auf Oberbegriffe *(Broader Terms)* ausgeweitet bzw. auf Unterbegriffe *(Narrower Terms)* eingeschränkt werden. Das heißt, wenn wir bspw. bei einer normalen (nicht hierarchischen) Recherche nach *Information Competence* suchen, werden Dokumente, in denen nur die Unterbegriffe *Digital literacy* oder *Media literacy* vorkommen, nicht gefunden. Mit der hierarchischen Suche kann ein ganzes Begriffsnetz in der Suche berücksichtigt werden.

Checkliste | Wie recherchieren

- □ Welche Techniken eignen sich für die Recherche in Ihren Referenzquellen: Verknüpfung der Suchbegriffe mit logischen Operatoren, Trunkierung und Maskierung der Suchbegriffe, Phrasensuche, Indexsuche.
- □ Welche Methoden eignen sich für die Recherche in Ihren Referenzquellen: Formale Suche, Inhaltliche Suche, Volltextsuche, Hierarchische Suche.

4.3 Recherchestrategien

Es gibt unterschiedliche Situationen der Informationsnachfrage, selten wird das Gleiche unter ähnlichen Voraussetzungen gesucht. Recherchiert wird immer in einer bestimmten **Ausgangssituation**, abhängig vom Studienfach, von den Zugangsmöglichkeiten zu Informationen (Bibliothek, Internet), von speziellen Anforderungen, die etwa bei schriftlichen Arbeiten zu beachten sind, von den eigenen Vorkenntnissen zum Thema, von der Informationskompetenz und auch vom persönlichen Suchverhalten. Demnach ist es unmöglich, für alle Recherchesituationen die jeweils sinnvolle Vorgehensweise anzugeben.

Recherchieren bedeutet genauso nicht, etwas bloß **zufällig** zu finden – und sich damit zufrieden zu geben. Recherchieren bedeutet, ein Ziel nach Maßgabe der für die Situation spezifischen Bedingungen und der darin verfügbaren Ressourcen durch sorgfältige Planung umzusetzen. Recherchieren ist strategisches Handeln. Recherchieren mit Strategie bedeutet, in einer Situation das Richtige zu tun. Eine Strategie ist aber kein Rezept, das in einer Situation nur umzusetzen wäre, sondern eine Handlungsmöglichkeit. Erst wenn die spezifischen Ausgangsbedingungen klar sind, kann diese Strategie angepasst werden, und erst dann führt sie zu operativem Handeln, zu einem Rezept, nach dem wir vorgehen können.

Recherchestrategien gibt es mehrere, sie sind Handlungsmöglichkeiten, die wir für bestimmte → *Rechercheszenarien* zur Verfügung haben. Rechercheszenarien unterscheiden sich erstens im Hinblick auf die *Motivation* der *Informationsnachfrage.* Wenn man sich die Situationen der Informationsnachfrage im Kontext des wissenschaftlichen Arbeitens in Studium und Forschung näher ansieht, lassen sich einige typische Motivationen unterscheiden:

- Situationen der alltäglichen Suche, wenn Sie bspw. Informationen zu Ihrem Studium brauchen (etwa über Lehrveranstaltungen, Studienpläne), oder Adressen, Telefonnummern, Reiseangebote, Fahrpläne usw.
- Situationen der *professionellen Personen- und Faktenrecherche*, wenn Sie für ein Forschungsprojekt empirische Primärquellen benötigen.
- Situationen, in denen Sie recherchieren, um *sich auf dem Laufenden zu halten*, aus Interesse oder weil Sie in einem bestimmten Fachgebiet ihre Abschlussarbeit schreiben und sich sukzessive einarbeiten wollen.
- Situationen, in denen Sie an einem *Forschungsprojekt* arbeiten und relevante Quellen für Ihre schriftliche Arbeit benötigen, also eine Recherche aufgrund der Forschungsfrage planen und durchführen: die Meisterprüfung des Recherchierens.
- Oder Situationen, in denen Sie z. B. ein *Referat halten* oder eine *Arbeit verfassen* und dazu eine bestimmte Quelle benötigen, deren bibliografische Angaben Sie bereits kennen, entweder weil Ihnen jemand diese gegeben hat oder Sie diese in einer Recherche selbst gefunden haben. Der Zweck der *bibliografischen* Suche ist es, die Publikation zu beschaffen.

Neben der Motivation unterscheiden sich die Rechercheszenarien zweitens auch im Hinblick auf die *Art des nachgefragten Wissens*:

- In einigen Situationen suchen Sie *konkretes* Wissen, meistens in Situationen der alltäglichen Suche, aber auch wenn Sie Primärquellen benötigen. Gesucht sind Daten, Fakten, Personen – dieses Wissen ist klar definierbar und im Allgemeinen leicht zu finden.
- In vielen Situationen werden Sie aber *problemorientiertes* Wissen suchen, Konzepte, Hypothesen, Theorien. Im Unterschied zum faktenbezogenen Wissen ist diese Informationsnachfrage weniger klar definiert. Zudem gibt es dabei große Unterschiede im Hinblick auf die *Präzision* der Informationsnachfrage, je nachdem wie konkret die Forschungsfrage ist.

Zitat | Konkreter und problemorientierter Informationsbedarf

In der Informationswissenschaft wird zwischen einem konkreten und einem problemorientierten Informationsbedarf unterschieden (*concrete information need, problem oriented information need*): „Beispiele für einen konkreten Informationsbedarf wären: Welcher Ort ist die Hauptstadt von Nordrhein-Westfalen? Wie lautet die WWW-Adresse der Homepage der Düsseldorfer Informationswissenschaft? Für problemorientierten Informationsbedarf: Welche Interpretationsmöglichkeiten gibt es zum Homunculus aus Goethes Faust, 2. Teil? Wie hängen im Marketing Dienstleistungsmarketing und Qualitätsmanagement zusammen?“ (Stock 2007, S. 52f.)

Für den konkreten Informationsbedarf definiert Stock die folgenden Merkmale: „1. Thematische Grenzen sind abgesteckt. 2. Die Suchfrageformulierung ist durch exakte Terme ausdrückbar. 3. Eine Fakteninformation reicht i. d. R. aus, um den Bedarf zu decken. 4. Mit der Übermittlung des Faktenbedarfes ist das Informationsproblem erledigt.“ (ebd.)

Für den problemorientierten Informationsbedarf hingegen gilt: „1. Thematische Grenzen sind nicht exakt bestimmbar. 2. Die Suchfrageformulierung lässt mehrere terminologische Varianten zu. 3. In der Regel müssen diverse Dokumente beschafft werden. Ob der Informationsbedarf damit abschließend gedeckt ist, bleibt offen. 4. Mit der Übermittlung der Literaturinformation wird ggf. das Informationsbedürfnis modifiziert oder ein neuer Bedarf entdeckt.“ (ebd.)

Aus diesen Merkmalen, welche die unterschiedlichen Situationen der Recherche aufweisen – nämlich: die Motivation der Informationsnachfrage einerseits und der Art des nachgefragten Wissens andererseits –, ergibt sich eine *Typologie* der vier wichtigsten Szenarien des Recherchierens im wissenschaftlichen Arbeiten. Für diese gibt es jeweils entsprechende **Recherchestrategien**.

Typologie der Recherchestrategien		Art des nachgefragten Wissens	
		konkretes Wissen	problemorientiertes Wissen
Motivation der formationsnachfrage	Ich benötige z.B. eine Adresse Ich benötige Daten und Fakten	❶ Personen, Daten, Fakten Suche	
	Ich interessiere mich für …		❷ informelle Recherche Browsing, Surfing, sich *informieren*, sich informieren *lassen*
	Ich benötige Quellen für mein Forschungsprojekt		❸ systematische (formelle) Recherche Einstiegssuche, assoziative Suche, gezielte Recherche
	Ich benötige eine bestimmte Publikation	❹ bibliografische Suche	

Abb. 20: Typologie der Recherchestrategien

Die Recherchestrategie ① betrifft die Suche nach → **Personen, Daten und Fakten**, die Informationsnachfrage ist dabei relativ konkret. Dies ist der ideale Anwendungsbereich für Suchmaschinen, Faktendatenbanken, Archive. Dazu in Kap. 4.4, ab → S. 155.

Die Recherchestrategie ② ist die → **informelle Recherche**, sie kann von einer vagen oder präzisen Informationsnachfrage ausgehen, sie ist motiviert durch Forschungsinteressen im weitesten Sinn, also vor allem durch persönliche Neugier, sie ist wie das informelle Lernen eine wichtige Voraussetzung der persönlichen Weiterbildung. Meist ist sie themenorientiert, in Frage kommen natürlich alle Referenzquellen, aber auch andere Medien, mit deren Hilfe man sich informieren und informieren lassen kann. Dazu in Kap. 4.5. ab → S. 164

Die Recherchestrategie ③ ist die → **systematische (formelle) Recherche** im Forschungsprozess. Auch hier kann die Informationsnachfrage zu Beginn unklar sein, präziser wird sie sukzessive mit immer erfolgreicheren Recherchen und einer entsprechenden Konkretisierung der Forschungsfrage. Unterscheiden kann man die Einstiegssuche, die assoziative Suche und die gezielte thematische Recherche. Dazu im Kap. 4.6, ab → S. 168.)

Die Recherchestrategie ④ ist die → **bibliografische Suche** in der Beschaffung der Literatur, das Suchprofil ist konkret, man verfügt bereits über bibliografische Angaben, zum Einsatz kommen Referenzquellen, die Dokumente formal beschreiben. Dazu in Kap. 4.9, ab → S. 191.

Strategisches Recherchieren ist wesentlich Vorbereitungs- und Planungsarbeit. Das gilt für alle Rechercheszenarien, mehr oder weniger: am wenigsten, wenn man konkretes Wissen sucht, am meisten, wenn man problemorientiertes Wissen sucht und die Informationsnachfrage vage ist. Das Ziel der Planung ist, dass man weiß, was man sucht, wenn man Wissen sucht.

Zitat | Der Lyriker *Ernst Jandl* hat das gewusst
suchen wissen
ich was suchen
ich nicht wissen was suchen
ich nicht wissen wie wissen was suchen
ich suchen wie wissen was suchen
ich wissen was suchen
ich suchen wie wissen was suchen
ich wissen ich suchen wie wissen was suchen
ich was wissen
ich was suchen

Tipp | Man weiß, was man sucht, wenn man weiß, *warum* man sucht und *was wo wie* finden kann.

Tipp | Wie Sie nicht recherchieren sollen – einmal *nicht* positiv formuliert

- Recherchieren sollte man nicht einfach ins Blaue, das führt, wenn überhaupt nur zu Zufallstreffern.
- Geben Sie Suchbegriffe nicht *einfach so* ein! Es sei denn, Sie wollen nur *surfen*. Klären Sie, *warum* Sie suchen.
- Geben Sie nicht *irgendwas* ein. Sie müssen wissen, was Sie wollen, nicht die Referenzquelle. Klären Sie, was Sie suchen.
- Geben Sie Ihre Suchbegriffe nicht *irgendwo* ein! Suchen Sie nicht einfach mit der gewohnten Suchmaschine, denken Sie daran, dass keine Referenzquelle – auch keine Suchmaschine – alles nachweist. Informieren Sie sich, welche Publikationen Sie in welcher Referenzquelle finden können. Klären Sie, wo Sie suchen.
- Geben Sie Suchbegriffe nicht *irgendwie* ein! Experimentieren Sie, aber zielorientiert. Machen Sie sich kundig über Recherchetechniken und -methoden. Klären Sie, wie Sie suchen.

In den Kapiteln *Warum, Was, Wo, Wie recherchieren* haben Sie die Voraussetzungen für die Recherche kennen gelernt. Mit der Zeit werden Sie Routine und Sicherheit haben, aber vorerst sollten Sie bei der strategischen Planung einer Recherche Schritt für Schritt vorgehen und sich bewusst an den → **Rechercheprinzipien** *Warum, Was, Wo, Wie* orientieren.

Warum suche ich? Entscheidend für den Erfolg einer Recherche ist die Klarheit über ihren Zweck und das geeignete *Rechercheszenario.* Suchen Sie Personen, Daten Fakten; oder recherchieren Sie informell, indem Sie aus Interesse, aber ohne äußeren Anlass stöbern; oder recherchieren Sie für eine schriftliche Arbeit. Auch da macht es einen Unterschied, ob Sie an einer Seminar-, Bachelor-, Masterarbeit oder an einer Dissertation schreiben. Je nach dem Anspruch einer wissenschaftlichen Arbeit ist die Literatursuche unterschiedlich flächendeckend. So wird bspw. eine Seminar-, Bachelor- oder Masterarbeit nur einen relativ überschaubaren und repräsentativen Querschnitt der Literatur zu einem Thema berücksichtigen. Für eine Dissertation sollte die Literatur flächendeckend recherchiert werden. Siehe auch: *Checkliste Warum recherchieren* → S. 36.

Was suche ich? Für alle Fälle, ob für die einfache Faktensuche oder die systematische Recherche, das wichtigste Prinzip ist: Keine bloßen Zufallstreffer! Wichtig ist, das Richtige zu finden. Dazu müssen Sie das, was Sie suchen, klar definieren. – vor allem gilt dies für themenbezogene Recherche in einem Forschungsprozess. In zweierlei Hinsicht. Überlegen Sie, erstens welche *Quellen* für Sie in Frage kommen. Welche theoretischen und/oder empirischen *Primärquellen*? Ist das Thema bereits beforscht, d. h. gibt es *Sekundärquellen,* in welcher Sprache, sind auch ältere Quellen relevant oder nur aktuelle Literatur? Gibt es geeignete *Tertiärquellen,* mit denen Sie sich einen Überblick verschaffen können über relevante Theorien. Zweitens müssen Sie thematisch konkretisieren, was Sie suchen wollen, um angemessene → *Suchbegriffe* für die → *Suchanfrage* zu gewinnen. Siehe auch: *Checkliste Was recherchieren* → S. 68.

Wo suche ich? Wer nicht in der richtigen Referenzquelle sucht, findet wenig oder nichts. Sie haben sich mit den Steckbriefen einen Überblick der Referenzquellen, die für Ihr Studienfach in Frage kommen, geschaffen: Online-Kataloge, Referenz- und Volltextdatenbanken, Suchmaschinen usw. Anhand der Kriterien *Wissenschaftsdisziplin, Zugänglichkeit, Sprache, Erscheinungszeitraum, geografische Zuordnung* können Sie die Referenzquelle für Ihre Informationsnachfrage auswählen. Siehe auch: *Checkliste Wo recherchieren* → S. 131.

Wie suche ich? Und nicht zuletzt ist wichtig, dass technisch effizient gesucht wird. Sie sind bereits vertraut mit der datentechnischen Struktur von Datenbanken und den Formen, wie Referenzquellen Wissen organisieren – Sie kennen die Techniken und Methoden der Recherche. Sie können also die Suchbegriffe mit Hilfe der logischen Operatoren usw. zu einer sinnvollen Suchanfrage kombinieren. Siehe auch: *Checkliste Wie recherchieren* → S. 149.

4.4 Personen, Daten, Fakten suchen

Dieses Rechercheszenario umfasst ein breites Spektrum an Informationsnachfragen, alltägliche Situationen, in denen wir die verschiedensten, triviale und wichtige, Informationen benötigen, bis hin zur *professionellen* Recherche nach empirischen Primärquellen in einem Forschungsprojekt. Trotz aller Unterschiede gibt es eine gemeinsame Recherchestrategie: Geht es um Personen, Institutionen, Daten und Fakten, ist die Informationsnachfrage relativ konkret.

Für die Vorbereitung einer solchen Recherche entlang der *Rechercheprinzipien Warum, Was, Wo, Wie* (→ S. 154) bedeutet dies, dass die Leitfragen *Warum* und *Was recherchieren* keiner Differenzierung bedürfen. Denn je konkreter ein Suchanliegen, desto mehr Treffsicherheit weisen die Suchbegriffe auf. Bei der professionellen Recherche sollte geklärt sein, welche Primärquellen brauchbare empirische Begründungen in einem Forschungsprojekt liefern können.

Genauer prüfen sollte man die Frage *Wo recherchieren.* Für die alltägliche Suche bieten sich primär die Suchmaschinen wie *Google* an. Übrigens, das wäre ein einfaches Beispiel einer solchen Suche: Recherchieren Sie Daten und Fakten Ihrer Universität und in einem Steckbrief dokumentieren:

Steckbrief | Meine Universität

- Name
- Adresse
- URL
- E-Mail
- Institut

- Studienplan (URL)
- Studentenvertretung
- Wichtige Adressen
- Kennzahlen: Anzahl der Studienfächer, Fakultäten, Studierenden usw.

Für die professionelle wissenschaftliche Recherche steht neben den Suchmaschinen ein reichhaltiges Internetangebot an Informationsressourcen, Referenz- und Primärquellen zur Verfügung: Informationen darüber findet man auf den Webseiten von Bibliotheken und vor allem im → *Datenbank-Infosystem (DBIS),* das neben vielen frei zugänglichen auch die für eine bestimmte Bibliothek zugänglichen kostenpflichtigen Informationsressourcen verzeichnet. Diese Datenbanken können sehr kostenintensiv sein, aber ihr Mehrwert im Vergleich zu offen zugänglichen Informationsangeboten besteht in der gesicherten Qualität und z. T. in der extremen Spezialisierung der Daten und Informationen, z. B. chemische Strukturen, für die es spezielle Suchfunktionen gibt.

Im Folgenden finden Sie einige Beispiele von den zahlreichen online verfügbaren Referenz- und Primärquellen für die Recherche nach Personen, Institutionen, Daten, Fakten, Texte.[13]

Personen

Biographie-Portal

- URL: https://www.biographie-portal.eu – frei verfügbar
- Inhalt: Das Portal vereint das digitale biografische Angebot der Neuen Deutschen Biographie (NDB) (70.000 Einträge), Allgemeine Deutsche Biographie (ADB) (26.500 Einträge), des Österreichischen Biographischen Lexikons 1815–1950 (ÖBL) (17.000 Einträge) und des Historischen Lexikons der Schweiz (HLS) (17.000 Einträge). Das Spektrum der Biografien umfasst alle Bereiche des öffentlichen Lebens wie Politik, Wirtschaft und Technik, Wissenschaft, Kunst und Kultur. Chronologisch reicht das Angebot von der Antike bis fast in die Gegenwart. Aktuell (Stand: April

13 Vgl. auch Datenbank-Infosystem (DBIS) https://dbis.ur.de/

2020) werden Informationen zu mehr als 150.000 historisch bedeutsamen Personen und Familien angeboten.

Biographical Dictionary

- URL: https://www.s9.com/ – frei verfügbar
- Inhalt: enthält über 28.000 meist sehr kurze Einträge zu berühmten Personen der Zeit-, Welt- und Kulturgeschichte. Schwerpunkt USA. Englisch.

Institutionen

Studieren in Österreich

- URL: https://www.bmbwf.gv.at/Themen/HS-Uni/Studium.html/ – frei verfügbar
- Inhalt: U. a. Überblick über österreichische Universitäten, Fachhochschulen und Privatuniversitäten, Studienangebote Aufnahmebedingungen und Förderungen (Bundesministerium für Wissenschaft und Forschung).

Hochschulkompass

- URL: https://www.hochschulkompass.de/ – frei verfügbar
- Inhalt: Informationen über deutsche Fachhochschulen, Kunst- und Musikhochschulen sowie Universitäten, Studienangebot, Ansprechpartner und internationale Kooperationen. (Hochschulrektorenkonferenz).

Daten, Fakten

The World Factbook

- URL: https://www.cia.gov/the-world-factbook – frei verfügbar
- Inhalt: The World Factbook provides basic intelligence on the history, people, government, economy, energy, geography, environment, communications, transportation, military, terrorism, and transnational issues for 266 world entities.

World Data Bank

- URL: https://databank.worldbank.org/ – frei verfügbar
- Inhalt: Die World Data Bank bietet freien Zugang zu ihren statistischen Datenbanken, Tabellen und Reports. Das Angebot wird laufend aktua-

lisiert und enthält u. a. folgende Datenbanken: World Development Indicators (WDI), International Debt Statistics (IDS), African Development Indicators (ADI), Global Economic Monitor (GEM), Education Statistics, Health Nutrition and Population Statistics, Millennium Development Indicators, Gender Statistics, Doing Business Database.

Eurostat

- URL: https://ec.europa.eu/eurostat/ – frei verfügbar
- Inhalt: Statistische Daten und Publikationen, herausgegeben von Statistischen Amt der Europäischen Gemeinschaften (Eurostat)

AUSSDA

- URL: https://data.aussda.at/ – frei verfügbar
- Inhalt: Bei AUSSDA (The Austrian Social Science Data Archive) finden Sie sozialwissenschaftliche Daten aus ganz Österreich, großteils als Download verfügbar. AUSSDA macht Forschungsdaten zugänglich und nutzbar – für Wissenschaft und Gesellschaft.

OECD.Stat

- URL: http://stats.oecd.org/ – frei verfügbar
- Inhalt: OECD.Stat bietet Auszüge, z. B. Daten und Metadaten, aus Statistiken zu OECD-Ländern und ausgewählten Nichtmitgliedsstaaten. Die OECD publiziert eine Reihe von Statistiken, die meisten sind kostenpflichtig (⟶ DBIS).

Landolt-Börnstein

- URL: https://www.springer.com/series/282 – ggf. campusweit verfügbar über Lizenz
- Inhalt: Mit seiner Sammlung von Zahlenwerten, Funktionen und sonstigen Daten dient Landolt-Börnstein seit mehr als 125 Jahren als Quelle für verlässliches Expertenwissen. Die Online-Datenbank umfasst über 90.000 PDF-Dokumente aus allen Bereichen der Physik, Chemie und Materialwissenschaft. Der Inhalt wird regelmäßig erweitert und auf vierteljährlicher Basis aktualisiert.

Römpp Online

- URL: https://roempp.thieme.de/ – ggf. campusweit verfügbar über Lizenz
- Inhalt: RÖMPP Online ist die umfangreichste und renommierteste Enzyklopädie zur Chemie und den angrenzenden Wissenschaften in deutscher Sprache. Das Nachschlagewerk bietet über 65.000 Stichwörter sowie mehr als 250.000 Querverweise und über 19.000 Strukturformeln und Grafiken.

Texte, Sonstiges

Project Gutenberg

- URL: https://www.gutenberg.org/ – frei verfügbar
- Inhalt: Das Project Gutenberg (PG) bietet Zugang zu mehr als 70.000 meist englischsprachigen E-Books. Diese älteste digitale Bibliothek wurde Michael S. Hart 1971 mit großem Enthusiasmus gegründet, die ersten Bücher wurden noch händisch erfasst.

Projekt Gutenberg-DE

- URL: https://projekt-gutenberg.org/ – frei verfügbar
- Inhalt: Das deutsche Pendant des Projekt Gutenberg enthält über 10.000 Werke (Romane, Erzählungen, Novellen, Dramen und Gedichte) von der Antike bis zum 20. Jahrhundert in deutscher Sprache. Zu jedem Autor sind auch biographische Informationen hinterlegt.

Internet Archive

- URL: https://archive.org/ – frei verfügbar
- Inhalt: Das Internet Archive (IA) ist ein gemeinnütziges Projekt mit dem Ziel, frei im Internet zugängliche Websites, Texte, Audio-Dateien, Film-Dateien und Software zu archivieren.

Lexis 360 Österreich

- URL: https://360.lexisnexis.at https://https://360.lexisnexis.at/ – ggf. campusweit verfügbar über Lizenz
- Inhalt: Lexis 360 Österreich enthält Fachinformationen zu österreichischem Recht, Steuern und Wirtschaft, wie z. B. Kommentare, Entschei-

dungen, Handbücher im Volltext, Fachzeitschriften im Volltext, Briefings (praxisorientierte Zusammenfassungen).

RDB – Rechtsdatenbank Österreich

- URL: https://rdb.manz.at/ – ggf. campusweit verfügbar über Lizenz
- Inhalt: Die RDB-Rechtsdatenbank Österreich bietet eine umfangreiche Fachzeitschriften-, Kommentar- und Normensammlung von zahlreichen Verlagspartnern.

Europeana

- URL: https://www.europeana.eu/de – frei verfügbar
- Inhalt: Europeana macht es möglich, die digitalen Bestände in Europas Museen, Bibliotheken, Archiven und audio-visuellen Sammlungen zu erkunden. Unter den mittlerweile über 58 Mio. Objekten (Stand: Oktober 2018) finden sich: Bilder – Gemälde, Zeichnungen, Karten, Fotografien und Bilder von Museumsobjekten; Texte – Bücher, Zeitungen, Briefe, Tagebücher und Archivalien; Tonaufnahmen – Musik und Gesprochenes von Phonographenzylindern, Tonbändern, Schallplatten und aus Rundfunksendungen; Videos – Filme, Wochenschauen und Fernsehsendungen

Albertina Sammlungen Online

- URL: https://sammlungenonline.albertina.at/ – frei verfügbar
- Inhalt: In Albertina Sammlungen Online sind derzeit Objekte und Einträge aus mereren Datenbanken recherchierbar: Bilddatenbank zu den Sammlungen (Grafische Sammlung, Plakatsammlung, Architektursammlung, Fotosammlung); 52.000 Objekte aus dem rund 1 Mio. Objekte umfassenden Gesamtbestand der Albertina Biobibliographie zur Fotografie in Österreich; Bibliothek der Albertina: mehr als 80.000 Bücher, Zeitschriften, Zeitungen und audiovisuelle Medien

Atlas/Louvre

- URL: https://collections.louvre.fr – frei verfügbar
- Inhalt: Über die Exponatdatenbank Atlas können die Bilder und Ausstellungsstücke des französischen Nationalmuseums Louvre in Paris angesehen werden (insgesamt etwa 29.000 Werke). Eine kurze Beschreibung wird zu dem jeweiligen Werk ebenfalls angezeigt.

Tipp | Die professionelle Suche nach Personen, Daten, Fakten deckt sich im Prinzip mit der journalistischen Recherche. Es ist lohnend, sich mit den Grundlagen, Techniken und Methoden, wie im Journalismus recherchiert wird, vertraut zu machen. Vergleiche dazu das Standardwerk: Haller, Michael (2017): Methodisches Recherchieren. 8. Aufl. Konstanz, München: UVK.

Die **allgemeinen Suchmaschinen** sind wie erwähnt nicht primär für die Wissenschaft entwickelt worden, sie sind hauptsächlich für Suchanliegen des Alltags gedacht, wo vorwiegend nach Inhalten gesucht wird, die konkrete Anliegen betreffen, bspw. Personen, Stadtpläne, Flughäfen, Hotels, Kinos, ... also *Daten* und *Fakten*.

Im Hinblick auf das Recherchieren macht dies einen wesentlichen Unterschied. Wissen über Personen, Daten und Fakten lässt sich – *auch* für den wissenschaftlichen Kontext – gut recherchieren. Aber versuchen Sie einmal, soziologische Forschungsarbeiten über die *E-Mail-Kommunikation im Wissenschaftsbetrieb* zu finden – also eine → *gezielte thematische Recherche* durchzuführen. Sie werden eine Vielzahl an Treffern bekommen, die zwar *irgendwie* mit dem Themenbereich zusammenhängen, aber nicht in jedem Fall soziologische Theorien sind. Sie finden z. B. Daten und Fakten rund um die IT-Infrastruktur an Universitäten, die verwendeten Technologien, die dafür anfallenden Kosten, d. h. Informationen aus der Perspektive der Informatik und Ökonomie – wenn wir Glück haben, auch der Soziologie.

Problemorientiertes Wissen zu finden, ist demnach nicht so trivial. Es ist nicht immer klar, welches Wissen genau gefragt ist, dies wird erst mit den erzielten Treffern klarer → Zirkuläres Recherchieren (→ S. 179). Es ist nicht so einfach, für ein theoretisches Suchanliegen geeignete Suchbegriffe zu finden, meist müssen Synonyme und verwandte Begriffe miteinbezogen werden. Natürlich gibt es Unterschiede zwischen einzelnen wissenschaftlichen Disziplinen. Naturwissenschaftliche Theorien sind eher faktenbezogen, demnach leichter recherchierbar. Wenn Sie z. B. Untersuchungen benötigen über den Farbwechsel bei tropischen Feilenfischarten, dann ist der Themenbereich relativ klar. Geistes-, kultur- und sozialwissenschaftliche Forschungsfragen hingegen sind offener, wie das Beispiel gerade gezeigt hat. Für eine soziologische solche Recherche eigenen sich die wissenschaftlichen Datenbanken besser.

Die Suche mit Suchmaschinen funktioniert wie Suchen in einem riesigen Heuhaufen. Mag der Heuhaufen noch so groß sein, wenn wir die Stecknadel, die wir suchen, konkret benennen können, finden wir sie. Je *konkreter* die Suchbegriffe, umso effektiver die Suche. Deswegen ist es auch einfach, Personen, Daten und Fakten zu finden, da die Suchbegriffe meist Eigennamen sind. Wer bspw. einen Namen hat, der nicht oft vorkommt, hat die Chance, im Internet (fast) ausschließlich Referenzen auf Dokumente (Texte, Bilder, Videos) zu finden, in denen sie/er erwähnt wird. Suchmaschinen im Internet bieten hier tatsächlich revolutionäre Möglichkeiten.

Mit *Google* und Co suchen zu können ist mittlerweile eine basale Informationskompetenz, die wir uns halb recht, hab schlecht durch *learning by doing* aneignen. Wir können alle *googeln.*

Tipp | Was die Leute so *googeln* und welche die am meisten verwendeten Suchbegriffe sind: das zeigt *Google Trends* https://trends.google.de/.

Google LLC ging 1998 mit seiner Suchmaschine *Google* online und ist mit einem Marktanteil von mehr als 80 Prozent der Suchanfragen der eindeutige Marktführer unter den Suchmaschinen. Nachdem sich das Verbum *googeln* (to *google*) im Sprachgebrauch etabliert hat, wurde es 2004 in die 23. Auflage des Duden aufgenommen mit der Bedeutung „im Internet, besonders in *Google* suchen". Allerdings wurden weltweit Herausgeber von Zeitungen und Wörterbüchern von Anwälten von *Google LLC* aufgefordert, *googeln* nicht mehr im Sinne von „im Internet suchen" zu verwenden. *Google* könne so seinen Markenschutz verlieren. In der 24. Auflage des Duden wird *googeln* deshalb mit der Bedeutung „Mit *Google* im Internet suchen" versehen.

Googeln geht ganz leicht. Meist werden bei einer Suche mit *Google* nur ein paar Suchbegriffe verwendet, *quick and dirty*. Doch Suchmaschinen haben einen verhängnisvollen Effekt: Fast jede Sucheingabe ergibt Treffer, auch deswegen, weil *Google* mit Künstlicher Intelligenz interveniert, falsch geschriebene Suchbegriffe, die nicht im Index vorhanden sind, automatisch korrigiert usw. – also eine schöne Trefferliste anbietet. Das verführt zur Annahme, dass man richtig gesucht hat bzw. dass man richtig suchen kann, und es sich nicht lohnt, einen Blick in die *erweiterte Suche* zu werfen und differenzierte Suchfunktionen oder überhaupt eine andere Suchmaschine zu verwenden – und so *selbstbestimmter* zu suchen. Die schöne Trefferliste beruht auf *Fremdbestimmung* durch die Suchmaschine, oder vermeintlich positiv ausgedrückt auf der sog. *Personalisierung*.

Frühere Suchanfragen, angeklickte Seiten, der Standort, Aktivitäten in den *Social Media* usw. werden gesammelt und gespeichert, auf dieser Datenbasis werden durch geschickte Algorithmen Trefferlisten gefiltert, Webseiten angepasst, Werbeeinschaltungen eingebaut (*Targeted Advertising*) – und wir fühlen uns kundenorientiert bedient mit vermeintlich relevanten Informationen. Dabei begeben wir uns in eine gefährliche Komfortzone, in eine *Informationsblase* bzw. *Filterblase*, da wir mit jeder neuen Sucheingabe die Treffer-Logik bestätigen und den Horizont der uns von der Suchmaschine angebotenen Informationen einschränken.

Das heißt, Suchmaschinen gefährden die *informationelle Autonomie*. Für eine effiziente und effektive Suche von Information wird Wissen über Informationsressourcen, Recherchestrategien, -methoden und -techniken benötigt. Diese Informationskompetenz ist Voraussetzung, dass die Informationsarbeit der Recherche autonom erfolgt. Die Informationsarbeit ganz selbst durchzuführen, ist allerdings kaum noch möglich und wird zu einem großen Teil an andere Personen, z. B. Information Broker, oder an Suchmaschinen delegiert. Dadurch kommt es zwangsläufig zu einem Verlust an informationeller Autonomie, der im Allgemeinen durch Vertrauen zu Personen und Systemen kompensiert wird. Wie könnten wir Suchmaschinen mehr vertrauen? Grundsätzlich durch ein Mehr an Transparenz, was die Funktionsweise der Suchmaschine betrifft, konkret durch ein Mehr an Partizipation und Interaktivität, um z. B. unterschiedliche Suchalgorithmen selbst erproben zu können (vgl. Niedermair 2014).

Die Transparenz ist das große Problem der Suchmaschinen und der künstlichen Intelligenz. In mehrfacher Hinsicht. Es gibt eine riesige *Datenbasis*, bei der man nicht objektiv nachvollziehen kann, wie sie zustande gekommen ist, aus welchen Quellen sie ihre Daten bezieht: ganz im Gegensatz zu den wissenschaftlichen Qualitätskriterien der Datenerhebung. Auf Basis dieser Daten werden konkrete Lösungen, Entscheidungen, Treffermengen oder Texte generiert mithilfe von *Algorithmen*, die nicht objektiv nachvollziehbar sind: ganz im Gegensatz zu den wissenschaftlichen Qualitätskriterien der Datenauswertung. Künstliche Intelligenz ist eine Blackbox, also forschungsmethodisch ein Flop. Und wissenschaftstheoretisch gesehen: Künstliche Intelligenz schreibt das fort, was in der Datenbasis steckt, den Status quo der Gesellschaft, gegebene Machtstrukturen und Werte, auch Fakes usw., und ist demnach im wissenschaftlichen Sinn nicht objektiv und neutral, aber prinzipiell konservativ angelegt und gar nicht innovativ.

4.5 Auf dem Laufenden bleiben

Ein weiteres Rechercheszenario: Wenn Sie nicht anlassbezogen und zielorientiert Informationen suchen, etwa weil Sie Literatur benötigen für eine schriftliche Arbeit, dann recherchieren Sie informell, um auf dem Laufenden zu bleiben. *Informelles Recherchieren* ist wie **informelles Lernen**. Informell lernt man überall, am Arbeitsplatz, in der Freizeit, in der Familie. Es muss nicht zielgerichtet sein, es geschieht nebenbei. Es benötigt keinen Lehrer, es gibt auch keine Prüfung und kein Zeugnis. Im Unterschied dazu findet formelles, formales oder institutionalisiertes Lernen in den Bildungsinstitutionen statt, in Schulen, in Universitäten. Es ist strukturiert und zielorientiert, es führt zu einem Lernziel – und zu einem Zeugnis.

Non scholae sed vitae discimus – nicht nur für die Schule, sondern für das Leben lernen wir: Niemand wird dies bezweifeln. Aber damit nicht genug: Wir lernen offensichtlich im Leben viel mehr als in der Schule, geschätzt wird, dass 80 % der Lernprozesse *informell* erfolgen. Diese Erkenntnis hat bereits Eingang in Lerntheorien gefunden, positive Effekte des informellen Lernens werden auch für formelle Unterrichts- und Lernsituationen fruchtbar zu machen versucht: Lernen ist demgemäß effektiver, wenn es situiert, kontextualisiert, handlungs- und projektorientiert, sozial und kooperativ erfolgt, wie im Leben eben. Umgekehrt gibt es Bestrebungen, Lernprozesse außerhalb von institutionalisierten Lernsituationen in das formelle Lernen mit einzubeziehen, indem ausdrücklich Präsenz- und Selbstlernphasen vorgesehen werden.

Wenn wir informell lernen, werden wir hin und wieder etwas recherchieren – informell. *Sich interessieren, auf dem Laufenden bleiben* lautet die Devise: Neugier, Wissensdurst, sich informieren über aktuelle Forschungen und Projekte, Neuerscheinungen verfolgen, Kulturbeiträge in der Tagespresse lesen, Hinweise auf weitere Quellen verfolgen.

„Ich suche nicht, ich finde!“ Dieser Satz von Pablo Picasso gilt auch hier. Insofern ist *informelle Recherche* eigentlich eine *contradictio in terminis.*

Man kann mehrere Formen des informellen Recherchierens unterscheiden, je nachdem wie konkret das Interessensprofil ist und ob man sich dabei selbst informiert oder sich informieren lässt. Wer erst auf der Suche nach einem Thema für eine Bachelor- oder Masterarbeit ist, wird sich einfach umsehen, vielleicht mit ein paar Schwerpunkten. Hier bietet sich **Surfen** und **Browsen** an, auch in Tertiärquellen wie *Wikipedia* – doch sollte man frühzeitig beginnen, Ergebnisse der Recherche und vor allem eigene Reflexionen zu dokumentieren, um sukzessive Klarheit zu gewinnen, welches Thema man konkret verfolgen möchte. Wer schon an einem Forschungsprojekt arbeitet, hat Interesse daran, alle einschlägigen, aktuellen Arbeiten aufzuspüren, die Informationsnachfrage ist dann relativ konkret, man kann sich *gezielt* informieren und über neue Publikationen informieren lassen.

Im Internet gibt es inzwischen viele hilfreiche Informations- und Kommunikationsmöglichkeiten für Szenarien der informellen Recherche – eine Auswahl im Folgenden:

Ein **Newsletter** ist ein Rundbrief in elektronischer Form, der mit E-Mail zugestellt wird. Wenn Sie an regelmäßigen Informationen über eine Institution interessiert sind (Universität, Bibliothek), sollten Sie auf deren Webseiten prüfen, ob ein Newsletter erschein, und diesen ggf. abonnieren.

Eine **Mailingliste** ist ein E-Mail-Nachrichtenverteiler an eine geschlossene Gruppe von Personen zu einem bestimmten Themenbereich. Jedes Mitglied kann eine Nachricht an die Liste posten, bei moderierten Mailinglisten entscheidet zusätzlich ein Moderator, ob die Nachricht veröffentlicht wird.

Newsgroups sind Internetforen, in denen Nachrichten zu einem bestimmten Themenbereich ausgetauscht werden. Veröffentlicht ein Benutzer einen Artikel in einer Newsgroup, so wird dieser an einen Newsserver gesendet, wo andere Benutzer mit Hilfe eines Newsreader zugreifen können. Beispiel: *Google Groups* https://groups.google.com/.

Diskussionsforen sind Internetforen, in denen Diskussionsbeiträge zu bestimmten Themenbereichen ausgetauscht werden. Ein *Thread* gibt einen Überblick über den aktuellen Diskussionsverlauf. Es gibt Foren, die allen Nutzern offenstehen, und geschlossene, zu denen nur bestimmte Personen Zugang haben.

Ein **RSS-Feed** (*really simple syndication*) ist ein Internetdienst, der neue Beiträge auf Webseiten (z. B. Blogs) in einem standardisierten XML- Format veröffentlicht. Wenn ein Benutzer einen RSS-Channel abonniert, sucht der

Client in regelmäßigen Abständen am Server nach Aktualisierungen im RSS-Feed (News-Feed). Beispiele: *Scienceticker.Info* https://www.scienceticker.info/feed und *SciencePort* https://de.scienceport.org/

Ein **Newsticker** informieren allgemein oder fachspezifisch über Neuigkeiten. Ursprünglich stammt der Begriff aus der Berichterstattung, bis in die 1990er Jahre wurden Nachrichtenmeldungen von Agenturen über tickende Fernschreiber übermittelt. Im Zeitalter des Internets kommen die Nachrichten über E-Mail, wenn man den jeweiligen Dienst abonniert hat. Ein Beispiel: *Wissenschaftsagent* https://www.wissenschaft.de. Dieser Newsticker informiert über aktuelle Forschungsergebnisse, ist aber natürlich eine Tertiärquelle. Meldung vom 06.04.2023, Rubrik: Technik, Digitales, Titel: *ChatGPT* beeinflusst moralische Urteile der Nutzer.

Ein **Alert-Service** ist ein Informationsdienst, der aufgrund eines angemeldeten Suchprofils regelmäßig Mitteilungen schickt, bspw. Inhaltsverzeichnisse von neu erschienenen Zeitschriftenhefte, Treffer einer Suchmaschine oder Blog-Beiträge. Die Mitteilungen können per RSS oder E-Mail gelesen werden. Beim *Current-Awareness*-Dienst erfolgt die Benachrichtigung in regelmäßigen zeitlichen Abständen, beim Alert-Dienst immer dann, wenn Datensätze verändert wurden. Mit *Alerting*-Diensten kann man sich automatisch über neue Literatur informieren lassen. Auf der Webseite von Referenzdatenbanken oder Suchmaschinen kann man ein persönliches Interessensprofil hinterlegen, Informationen und Literaturhinweise werden automatisch per E-Mail zugestellt. **Beispiel:** *IngentaConnect* https://www.ingentaconnect.com/ ist fachübergreifendes Alerting Service (RSS-Feeds) für alle neuen Artikel oder Veröffentlichungen in IngentaConnect, in Teilen auch kostenlos.

Das tägliche Internet spielt sich weitgehend in sog. **sozialen Medien** ab. Für große Teile der Bevölkerung ist die regelmäßige Nutzung von *Social Media* eine Selbstverständlichkeit. Es gibt unter anderem die sog. sozialen Netzwerke für die Kommunikation mit Freunden, Familie und Kollegen wie z. B. *Facebook*, Messenger-Apps wie *WhatsApp*, *Telegram*, Plattformen zum Teilen von Fotos und Videos wie *Instagram*, *YouTube* und *TikTok*, oder Mikroblogging-Dienste wie *Twitter* oder *Tumblr*. Die Kommunikation und Information mit *Social Media* in der individuellen Lebenswelt, in Politik und Wirtschaft nimmt zu, wird aber z. T. kritisch gesehen, z. B. im Hinblick auf Diskussionskultur, politische Radikalisierung, Fake News.

Ein **Blog** (Weblog) ist öffentliches Tagebuch im Netz. Im Gegensatz zu anderen Medien ist ein Blog ein subjektzentriertes Medium: Der Autor des

Blogs äußert sich zu ganz unterschiedlichen Themen, er dokumentiert wie in einem Zettelkasten Notizen, Gedanken und Erfahrungen und präsentiert sie öffentlich. Blogs können wertvolle Anregungen und Hinweise bieten.

In **Twitter** haben registrierte Benutzer*innen die Möglichkeit, Nachrichten (sog. *Tweets*) mit bis zu 140 Zeichen versenden. Gelesen werden die Nachrichten von den Abonnenten (*Follower*). Ein Tweet kann bewertetet, beantwortet und zitiert werden. Mit Links auf andere Webseiten können Informationen schnell und effizient verteilt werden, vorausgesetzt, man hat viele Follower. Barack Obama hat (März 2023) ca. 133,1 Millionen, Elon Musk ca. 132,8 Millionen (seit 2022 Twitter-Chef), der zeitweise täglich twitternde Donald Trump 87,4 Millionen Follower.

Akademische Netzwerke sind sozusagen die *social media* der Wissenschaftskommunikation. Z. B. können Forschende in *Researchgate* https://www.researchgate.net oder *Academia.edu* https://www.academia.edu Publikationen hochladen bzw. auf sie verweisen, teils um die eigene Sichtbarkeit über die üblichen Datenbanken hinausgehend zu erhöhen oder um auf diese Weise in einen Diskurs mit Kolleg*innen zu kommen. Zu berücksichtigen ist, dass in diesen Fällen die übliche Qualitätssicherung (*Peer Review* bei Zeitschriftenartikel, Lektorat bei Büchern) nicht immer gegeben ist.

Ein besonderes Netzwerk ist **ORCID** https://orcid.org: Auch bei diesem Projekt geht es darum, die Sichtbarkeit von Publikationen von Forschenden zu verbessern und die Vernetzung der *scientific community* zu fördern, das primäre Ziel ist aber, mit einer international anerkannten Identifikationsnummer, die sog. ORCID ID, die Zuordnung von Publikationen, Projekten usw. zu einer Person sicherzustellen.

Vergessen Sie bei allem nicht die Kommunikation *face-to-face*: Sprechen Sie mit Ihren Lehrenden, mit Forschenden, Mitstudierenden und Bibliothekar*innen. Auch Personen sind Informationsquellen (dazu → S. 123).

Steckbrief | Meine wissenschaftlichen Interessen
Versuchen Sie, sich Klarheit zu verschaffen über ihre wissenschaftlichen Interessen und ordnen Sie diese den folgenden Kategorien zu:

- □ In welchem Fachbereich will ich auf dem Laufenden bleiben?
- □ In welchem Fachbereich will ich meine Kenntnisse auffrischen?
- □ In welchen Fachbereich will ich mich einarbeiten?

4.6 Die systematische Recherche

Die → systematische (formelle) Recherche ist im Unterschied zur Suche nach *Personen, Daten, Fakten* primär auf theoretisches Wissen orientiert und im Unterschied zur informellen Recherche (*Auf den Laufenden bleiben*) unmittelbar zweckgebunden und zielorientiert, sie gehört zum **Forschungsprozess** (→ S. 55), z. B. im Rahmen einer Abschlussarbeit. Diese Recherchestrategie ist, vergleichen mit den bisher dargestellten, komplex und mit mehr Aufwand verbunden.

Je nachdem, wie viel man bereits über den Forschungsbereich weiß und wie *konkret* die *Forschungsfrage* ist, bieten sich für die systematische (formelle) Recherche verschiedene Optionen an. In der ersten Phase, in der die Forschungsfrage und das Forschungsziel erst konkretisiert werden soll, wird man sich mit einer → *Einstiegssuche* über den Forschungsbereich informieren. Erst dann macht es Sinn, mit Hilfe eines präzisierten Suchprofils → *gezielt thematisch* zu recherchieren oder sich ausgehend von relevanten Treffern → *assoziativ* im Schneeballverfahren auf die Suche zu machen. Relevante Ergebnisse sollten Sie konsequent in eine → Leseliste aufnehmen.

Getting started: Einstiegssuche

In den seltensten Fällen gibt es zu Beginn eines Forschungsvorhabens klare Zielvorgaben für die Literaturrecherche. Meist ist das, was man sucht, noch relativ vage. Für die erste Orientierung konsultiert man am besten → *Tertiärquellen*, also → **Referenzwerke** wie Handbücher und Nachschlagewerke. Für jede Wissenschaftsdisziplin gibt es fachspezifische Nachschlagewerke (vgl. *Steckbrief: Meine Handbücher*). Um Konzepte und Begriffe zu klären, sind allgemeine Lexika hilfreich: Brockhaus, Meyer, Encyclopedia Britannica, oder – mit Vorsicht – *Wikipedia*. (vgl. → S. 55.)

Beispiele | Referenzwerke
Encyclopedia Britannica

- URL: https://www.britannica.com – z. T. frei verfügbar
- Inhalt: Artikel der Encyclopaedia Britannica plus eine gute Auswahl zum Thema passender Webseiten und Bücher, nur teilweise kostenlos verfügbar.

Stanford Encyclopedia of Philosophy (SEP)

- URL: https://plato.stanford.edu/ – frei zugänglich
- Inhalt: Das SEP ist eines der besten frei zugänglichen philosophischen Internetlexika mit rund 1.500 Artikel. Die Texte werden von Wissenschaftler*innen verfasst und laufend aktualisiert. Alle Einträge, sowohl zu Personen als auch zu Sachbegriffen, werden von den Herausgeber*innen im Peer-Review-Verfahren vor der Veröffentlichung geprüft. (vgl. Datenbank-Infosystem (DBIS)

Ähnlich eignen sich **Lehrbücher** dafür, sich über einen Themenbereich zu informieren (vgl. *Steckbrief: Meine Lehrbücher*). Lehrbücher sind wie Nachschlagewerke Tertiärquellen, sie enthalten nicht das aktuelle Wissen zu einem Fachbereich, sondern eher Allgemeinwissen, sie sind demnach im Allgemeinen nicht zitierfähig – nur die in ihnen enthaltenen Literaturhinweise.

Tipp | Die beste Adresse, um Referenzwerke zu finden, ist das Datenbank-Infosystem (DBIS).
Einschlägige Handbücher und Lehrbücher finden Sie auch in Suchmaschinen der Bibliotheken, wenn Sie zu einem Sachschlagwort noch das Formschlagwort *Wörterbuch* oder *Lehrbuch* verwenden, etwa *Finanzwirtschaft Lehrbuch*. Die Suche auf Online-Referenzwerke schränken Sie ein mit *Online Publikation*.

Auch **Übersichtsartikel**, eine weitere Form von Tertiärliteratur, sind wertvolle Hilfe für den Ersteinstieg: Sie bieten einen kompakten Überblick über den Forschungsstand und die verschiedenen Theorien zu einem relativ begrenzten Forschungsbereich. Übersichtsartikel sind in der Regel nicht zitierfähig, und was die in ihnen zitierte Literatur betrifft, gilt ebenso: *back to the roots* im Sinne der → assoziativen Recherchestrategie.

Tipp | Einige Referenzdatenbanken erlauben es, mit Hilfe der Suchkategorie *publication type* die Recherche gezielt auf *review articles* einzuschränken.

In dieser Phase der Recherche kann *Browsing* und *Surfing* im Netz, vorwiegend in Fachportalen und virtuellen Bibliotheken, hilfreich sein und zu unerwarteten Entdeckungen führen – aber verlieren Sie trotzdem nicht Ihr Ziel aus den Augen! Und vergessen Sie nicht: *Browsen* können Sie auch in Ihrer **Bibliothek**, die frei zugänglichen Bücher einer Bibliothek sind meist systematisch aufgestellt, jedes Buch ist einem Themenbereich zugeordnet, d. h. in den Regalen finden Sie themenrelevante Bücher an einem Ort aufgestellt.

Einen Versuch wert ist es, **Wissenschaftler*innen**, die im selben Forschungsbereich tätig sind, zu kontaktieren – am besten mit E-Mail. Chancen, dass Sie Antwort bekommen, haben Sie dann, wenn Sie sich vorher eingehend informiert haben und spezifische Fragen stellen – weniger Chancen haben Sie, wenn Sie einen Wissenschaftler mit dem Anliegen konfrontieren, er solle Ihnen Literatur zu Ihrem Forschungsthema nennen. Bestenfalls wir er Ihnen antworten, dass Literaturrecherche zu den Jobs gehört, die Sie selbst erledigen müssen.

Checkliste | Einstiegssuche
Voraussetzung: Vorläufiges Forschungsthema. Ziel: Relevante Tertiärquellen, Konkretisierung des Themas.
Verschaffen Sie sich einen Überblick über den Forschungsbereich, das Forschungsthema und seine Terminologie mit Hilfe von Tertiärquellen. Dokumentieren Sie relevante Referenzen in der Leseliste.

1. Handbücher
2. Lehrbücher
3. Übersichtsartikel
4. *Browsing* in Fachportalen und virtuellen Bibliotheken
5. Und nicht vergessen: *Browsing* in der (realen) Bibliothek
6. Und vor allem: Persönliche Kommunikation

Schneeballprinzip: assoziative Suche

Wissenschaftliche Publikationen bilden den Wissensstand und die aktuelle Diskussion zu einem Forschungsbereich ab. Autoren verweisen in der Regel auf die Literatur zum Themenbereich, die aus ihrer Sicht zum Zeitpunkt, an dem sie die Arbeit verfasst haben, repräsentativ und relevant war. Auf diesem Tatbestand beruht die assoziative Recherchestrategie, die Schneeballsuche. Ausgehend von einer Publikation wird die in deren Literaturverzeichnis **zitierte Literatur** verfolgt. Auch in den zitierten Publikationen selbst findet man weitere Literaturhinweise. Theoretisch kann man auf diese Weise ein Netzwerk jener Publikationen abbilden, die sich mit diesem Themenbereich befassen. Dieses Prinzip liegt auch der Referenzdatenbank *Web of Science* zu Grunde: Neben der formalen und inhaltlichen Beschreibung werden dort für jeden Artikel sowohl jene Artikel angegeben, die er selbst zitiert, und genauso jene, die ihn zitieren.

Frage 15 | Recherchieren Sie in der Referenzdatenbank *Web of Science* einen Artikel zu einem Forschungsbereich, der Sie interessiert. Verfolgen Sie die assoziativen Links zu den Artikeln, die diesen Artikel zitieren *(citing articles)* und zu jenen, die darin zitiert werden *(cited articles)*. Welche Recherchestrategie wenden Sie dann an?

Die assoziative Recherchestrategie der Schneeballsuche zieht sich durch den ganzen Forschungsprozess: In jeder relevanten Publikation sollte das Literaturverzeichnis im Hinblick auf neue Referenzen ausgewertet werden. Allerdings sollte man sich nicht nur auf die assoziative Recherchestrategie der Schneeballsuche verlassen, vor allem nicht in Forschungsbereichen mit großer Innovation. Die Schneeballsuche ist retrospektiv orientiert, d. h. man findet immer nur (noch) ältere Literatur. Auch kann man einem so genannten „Zitierzirkel“ (Sesink 2014, S. 56) aufsitzen: Es kommt häufig vor, dass sich Forschende, die einander kennen und ähnliche Ansichten vertreten, gegenseitig zitieren. Alternative Sichtweisen werden so ausgeblendet. Die Schneeballsuche sollte deshalb nur als **Ergänzung** zur *gezielten, systematischen Recherche* verwendet werden.

Checkliste | Assoziative Suche
Voraussetzung: Relevante Sekundär- und Tertiärquellen. Ziel: Weitere Quellen finden.
Werten Sie die Referenzen der gefundenen Quellen aus. Dokumentieren Sie relevante Referenzen in der Leseliste.

1. Handbücher
2. Lehrbücher
3. Übersichtsartikel
4. Gefundene Publikationen

Sowohl bei der Einstiegssuche als auch bei der assoziativen Suche werden Sie mit einer Flut an Informationen in den gefundenen Quellen konfrontiert. Sie werden vielleicht das Gefühl haben, sich zu verlieren. Alles scheint *irgendwie* interessant zu sein. Es hat Sinn und ist auch Sinn der Sache, sich in dieser Phase der Recherche noch mit der Formulierung der Forschungsfrage zu beschäftigen, ein Feintuning zu machen, und insofern für positive Anreize offen zu sein. Doch verlieren Sie das Ziel der zunehmenden Konkretisierung Ihres Themas nicht aus den Augen: Das schärft die Optik und so sind dann die Quellen, nicht nur *irgendwie*, sondern wirklich für *Ihre* Forschungsfrage interessant und relevant.

Gezielte thematische Recherche

Mit der gezielten, thematischen Literaturrecherche beginnen Sie, wenn Sie die Forschungsfrage konkretisiert haben und bereits über ein Überblickswissen zum Forschungsbereich verfügen. Investieren Sie jedoch etwas Zeit in die Vorbereitung Ihrer Recherche. Gerade bei dieser Recherchestrategie ist dies wichtig, da die Suchbegriffe noch unklar sind bzw. meist erst im Zuge der Recherche durch → zirkuläres Recherchieren (→ S. 179) konkretisiert werden.

Im Sinne des Rechercheprinzips **Warum recherchieren** sollte das Recherchesszenario abgesteckt werden, insbesondere: Anlass der Recherche, welche Art von schriftlicher Arbeit Sie verfassen wollen, die spezifischen Anforderungen, die sich daraus für die Recherche ergeben, z. B. wie viele Literaturhinweise sinnvoll sind. Versichern Sie sich auch, dass das Forschungsthema so weit als möglich klar ist (z. B. Forschungsfragen, Zielsetzung der Arbeit), andernfalls sollten Sie nochmals zur → Einstiegssuche zurückkehren.

Beispiel

- ***Forschungsfrage*** Wissensmanagement in Klein- und Mittelbetrieben

Das Rechercheprinzip ***Was recherchieren*** erfordert bei der gezielten, thematischen Suche große Aufmerksamkeit. Aus der Art der Forschungsfrage sollte ableitbar sein, welche *Primärquellen*, theoretische oder empirische, für die Arbeit relevant sein könnten. Bereiten Sie ein paar Suchbegriffe für die Recherche der Primärquellen vor.

Aufwändiger ist allerdings die Suche nach Sekundärquellen, da es um problemorientiertes Wissen geht. In der → Einstiegssuche haben Sie bereits einen ersten Eindruck von der Sekundärliteratur zu Ihrem Forschungsthema gewinnen können. Jetzt sollten Sie präzisieren, nach welchen *Sekundärquellen* Sie recherchieren wollen: welche Publikationsformen, welche Sprache, welcher Erscheinungszeitraum usw. – und nach welchen *konkret.* Ihre Forschungsfrage befasst sich mit einem Themenbereich, zu diesem benötigen Sie Sekundärquellen. Um in Referenzquellen recherchieren zu können, brauchen Sie eine → *Suchanfrage*, die den Themenbereich präzise darstellt. Wie kommen Sie nun zur Suchanfrage? Das ist der Startpunkt der gezielten thematischen Recherche.

Themenanalyse: Suchbegriffe. Im ersten Schritt brechen Sie den Themenbereich der Forschungsfrage analytisch in seine einzelnen Themen auf. Damit haben Sie auch schon die *Kernbegriffe* für Ihre Recherche

Beispiel

- ***Forschungsfrage*** Wissensmanagement in Klein- und Mittelbetrieben
- ***Kernbegriffe*** Wissensmanagement Klein- und Mittelbetrieb

Lassen Sie aber Begriffe wie „Untersuchung“, „Konzept“ usw. außer Acht, diese sind für den Themenbereich der Forschungsfrage und mithin für die Recherche nicht relevant. Es wird Ihnen aber gleich aufgefallen sein, dass der Suchbegriff *Klein und Mittelbetrieb* unterschiedlich geschrieben werden kann. Genau dies ist der Grund, warum wir uns mit diesen Suchbegriffen noch nicht zufriedengeben können.

Begriffsanalyse: Alternative Suchbegriffe. Wir sollten also versuchen, in einem zweiten Schritt durch Begriffsanalyse der Kernbegriffe das Suchvokabular zu *erweitern* – unter dem Motto: Mit welchen Suchbegriffen könnte ich das, was ich suche, auch noch finden? Ergänzen Sie die Kernbegriffe mit *alternativen Suchbegriffen,* also mit synonymen, verwandten Begriffen oder mit Unterbegriffen. Sie können zudem Obergriffe verwenden, aber beachten Sie, dass damit die Suche zu allgemein werden kann. Auf jeden Fall sollten sie, wenn Sie auch englischsprachige Quellen verwenden wollen, englische Begriffe für die Recherche verwenden.

Beispiel

• ***Forschungsfrage***	Wissensmanagement in Klein- und Mittelbetrieben	
• ***Kernbegriffe***	Wissensmanagement	Klein- und Mittelbetrieb
• ***Alternativbegriffe***	Wissensorganisation	KMU
	Lernende Organisation	small and medium enterprise
	knowledge management	

Seien Sie mit einmal gewählten Suchbegriffen nicht zufrieden, da Ihnen so unter Umständen wichtige Begriffe entgehen. Alternative Suchbegriffe finden Sie in *Handbüchern, Nachschlagewerken* oder in einem → **Thesaurus**: Dieser enthält wie gesagt die Terminologie eines Wissensbereiches, also eine Liste von Begriffen, wobei zu jedem Begriff auch synonyme, Ober- und Unterbegriffe angeführt sind.

Beispiele | Thesauri
Wiktionary

- URL: https://de.wiktionary.org – frei verfügbar
- Inhalt: Wikionary ist ein gemeinschaftliches Projekt zur Erstellung eines frei zugänglichen mehrsprachigen Wörterbuches sowie eines entsprechenden Thesaurus. Wiktionary ist der lexikalische Partner der freien Enzyklopädie *Wikipedia.*

Standard-Thesaurus Wirtschaft

- URL: https://www.genios.de/thesaurus – frei verfügbar
- Inhalt: Thesaurus zur Erschließung von Quellen aus den Sozial- und Wirtschaftswissenschaften. Er wird erstellt von der Deutschen Zentralbibliothek für Wirtschaftswissenschaften (ZBW) und von der Gesellschaft für Betriebswirtschaftliche Information mbH (GBI) bereitgestellt.

EUROVOC

- URL: https://europa.eu/eurovoc – frei verfügbar
- Inhalt: Eurovoc ist ein mehrsprachiger Thesaurus, der sämtliche Tätigkeitsbereiche der Europäischen Gemeinschaften abdeckt und mit dessen Hilfe die Dokumente und die Anfragen in den Dokumentationssystemen der europäischen Institutionen indexiert werden.

Medline Subject Headings (MeSH)

- URL: https://www.nlm.nih.gov/mesh – frei verfügbar
- Inhalt: Der Thesaurus MeSH wird von der United States National Library of Medicine gepflegt und überarbeitet. Es wird vor allem für die Datenbank MEDLINE verwendet, die über das Internetportal PubMed der Öffentlichkeit für kostenfreie Recherchen zur Verfügung gestellt wird.

Nachdem Sie aus der Forschungsfrage eine Suchanfrage gewonnen haben, geht es um das Rechercheprinzip **Wo recherchieren?** Dabei können Sie mit Hilfe der *Checkliste: Wo recherchieren* (→ S. 131) vorgehen. Bücher recherchieren Sie im Online-Katalog Ihrer Bibliothek oder im Karlsruher Virtueller Katalog (KVK). Artikel in Referenz- und Volltextdatenbanken.

Das Rechercheprinzip **Wie recherchieren?** schließlich betrifft technische und methodische Aspekte der Abfrage von Referenzquellen, insbesondere die → Suchanfrage. Die Themenanalyse hat uns die Kernbegriffe geliefert, die Begriffsanalyse jeweils alternative Suchbegriffe – durch Kombination des Suchvokabulars bilden wir jetzt die Suchanfrage, welche für die Recherche des Themenbereiches der Forschungsfrage geeignet ist. Dafür gibt es ein paar einfache Regeln:

1. Verknüpfen Sie die Kernbegriffe mit dem → logischen Operator AND.
2. Verknüpfen Sie jeweils die alternativen Suchbegriffe mit dem logischen Operator OR und setzen Sie die verbundenen Suchbegriffe zwischen Klammern.
3. Falls ein Suchbegriff aus mehreren Wörtern besteht, setzen Sie ihn zwischen Anführungszeichen (→ Phrasensuche).
4. Wenn Sie mehrere grammatikalische Endungen eines Suchbegriffes berücksichtigen wollen, verwenden Sie das sog. → Trunkierzeichen * oder ?

Beispiel

• ***Forschungsfrage***	Wissensmanagement in Klein- und Mittelbetrieben	
• ***Kernbegriffe***	Wissensmanagement	Klein- und Mittelbetrieb
• ***Alternativbegriffe***	Wissensorganisation	KMU
	Lernende Organisation	small and medium enterprise
	knowledge management	
• ***Suchanfrage***	(Wissensmanagement* OR Wissensorganisation OR „Lernende Organisation“ OR „knowledge management“) AND („Klein- und Mittelbetrieb*“ OR KMU OR „small and medium enterprise“)	

Mit dieser Suchanfrage können Sie in den meisten Referenzquellen suchen, auch in *Google*. Und eine schnelle Suche in *Google* ist auf jeden Fall sinnvoll um zu testen, ob man mit der Suchanfrage auf dem richtigen Weg ist. Allerdings sagt *Google* Ihnen nicht, ob die Suchanfrage, was die logischen Operatoren betrifft, korrekt aufgebaut ist – *Google* ist da tolerant und hat ja immer was anzubieten und weiß oft besser, was man sucht. Doch wie gesagt: Nach *Google* kommen andere Referenzquellen an die Reihe!

Eine Forschungsfrage kann auch mehrere Themenbereiche betreffen, zu denen Literatur recherchiert werden muss. Wenn Sie z. B. vorhaben, das Wissensmanagement in Klein- und Mittelbetrieben einer bestimmten Branche zu untersuchen, macht es Sinn, nach Quellen zu suchen, die erstens den allgemeinen Kontext betreffen (s. Beispiel oben), zweitens aber auch die Spezifizierung im Hinblick auf die Branche (z. B. Bauunternehmen) beinhalten. Dadurch wird die Suchanfrage komplexer, da drei Themen abgefragt werden. Für den Fall, dass sich dann zu wenig Treffer ergeben, ist es ggf. hilfreich, das Thema *Klein- und Mittelbetriebe* auszuklammern und nur die Suchbegriffe *Wissensmanagement* und *Bauunternehmen* zu verwenden.

Beispiel

• ***Forschungsfrage***	Wissensmanagement in [Klein- und Mittelbetrieben am Beispiel von] Bauunternehmen	
• ***Kernbegriffe***	Wissensmanagement	Bauunternehmen
• ***Alternativbegriffe***	Wissensorganisation	Baubetrieb
	Lernende Organisation	Baufirma
	knowledge management	
• ***Suchanfrage***	(Wissensmanagement* OR Wissensorganisation OR „Lernende Organisation“ OR „knowledge management“) AND (Bauunternehmen OR Baufirma OR Baubetrieb)	

Beispiel

• ***Forschungsfrage***	Wie verändern die neue Medien Lehren und Lernen an der Universität?		
• ***Kernbegriffe***	Neue Medien	Lehren und Lernen	Universität
• ***Alternativbegriffe***	Informationstechnologien	Lernprozesse	Hochschule
	IT	Mediendidaktik	Fachhochschule
	New media	Didaktik	…
	Information technology	e-learning	
	…	Online-learning	
• ***Suchanfrage***	(„Neue Medien“ OR Informationstechnologien OR IT OR „New media“ OR „Information technology“) AND (Lernprozesse* OR Mediendidaktik OR Didaktik OR „e-learning“ OR „Online-learning“) AND (Universität* OR Hochschule* OR Fachhochschule*)		

Checkliste | Gezielte thematische Recherche
Voraussetzung: Forschungsthema. Ziel: Relevante Quellen, Leseliste.
Warum suche ich? (s. auch Checkliste: Warum recherchieren → S. 36.)

1. Zu welchem Anlass? (Seminararbeit, Bachelorarbeit, ...):
2. Wie lautet das Forschungsthema?
3. Ist das Forschungsthema konkretisiert (Forschungsfragen, Zielsetzung, Methode)? Wenn nicht: zurück zur Einstiegssuche.

Was suche ich? (s. auch Checkliste: Was recherchieren → S. 68.)

4. Welche *Primärquellen* (theoretische, empirische) kommen in Frage?
5. Habe ich Suchbegriffe für die Recherche von Primärquellen?
6. Welche *Sekundärquellen* benötige ich (Publikationstypen, Sprache, Erscheinungszeitraum)?
7. Welche Suchbegriffe für die Recherche von Sekundärquellen sind sinnvoll?
   Themenanalyse: In welche Themen kann ich meine Forschungsfrage differenzieren? Welche Kern-Suchgriffe ergeben sich daraus?
   Alternatives Suchvokabular: Mit welchen synonymen, verwandten Begriffen, Unterbegriffen, Oberbegriffen sowie englischsprachigen Begriffen kann ich die Kernbegriffe erweitern?
   Weitere Suchanfragen: Sind für die Forschungsfrage auch Themenbereiche relevant?
8. Welche *Tertiärquellen* benötige ich (Handbücher, Lehrbücher, Übersichtsartikel usw.)?
9. Habe ich Suchbegriffe für die Recherche von Tertiärquellen?
10. Wie viele Literaturhinweise sollen ungefähr berücksichtigt werden?

Wo suche ich? (s. Checkliste: Wo recherchieren → S. 131.)

11. Primärquellen: Internet (Archive, Faktendatenbanken, Wirtschaftsdatenbanken usw.), eigene Datenerhebung.
12. Sekundärquellen: Bücher: Online-Katalog, Verbundkatalog, Karlsruher Virtueller Katalog (KVK) – Artikel: Referenz- und Volltextdatenbanken ...
13. Tertiärquellen: Bibliothek, Internet, Online-Katalog.

Wie suche ich? (s. auch Checkliste: Wie recherchieren → S. 149)

14. Habe ich eine Suchanfrage für die Recherche von Primärquellen ?
15. ... von Sekundärquellen
16. ... von Tertiärquellen
17. Welche Spezielle Recherchetechniken, -methoden, -strategien gibt es?
18. Wie kann ich die Suchanfrage optimieren? (s. Checkliste: Zirkuläres Recherchieren → S. 181)

Protokoll der Recherche:

19. Primärquellen
20. Sekundärquellen
21. Tertiärquellen
22. Dokumentation der relevanten Referenzen als Leseliste in meiner Literaturverwaltung (→ S. 212).

4.7 Zirkuläres Recherchieren

Zirkuläres Recherchieren ist eine Metastrategie: Die Recherche wird reflektiert, revidiert, modifiziert, erweitert. Einerseits wird so die *Informationsnachfrage* sukzessive konkreter, andererseits werden die *Techniken* und *Methoden* der Recherche differenzierter. Recherchieren ist ein Lernprozess durch Versuch und Irrtum.

Zirkulär kann bedeuten, dass man wieder ganz an den Start geht und erneut mit der strategischen Planung der Recherche beginnt oder einzelne Etappen der Recherche wiederholt. Das ist eigentlich der Regelfall, da ein Rechercheergebnis selten – oder höchstens bei Suchanfragen mit eindeutigen und konkreten Suchbegriffen – der Weisheit letzter Schluss ist. Auch wenn man sich vielleicht gerne mit den gefundenen Treffern zufriedengeben und gleich ein paar auswählen und es dabei belassen möchte: In jedem Fall ist es sinnvoll, nochmals die Treffermenge zu prüfen, sich zu überlegen, warum sich mit einer bestimmten Suchanfrage gerade diese Treffer ergeben und dann versuchen zu variieren.

Das heißt, man kann die *Metainformationen* der relevanten Treffer genauer unter die Lupe nehmen und daraus Rückschlüsse auf *alternative*

Möglichkeiten der Recherche ziehen. Diese hilfreiche Methode hat die Informationswissenschaftlerin Marcia J. Bates (1989) als *Berrypicking* bezeichnet und näher beschrieben. *Berrypicking* – schon der Name klingt gut – bedeutet, dass die Metainformationen (also die formalen und inhaltlichen Beschreibungen) jener Treffer, die auf Anhieb relevant erscheinen, vor allem die Schlagwörter und die Klassifikation, für die Modifikation der Suchanfrage bzw. für eine neue Suche verwendet werden. Damit sind in der neuen Treffermenge nur mehr jene Dokumente enthalten, die den vorher herausgepickten Kriterien entsprechen und insofern relevant sein sollten. Theoretisch kann diese Methode so lange angewandt werden, bis wirklich nur mehr relevante Dokumente übrigbleiben. *Berrypicking* ist ein schönes Beispiel für das *zirkuläre Recherchieren*: Zu Beginn ist die Suchanfrage noch relativ unklar und wenig effektiv, aber indem Sie die Metainformationen der relevanten Treffer prüfen, sehen Sie, *wie* diese gefunden werden können, und Sie können anschließend Ihre Suchanfrage entsprechend modifizieren.

Angenommen, Sie suchen Bücher über das *Verfassen wissenschaftlicher Texte* und Sie geben im Österreichischen Verbundkatalog genau diese Begriffe ein. Sie werden mit 10.251.501 Treffern erschlagen [Stand: 2023-03-31]. Sie wundern sich über diese Trefferzahl: Sie erklärt sich damit, dass in allen Datenfeldern gesucht wird, inklusive Inhaltsverzeichnis, Inhaltsangabe, Volltext, also kein Wunder, denn das ist ein Querfeldein-Suchergebnis à la *Google*. Sie möchten nun nicht wie der typische *Google-User* maximal nur die ersten 2 Seiten aufrufen, können aber unmöglich die ganzen Treffer durchsehen. Was tun mit diesem Haufen? Sie können in der Trefferliste nach relevanten Titeln suchen und das Schlagwort, mit dem diese Titel inhaltlich erschlossen sind, herauspicken, z. B. *Wissenschaftlicher Text*, und dann dezidiert nach diesem Thema suchen. Sie bekommen dann 1.036 Treffer, etwas überschaubarer, wobei Sie anschließend noch nach Erscheinungsjahr filtern könnten. Es geht also primär darum, die Treffermenge zu *reduzieren*.

2010, im Jahr der ersten Auflage dieses Buches, war die Situation noch anders, im Österreichischen Verbundkatalog konnte diese Suche gezielt und präzis durchgeführt werden. Mit den Suchbegriffen *Verfassen wissenschaftlicher Texte* gab es nur drei Treffer, das heißt, es ging damals darum, die Treffermenge mit *Berrypicking* zu *erweitern*. Mit dem Schlagwort *Wissenschaftlicher Text* kam man auf 217 Treffer, eine weitere Differenzierung konnte nach *Erscheinungsjahr* oder *Sprache* erfolgen. Da vermutlich mit diesem Schlagwort nicht alles abgedeckt war, war es naheliegend, auch das

Schlagwort *Wissenschaftliches Arbeiten* – mit OR verknüpft – zu berücksichtigen.

Offensichtlich tendieren Bibliotheken wie gesagt (→ S. 105) mit ihren *Suchmaschinen* und *Discovery Systems* zunehmend in Richtung *Google*, wobei *Google* raffinierter ist und nicht Millionen von Treffern anzeigt, sondern diese mit allerhand Tricks einer „personalisierten Suche" filtert. Was ist besser? Am besten wäre es, wenn es in den Suchfunktionalitäten der Bibliotheks-Suchmaschinen weiterhin auch die Möglichkeit der sog. *Erweiterten Suche* oder der *Expertensuche* geben würde, d. h., dass gezielt in einzelnen Datenfeldern gesucht werden kann, anstatt nur eine Rundumsuche durchzuführen. Noch dazu, wo die Qualität der Datenbasis der Bibliothekskataloge jener von *Google* haushoch überlegen und die qualifizierte bibliografische Arbeit der Bibliothekar*innen wirklich eine solche differenzierende Datennutzung verdienen würde.

Das zirkuläre Recherchieren bewegt sich zwischen zwei Extremen: Entweder enthält die Treffermenge zu viele Treffer, darunter viele nicht relevante, oder zu wenige, wobei womöglich relevante Treffer fehlen. D. h. im ersten Fall war das Netz zu weitmaschig, im zweiten zu engmaschig. Das Ziel einer Recherche ist einerseits die *Vollständigkeit* (*comprehensiveness*) des Suchergebnisses: Diese wird als *Recall* quantifiziert, das ist die Anzahl der gefundenen relevanten Referenzen geteilt durch die Anzahl aller relevanten Referenzen in der Datenbank – der *Recall* ist also ein Maß für die Vollständigkeit des Suchergebnisses. Andererseits geht es um die *Genauigkeit* (*relevancy*) eines Suchergebnisses: um die *Precision*, das ist die Anzahl der gefundenen relevanten Referenzen geteilt durch die Anzahl aller gefundenen Referenzen – mithin ein Maß für die Relevanz des Suchergebnisses.

Neben dem *Berrypicking* gibt es noch andere Möglichkeiten, eine Suchanfragedurch zirkuläres Recherchieren zu optimieren, für den Fall, dass Sie zu viele, zu wenige oder gar keine Treffer erzielt haben. Zum Einsatz kommen dabei die verschiedenen Recherchetechniken.

Checkliste | Zirkuläres Recherchieren

1. *Meine Suchanfrage ergibt* ***zu viele*** *Treffer.*
2. Haben Sie eher allgemeine Suchbegriffe verwendet? Versuchen Sie Ihre Informationsnachfrage zu konkretisieren und sinnvoll zu begrenzen. Verwenden Sie konkretere Begriffe.

3. Haben Sie zu wenige Suchbegriffe verwendet? Meist bezieht sich eine Forschungsfrage auf einen komplexen Themenbereich: Haben Sie alle Themen berücksichtigt? Wenn Sie Ihre Suchbegriffe mit einem weiteren Suchbegriff mit *AND* verknüpfen, reduziert sich die Treffermenge.
4. Haben Sie zu umfassende (Themen übergreifende) Suchbegriffe verwendet? Prüfen Sie, ob Sie ggf. ein Thema, das nicht zu Ihrer Forschungsfrage gehört, ausschließen können. Verwenden Sie dazu den logischen Operator *NOT*.
5. *Meine Suchanfrage ergibt* ***zu wenige*** *Treffer.*
6. Haben Sie zu viele Suchbegriffe verwendet? Prüfen Sie Ihre Informationsnachfrage, versuchen Sie unterschiedliche Varianten, wie Sie weniger Suchbegriffe kombinieren könnten.
7. Haben Sie einen zu konkreten Suchbegriff verwendet? Versuchen Sie es mit dem entsprechenden Oberbegriff.
8. Haben Sie einen nicht gebräuchlichen Suchbegriff verwendet? Versuchen Sie mit den entsprechenden Synonymen, verknüpfen Sie diese mit *OR*.
9. Haben Sie einen Suchbegriff verwendet, der nur eine grammatikalische Form berücksichtigt? Verwenden Sie das Trunkierzeichen.
10. Haben Sie einen Suchbegriff nur in einer Schreibweise berücksichtigt? Verwenden Sie das Maskierungszeichen.
11. *Meine Suchanfrage ergibt* ***keine*** *Treffer.*
12. Haben Sie die Suchbegriffe korrekt eingegeben? Prüfen Sie die Suchbegriffe auf Rechtschreib- und Tippfehler. Berücksichtigen Sie unterschiedliche grammatikalische Formen (Trunkierung). Beziehen Sie auch Synonyme mit ein (logische Verknüpfung mit *OR*).
13. Haben Sie zu viele Suchbegriffe verwendet? Achten Sie auf das Prinzip der Sparsamkeit. Eliminieren Sie Artikel, Pronomen, Präpositionen und wenig aussagende Begriffe wie Studie, Untersuchung usw. Wenn Sie gezielt eine Publikation suchen, verwenden Sie nur den Nachnamen der Autorin und ein markantes Titelstichwort.
14. Haben Sie falsche Suchbegriffe verwendet? Versuchen Sie nochmals Ihre Informationsnachfrage zu präzisieren. Konsultieren Sie ein Lexikon, um Suchbegriffe zu eruieren.

15. Haben Sie die falsche Referenzquelle verwendet? Prüfen sie genau, welche Quellen überhaupt in Ihrer Referenzquelle nachgewiesen sind. Konsultieren Sie für Referenz- und Volltextdatenbanken das Datenbank-Infosystem (DBIS) https://dbis.ur.de/.

4.8 Praxisbeispiele

In diesem Kapitel wird das Procedere gemäß **Checkliste** | *Gezielte thematische Recherche* anhand einiger Beispiele illustriert.

Masterarbeit Betriebswirtschaft

Planung der gezielten thematischen Recherche
Warum suche ich?

1. Anlass: Masterarbeit
2. Forschungsthema: „Placebo-Effekte im Marketing – Auswirkungen auf das Konsumentenverhalten“
3. Forschungsfrage: Kann der aus der Medizin bekannte Placebo-Effekt auch als theoretisches Modell im Marketing verwendet werden, um zu erklären, dass die Zufriedenheit des Konsumenten mit einem Produkt ausschließlich vom Preis, der Marke oder der Beschreibung eines Produktes abhängen kann? Forschungsziele: 1. Darstellung des Placebo-Effektes in der Medizin. 2. Übersicht der Literatur zum Thema Placebo-Effekt im Konsumentenverhalten, Werbung, Marketing. 3. Empirischer Teil: Ein Experiment in einem Weingeschäft soll zeigen, ob die Kundenzufriedenheit mit demselben Produkt vorwiegend durch unterschiedliche Preisgestaltung, Etikettierung und Beschreibung von Weinflaschen beeinflusst werden kann. 4. Schlussfolgerungen und offene Fragestellungen.

Was suche ich?

4. Empirische Primärquellen: Erhebung und Auswertung der Produktzufriedenheit bei Kunden eines Weingeschäftes mit Hilfe von Fragebögen.
5. Keine sonstigen Primärquellen erforderlich.
6. Sekundärquellen: Literatur zu den Themenbereichen: Placebo-Effekt in der Medizin; Placebo-Effekt im Marketing; Konsumentenverhalten,

Werbepsychologie. Bücher, Artikel, auch englischsprachige, aktuelle Literatur.

7. Suchbegriffe für die Recherche von Sekundärquellen:
   Themenanalyse und Kern-Suchgriffe:
   Placebo-Effekt Marketing
   Alternatives Suchvokabular:
   Marke, Konsumentenverhalten, Customer Relationship, Produktzufriedenheit, Konsumgütermarketing, Consumer goods marketing
   Weitere Suchanfragen:
   Placebo-Effekt Medizin
   Werbepsychologie
8. Tertiärquellen: Handbücher zu Marketing, Werbepsychologie, *Review articles* zu den Themenbereichen
9. Tertiärquellen: Suchbegriffe:
   Marketing Wörterbuch
   Werbepsychologie Wörterbuch
   Für die Recherche von *review articles* in Referenzdatenbanken werden die Suchbegriffe wie für die Sekundärliteratur verwendet, zusätzlich wird das Selektionskriterium *publication type review* verwendet.
10. Quellen sollen repräsentativ nachgewiesen werden.

Wo suche ich?

11. Primärquellen: eigene Datenerhebung
12. Sekundärquellen werden im Online-Katalog, in den Referenzdatenbanken *WISO* und *Academic Search Premier* recherchiert.
13. Tertiärquellen im Online-Katalog und in den genannten Referenzdatenbanken.

Wie suche ich?

14. Keine Suchanfrage für Primärquellen erforderlich.
15. Suchanfragen für Sekundärquellen:
    (Placebo-Effekt) AND (Marketing OR Marke OR Konsumentenverhalten OR Produktzufriedenheit OR Konsumgütermarketing)
    (Placebo-Effect) AND (Marketing OR „Customer Relationship“ OR „Consumer goods marketing“)
16. Suchanfragen für Tertiärquellen:
    Marketing AND Wörterbuch

Werbepsychologie AND Wörterbuch

17. Spezielle Recherchetechniken, -methoden, -strategien: In der Referenzdatenbank *Academic Search Premier* wird die hierarchische Suche verwendet. Weitere Literaturhinweise, die in Sekundär- und Tertiärquellen angegeben sind, werden in der assoziativen Suche überprüft.
18. Optimierung der Suchanfragen: Die Schlagwörter von relevanten Treffern werden für die Suche übernommen.

Protokoll und Dokumentation der Recherche

19. Primärquellen: keine
20. Direkt thematisch relevante Sekundärquellen wurden vor allem im Journal of Marketing Research gefunden (recherchiert über WISO); die dort zitierten Quellen werden ebenfalls überprüft. Bücher zu den Themen Werbung, Werbe- und Marktpsychologie, Konsumentenverhalten, Placebo-Effekt in der Medizin (gefunden im Online-Katalog) sind indirekt für die Aufbereitung und Darstellung der theoretischen Hintergründe auszuwerten.
21. Im Online-Katalog wurden eine Reihe von Tertiärquellen (Nachschlagewerke) gefunden, deren Relevanz geprüft werden sollte. Voraussichtlich sind darin weitere Referenzen auf Sekundärquellen enthalten.
22. Leseliste

Bachelorarbeit Publizistik

Planung der gezielten thematischen Recherche

Warum suche ich?

1. Anlass: Bachelorarbeit
2. Forschungsthema: „Familienarmut in der Berichterstattung österreichischer Tageszeitungen am Beispiel von ‚Der Standard' und ‚Die Presse'".
3. Forschungsfrage und Forschungsziele sind für eine erste Literaturrecherche ausreichend konkretisiert: Primär geht es um die ökonomische Armut von Familien (in Abgrenzung bspw. zur sozialen Armut) und ihre Darstellung in den beiden Tageszeitungen in den letzten 5 Jahren. Zielsetzungen sind insbesondere: Wie wird Armut von Familien in den beiden Tageszeitungen definiert und beschrieben? Gibt es explizite Hinweise auf dabei wirksame sozial- und wirtschaftspolitische Voraussetzungen? Oder lassen sich solche implizit im Datenmaterial erkennen? Wie wirken sich diese Voraussetzungen jeweils auf die Darstellung der

Armut in Familien aus? Können Vermutungen darüber angestellt werden, inwieweit die medialen Darstellungen jeweils einer sog. Blattlinie entspricht? Ist die Berichterstattung objektiv? Lässt sich die Berichterstattung jeweils mit der typischen Zielgruppe der Tageszeitung in Zusammenhang bringen, ist sie jeweils für *eine* Zielgruppe verfasst?

Was suche ich?

4. Als Primärquellen werden empirische Daten recherchiert, neben statistischen Daten über die Armut in Familien vor allem einschlägige Beiträge der beiden Tageszeitungen. Die Erhebung und Auswahl des Datenmaterials der beiden Zeitungen, die Festlegung der Analyseeinheiten, erfolgt dann im methodischen Procedere, und zwar theoriegeleitet, d. h. es werden vornehmlich jene Daten berücksichtigt, von denen zu erwarten ist, dass sie für die Forschungsinteressen relevant sind und bestmögliche Antworten auf die Forschungsfragen liefern können.
5. Suchbegriffe für die Recherche von Primärquellen:
   Archive von „Der Standard“ und „Die Presse“:
   Archiv „Der Standard“ bzw. „Die Presse“
   Oder frei zugängliche Artikel im Internet:
   Familienarmut „Der Standard“ bzw. „Die Presse“
   Kinderarmut „Der Standard“ bzw. „Die Presse“
   Daten für Familienarmut in Österreich:
   Familie Armut Statistik Österreich
6. Als Sekundärquellen sollen recherchiert werden: Erstens, sofern überhaupt vorhanden, punktgenaue Studien zum Thema, zweitens Studien zu verwandten Themen, drittens Forschungsarbeiten zum Themenbereich Darstellung von Armut in den Medien. Als Publikationstypen kommen Bücher, Aufsätze in Sammelbänden und Zeitschriften in Frage, auch englischsprachige, Erscheinungszeitraum in der Regel nicht älter als 5 Jahre. Die Literatur wird dann jeweils ausgewählt und ausgewertet nach Maßgabe der Forschungsfrage und in einem kurzen Literaturbericht dargestellt. In den Sekundärquellen gefundene relevante Theorien und Kategorien werden für die Auswertung des empirischen Datenmaterials berücksichtigt.
7. Die Analyse der Forschungsfrage ergibt folgende Themen bzw. Kernbegriffe für die Suche nach Sekundärliteratur:
   Armut Familie Medien Standard Presse
   Als alternatives Suchvokabular kommt in Frage:

Familienarmut Medienberichterstattung
familäre Armut Tageszeitung
family poverty mass media
Kinderarmut

8. Als Tertiärquellen soll recherchiert werden: Handbücher und Übersichtsartikel, welche die Terminologie definieren und Theorien zum Thema Armut bzw. Berichterstattung und Darstellung von Armut in den Medien referieren.
9. Nach Tertiärliteratur wird gesucht mit:
   Armut Familie (Wörterbuch)
   (Sozial)Politik Medien (Wörterbuch)
10. Gewünscht sind ungefähr 30 Referenzen von Sekundärquellen.

Wo suche ich?

11. Primärquellen: Datenreihen der Statistik Austria werden im Online-Katalog gesucht; Archive der Tageszeitungen im Internet (*Google*), wobei der Zugang zu den Archiven bzw. die Kosten dafür zu klären sind.
12. Sekundärquellen:
   Bücher: Österreichischer Verbundkatalog, Bibliothek der Arbeiterkammer Wien, Karlsruher Virtueller Katalog (KVK)
   Artikel: Referenz- und Volltextdatenbanken: WISO, Academic Search Premier, Web of Science, SocIndex
13. Tertiärquellen werden im österreichischen Verbundkatalog recherchiert oder direkt in der Bibliothek anhand der Aufstellungssystematik.

Wie suche ich?

14. Suchanfragen für Primärliteratur:
   Archive der Tageszeitungen (*Google*):
   Archiv NEAR „Der Standard"; Archiv NEAR „Die Presse"
   Oder frei zugängliche Artikel im Internet:
   (Familenarmut OR Kinderarmut) AND („Der Standard" OR „Die Presse")
   Statistische Daten (Online-Katalog):
   Familie Armut Statistik Österreich (auch kombiniert mit AND)
15. Suchanfragen für die Sekundärliteratur (Referenzdatenbanken, Online-Katalog):
   Armut? AND Familie? AND (Standard OR „Die Presse")
   Armut? AND Familie? AND (Medien? OR Tageszeitung? OR Zeitung?)
   "family poverty" AND (media OR „mass media")

16. Suchanfragen für Tertiärquellen (Online-Katalog):
Armut? AND Familie? AND (Wörterbuch OR Aufsatzsammlung)
17. Spezielle Recherchetechniken, -methoden, -strategien: Weitere Literaturhinweise, die Sekundär- und Tertiärquellen angegeben sind, werden in der assoziativen Suche überprüft.
18. Optimierung der Suchanfragen: Einschränkung der Recherche auf die Suchbegriffe „Der Standard“ und „Die Presse“.

Protokoll und Dokumentation der Recherche

19. Die Archive der beiden Tageszeitungen sind online nicht kostenlos verfügbar. Alternativ werden frei verfügbare Beiträge aus den beiden Tageszeitungen verwendet, auch zum spezifischen Thema Kinderarmut. Als weitere Primärquelle sollte die Publikation *Einkommen, Armut und Lebensbedingungen* der Statistik Austria ausgewertet werden, um einen datenbasierten Überblick über das Phänomen Armut in Familien in Österreich zu gewinnen.
20. Sekundärquellen unmittelbar zur Forschungsfrage wurden nicht gefunden – es gibt vermutlich noch keine ähnliche Studie. Gefunden wurde hingegen eine Reihe von Büchern und Artikeln von theoretischen Arbeiten zum Thema Armut (von Familien) in Medien. Zudem war es Ziel führend, im Online-Katalog auch nach den Schlagwörtern „Der Standard“ und „Die Presse“ zu suchen und die Treffliste durchzusehen: Vermutlich beinhalten ähnliche medienanalytische Studien Hinweise auf weitere Quellen zu den untersuchten Tageszeitungen „Der Standard“ und „Die Presse“ und auf die angewandten Methoden.
21. Im Online-Katalog wurden eine Reihe von Tertiärquellen (Nachschlagewerke) gefunden, deren Relevanz geprüft werden sollte. Voraussichtlich sind darin weitere Referenzen auf Sekundärquellen zu finden.
22. Leseliste

Zeitschriftenartikel Medizin

Planung der gezielten thematischen Recherche

Warum suche ich?

1. Anlass: Artikel in Fachzeitschrift
2. Forschungsthema: „Studie zur Epidemiologie und Klinik des Barrettösophagus“

3. Zielsetzungen und Forschungsfragen des Artikels: 1. Literaturbericht zum Thema Epidemiologie und Klinik des Barrettösophagus. 2. Statistische Auswertung der Daten von 2.500 Patienten einer Gastroenterologischen Ambulanz eines Krankenhauses unter folgenden Fragenstellungen: Prävalenz, Geschlechts- und Altersverteilung des Barrettösophagus; Klinik und Dauer der Refluxkrankheit (GERD) bis zur Entwicklung eines Barrettösophagus; Rückbildungsrate des Barrettösophagus unter Therapie; Risiko der Entwicklung eines Barrett-Karzinoms. 3. Interpretation und Diskussion der Ergebnisse im Forschungskontext.

Was suche ich?

4. Als empirische Primärquelle wird bereits erhobene Datenmaterial der Gastroenterologischen Ambulanz verwendet.
5. Keine sonstigen Primärquellen erforderlich.
6. Sekundärquellen: Gesucht sind aktuelle, hauptsächlich englischsprachige Artikel zum Forschungsthema der letzten 10 Jahre.
7. Suchbegriffe für die Recherche von Sekundärquellen:
   Themenanalyse und Kern-Suchgriffe:
   Klinik Barrettösophagus
   Alternatives Suchvokabular:
   symptoms barrett esophagus, barrett's syndrome, barrett,
   clinical findings barrett mucosa, barrett metaplasia
8. Als Tertiärquellen sind releveant: Handbücher zur Gastroenterologie und *review articles.*
9. Tertiärquellen: Suchbegriffe
   Für die Recherche von Referenzwerken im Online-Katalog werden folgende Suchbegriffe verwendet:
   Gastroenterologie Wörterbuch
   Für die Recherche von *review articles* in Referenzdatenbanken werden die Suchbegriffe wie für die Sekundärliteratur verwendet, zusätzlich wird das Selektionskriterium *publication type review* verwendet.
10. Quellen sollen repräsentativ nachgewiesen werden.

Wo suche ich?

11. Empirische Primärquellen: eigene Datenerhebung.
12. Sekundärquellen werden in den Referenzdatenbanken Medline und Pubmed recherchiert.

13. Tertiärquellen werden im Online-Katalog und in den genannten Referenzdatenbanken

Wie suche ich?

14. Keine Suchanfrage für Primärquellen erforderlich.
15. Suchanfragen für Sekundärquellen:
(symptoms OR „clinical findings") AND („barrett esophagus" OR „barrett's syndrome" OR „barrett syndrome" OR „barrett's esophagus" OR „barrett mucosa" OR „barrett metaplasia")
16. Suchanfragen für Tertiärquellen:
Gastroenterologie AND Wörterbuch
17. Spezielle Recherchetechniken, -methoden, -strategien:
In der Referenzdatenbank Medline wird die → hierarchische Suche verwendet (es wird gleichzeitig mit Unterbegriffen und verwandten Begriffen gesucht). Wenn die Suchanfrage zu viele Treffer ergibt, werden nur aktuelle Artikel und review articles berücksichtigt. Weitere Literaturhinweise, die in Sekundär- und Tertiärquellen angegeben sind, werden in der assoziativen Suche überprüft
18. Optimierung der Suchanfragen: Die Schlagwörter von relevanten Treffern werden für die Suche übernommen.

Protokoll der Recherche und Leseliste

19. Primärquellen: Keine.
20. Die Recherche nach Tertiärquellen im Online-Katalog hat signifikante Treffer ergeben: Handbücher zu Gastroenerologie.
21. Von den Sekundärquellen kann nur eine repräsentative Auswahl berücksichtigt werden.
22. Leseliste.

Übung
Suchen Sie im Online-Katalog Ihrer Bibliothek nach Masterarbeiten Ihres Studienfaches. Aus dem Titel können Sie im Allgemeinen gut erkennen, um welche Forschungsfrage es geht. Nehmen Sie eine Masterarbeit, die Sie inhaltlich interessiert. Versuchen Sie, eine gezielte thematische Recherche nach der Checkliste vorzubereiten.

4.9 Von der Referenz zur Quelle

Das Ziel einer Recherche sind selbstverständlich die *Quellen*, dort stehen die Informationen, die man benötigt. In einigen Fällen führt die Recherche *direkt* zur Quelle, vor allem bei der Suche im Internet, doch meist ist das Ergebnis nur eine *Trefferliste*, eine Liste von *Referenzen* qualifizierter Quellen, die man erst beschaffen muss. Das heißt, der Weg zur Quelle führt dann über drei Etappen:

1. Recherche: Welche Literatur gibt es zum Thema? Resultat: die *Referenz*.
2. Bestandsprüfung: Wo ist die Literatur vorhanden? Resultat: der *Bestandsnachweis*.
3. Beschaffung: Wie kann sie beschafft werden? Resultat: die *Quelle*.

Dieses Procedere war vor nicht allzu langer Zeit der Normalfall. Zuerst wurde die Literatur recherchiert, relevante Hinweise wurden dabei in einer Liste erfasst, dann musste geprüft werden, wo die gewünschten Bücher und Zeitschriften vorhanden sind (im besten Fall in der lokalen Bibliothek), und zu guter Letzt ging es an die Beschaffung (Ausleihe vor Ort, Fernleihe, Buchhandel). Dabei mussten unterschiedliche Referenzquellen verwenden werden. Für die Recherche gab es die → *Bibliografien* – in diesen werden Quellen allgemein oder fachspezifisch nachgewiesen, allerdings ohne Angabe, wo sie verfügbar sind. Um dies zu erfahren, musste man die → *Kataloge* der Bibliotheken konsultieren – Kataloge weisen im Unterschied zu Bibliografien die Bestände einer Bibliothek nach. Für die *Beschaffung* der Quellen mussten schließlich Scheine für die Ausleihe vor Ort oder die Fernleihe ausgefüllt werden usw.

Durch das Internet ist vieles einfacher geworden. Es gibt einerseits eine Medienkonvergenz bei den Referenzquellen: So verschmelzen Bibliografien, Referenzdatenbanken und Kataloge zunehmend – Recherche und Bestandsprüfung können in einem Schritt erfolgen. Andererseits konvergieren Referenzquellen und Quellen immer mehr: Im optimalen Fall sind dann die drei Schritte Recherche, Bestandsprüfung und Beschaffung in einem Arbeitsgang zu erledigen. Wenn Sie z. B. in einer Volltextdatenbank recherchieren, finden Sie die → Referenz des Artikels und gleichzeitig auch seinen → *Volltext*. In anderen Fällen machen es intelligente Vernetzungen möglich, dass in Referenzdatenbanken direkt über eine Verfügbarkeitsrecherche ermittelt werden kann, wo eine bestimmte Zeitschrift vorhanden ist.

Trotzdem gibt es noch sehr viele Fälle, bei denen man nach der Recherche den Weg von der **Referenz** bis zur **Quelle** quasi *zu Fuß* gehen muss. Wie Sie zur Referenz gekommen sind, ist egal: entweder hat Ihnen ein Lehrender diesen Literaturhinweis gegeben oder Sie haben informell oder formell, assoziativ oder gezielt thematisch recherchiert. Jedenfalls gehen Sie von einer Referenz aus, Sie recherchieren dann, wo die Quelle vorhanden ist (Bibliothek, Internet) und beschaffen die Quelle: Das ist das Szenario der → *bibliografischen Suche*. Diese Recherchestrategie ist relativ einfach. Sie gehen schrittweise vor, von einer Referenz zur nächsten, bis Sie jeweils die Quelle in der Hand oder auf dem Bildschirm haben. Klar ist auch das *Warum, Was und Wie* der Recherche: Sie verfügen über die bibliografischen Angaben der gesuchten Publikation – formale Merkmale wie Autor, Titel usw. – und können diese als Suchbegriffe für eine Suchanfrage entsprechend kombinieren.

Zu klären ist nur noch die Frage *Wo suchen*: Und das, also welche Referenzquellen Sie konsultieren sollten, hängt davon ab, nach welchem **Publikationstyp** Sie suchen.

Ich suche ein bestimmtes Buch

Wenn Sie die Absicht haben, das Buch in Ihrer Bibliothek zu entlehnen, dann ist der **Online-Katalog** bzw. die **Suchmaschine** der Bibliothek Ihre primäre Referenzquelle. Ist es vorhanden, prüfen Sie seine Verfügbarkeit: ist es grundsätzlich ausleihbar, bereits ausgeliehen oder vorgemerkt. Ist es verfügbar, dann können Sie es entweder im Freihandbereich der Bibliothek selbst aus dem Regal holen und entlehnen oder, falls es im geschlossenen Magazin aufbewahrt wird, bestellen und – meistens nach einer Stunde – an der Ausleihstelle abholen.

Wenn Sie z. B. das Buch von Thomas Kuhn „Die Struktur wissenschaftlicher Revolutionen" (in der deutschen Übersetzung) benötigen und Sie an der Universität Wien studieren, dann können Sie in der Suchmaschine der Universitätsbibliothek Wien recherchieren: https://usearch.univie.ac.at/. Sie geben als Suchbegriffe *Kuhn Revolutionen* ein und finden mehrere Ausgaben, unter anderem ein freies Exemplar an der Fachbibliothek für Philosophie.

Wenn es sich aber um ein vor 1989 erschienenes Buch handelt und Sie in der Suchmaschine *nicht* fündig geworden sind, sollten Sie im **Alphabetischen Katalog** (Nominalkatalog) 1932–1988 nachschlagen (s. Homepage der Universitätsbibliothek Wien), der als Imagekatalog über Internet recherchierbar ist – *en passant* sehen Sie, wie noch bis Ende 80er Jahre des vorigen Jahrhunderts in Bibliotheken nach Büchern gesucht wurde.

Und natürlich: Wenn Sie medientechnisch partout in der Gegenwart bleiben wollen, können Sie schnell die Suchmaschine *Google* anwerfen, geben Sie Autor oder Titelstichwörter mit dem Zusatz *filetype:pdf* ein, und wenn Sie Glück haben, finden Sie nicht nur Sekundärliteratur, die das Buch zitiert, sondern das Buch selbst oder Teile daraus und kostenlos als E-Book.

Hatten Sie auch so noch keinen Erfolg, können Sie die Suchmaschine des **Österreichischen Bibliothekenverbundes** https://search.obvsg.at/ konsultieren, ob das Buch irgendwo in einer österreichischen wissenschaftlichen Bibliothek vorhanden ist. Oder Sie können prüfen, ob es das Buch *überhaupt* irgendwo gibt: Eine fast definitive Auskunft darüber gibt Ihnen der **Karlsruher Virtuelle Katalog (KVK)** https://kvk.bibliothek.kit.edu/ – das ist eine Wunder- oder zumindest eine Meta-Suchmaschine, die mehrere hundert Millionen Medien in Bibliotheks- und Buchhandelskatalogen weltweit nachweist.

Haben Sie das Buch in irgendeiner Bibliothek auswärts gefunden, können Sie eine *Fernleihe* über Ihre Bibliothek in Erwägung ziehen.

Wenn Sie trotz allem das Buch auch selbst noch kaufen wollen, können Sie in einem **Buchhandelskatalog** recherchieren, ob es lieferbar ist, z. B. in: https://www.buchhandel.de oder https://www.amazon.de, wo Sie direkt bestellen können. Ist das Buch nicht mehr lieferbar, versuchen Sie es *last not least* auch über einen **Antiquariatskatalog**.

Tipp | Antiquariate sind Schatzkammern, mittlerweile mit exzellenten Suchmaschinen erschlossen, zudem mit unkomplizierter Bestellmöglichkeit. Machen Sie einen Abstecher, Sie werden sich wundern, was Sie alles finden:

- **ZVAB** https://www.zvab.com/ – das klassische *Zentrale Verzeichnis der Antiquarischen Bücher*, das ZVAB wurde 2011 von einer größeren internationalen Online-Plattform übernommen (Name blieb gleich), nämlich von:
- **AbeBooks** https://www.abebooks.com/ – ebenso ein internationaler Marktplatz für Bücher, der bereits 2008 von dem noch größeren Global Player *Amazon* geschluckt wurde.
- **eurobuch.at** https://www.eurobuch.at/ – eine „Buch-Such-Maschine“ mit über 250 Millionen Bücher,

Checkliste | Ich suche ein bestimmtes Buch
Voraussetzung: Referenz eines Buches. Ziel: Beschaffung des Buches

- □ Online-Katalog: vorhanden und verfügbar?
- □ Ältere Quellen: Alphabetischer Katalog: vorhanden und verfügbar?
- □ *Google*: Ausgabe als frei verfügbares E-Book?
- □ Verbundkatalog, z. B. Österreichischer Verbundkatalog: Fernleihe?
- □ Karlsruher Virtueller Katalog: Fernleihe?
- □ Buchhandelskataloge: lieferbar?
- □ Antiquariatskataloge: lieferbar und bestellbar?

Frage 16 | Für ein Referat benötigen Sie das Buch „Alvesson, Mats (2008): Reflexive methodology. London u. a.: Sage". Primär haben Sie nicht vor, selbst das Buch zu kaufen, sondern möchten es in Ihrer Universitätsbibliothek entlehnen. Wie gehen Sie vor? Wo suchen Sie?

Ich suche einen bestimmten Zeitschriftenartikel

Auch hier haben Sie eine Referenz und möchten die Quelle: Sie kennen die bibliografischen Angaben eines Zeitschriftenartikels und möchten so schnell als möglich den Text auf dem Bildschirm oder in der Hand haben.

Sie können zuerst versuchen, den Artikel in einer **Suchmaschine** zu finden. Die beste Recherchemethode ist dafür die Phrasensuche: Geben Sie z. B. in *Google* den Titel oder einen Teil des Titels in Anführungszeichen ein, zusätzlich mit dem Nachnamen des Autors. Passieren kann viel: Entweder Sie finden nichts oder Sie finden Dokumente, in denen der Artikel zitiert wird, oder Sie finden einen vielversprechenden Link auf den Volltext. Auf jeden Fall können Sie ggf. Ihre bibliografischen Angaben überprüfen. Frustriert werden Sie reagieren, wenn Sie aufgefordert werden, für den Zugang zum Text die Kreditkarte zu zücken und einen nicht geringen Betrag zu zahlen (*pay per view*). Sehr viel Glück haben Sie aber, wenn der Artikel wirklich im Volltext frei verfügbar ist – in diesem Fall wird Ihre Meinung, dass *Google* die Super-Referenzquelle ist, bestätigt.

Tipp | Wissenschaftliche Publikationen werden online meist im sog. pdf-Format veröffentlicht. Wenn Sie in *Google* suchen, können sie mit *filetype:pdf* entsprechend filtern. Sie könnten zudem mit *Academia* oder *Researchgate* auf Dokumente eine dieser *Social Media* Plattformen einschränken.

Der Artikel ist nicht „in“ *Google*, sondern er liegt auf irgendeinem Server, wo er als Open-Access-Publikation von einem Autor, z. B. auf einer Plattform wie *Academia.edu* und *ResearchGate*, oder von einer wissenschaftlichen Institution oder von einem kommerziellen Informationsanbieter bereitgestellt wird. *Google* ist wie ein Parasit, *Google* krault durch das World Wide Web, von einem Dokument über die Hyperlinks zu anderen, grast Server ab und sammelt *Metainformationen* von Dokumenten, nicht diese selbst, bietet uns also „nur“ *Referenzen* von Quellen an, *Google* ist eine Referenzquelle. Und *Google* verfügt keineswegs über das Monopol für wissenschaftliche Informationen. Auch *Google Scholar* https://scholar.google.com/ ist zwar die größte Suchmaschine für wissenschaftliche Dokumente, vor allem Zeitschriftenartikel, enthält aber auch nicht alles!

Angenommen *Google* hat Ihnen nichts beschert, dann müssen Sie zurück zu den Referenzquellen Ihrer Bibliothek. Die Zeitschriftenartikel finden Sie im Allgemeinen nicht (wie Bücher und Zeitschriftentitel selbst) im Online-Katalog, weder bibliografisch nachgewiesen und schon gar nicht im Volltext. Sie finden Sie in den **Referenz**- oder **Volltextdatenbanken**, das sind die Referenzquellen für Zeitschriftenartikel. Solche Datenbanken gibt es viele, abhängig von der Wissenschaftsdisziplin und vom Fachbereich. Zuerst müssen Sie demnach recherchieren, welche Referenzquellen in Frage kommen. Verwenden Sie dafür das Verzeichnis Ihrer Bibliothek, z. B. das *Datenbank-Infosystem (DBIS)* unter https://dbis.ur.de/ – vergessen Sie nicht, Ihre Bibliothek auszuwählen.

Wahrscheinlich finden Sie jetzt den Zeitschriftenartikel in einer Referenzquelle. Dann gibt es zwei Möglichkeiten. Den Fall Volltextdatenbank: Sie bekommen zugleich mit den Referenzdaten den Volltext des Artikels als pdf-Datei, das wäre (nach *Google*) Glücksfall zwei, dann ist der Job für Sie getan. Oder – Fall Referenzdatenbank – Sie bekommen nur ausführliche Referenzinformationen und bibliografische Daten, aber noch keine Antwort auf die Frage, wie und wo Sie den Artikel selbst beschaffen können.

Auch dann müssen Sie die Hoffnung, den Artikel als *pdf*-File auf komfortable Weise auf Ihren Bildschirm zaubern zu können, nicht aufgeben. Sehr viele Zeitschriften gibt es auch elektronisch. Ob Sie einen Zugang haben, hängt von Ihrer Bibliothek ab, nämlich ob diese die Printausgabe der Zeitschrift abonniert hat oder am Konsortium jener Bibliotheken teilnimmt, die Zugang zur elektronischen Version der Zeitschrift erworben haben. Das finden Sie heraus, indem Sie die **Zeitschrift** in der *EZB* suchen, das ist *Elektronischen Zeitschriftenbibliothek* – nicht die *Europäische Zentralbank*. Zeitschriften sind dort mit Ampeln wie im Straßenverkehr gekennzeichnet: Mit einer roten, wenn der Zugang gesperrt ist, mit einer grünen, wenn er für alle frei ist, und mit einer gelben, wenn er aufgrund einer Lizenz oder eines Abonnements für Ihre Bibliothek frei geschalten ist.

Ist die Ampel auf grün und gelb, dann gelangen Sie von der EZB zur Webseite der Zeitschrift, dort können Sie sich, indem Sie über die Jahrgänge (*volumes*) und die Hefte (*issues*) navigieren, sich das Inhaltsverzeichnis (*table of content*) des betreffenden Heftes, in dem er Artikel erschienen ist, anzeigen lassen: Mit Klick auf das pdf-Icon kommen Sie zum Volltext.

Bei Zeitschriften mit einer gelben Ampel (also jene, welche die Universität für Sie lizenziert), müssen Sie sich aber im Campus Ihrer Universität, am besten in der Bibliothek, aufhalten, da die Zugangsberechtigung in den meisten Fällen vom Webserver, auf dem das Dokument liegt, über die → Internetadresse validiert wird. Das heißt, Sie können den Volltext nur dann am Bildschirm anzeigen, ausdrucken und downloaden, wenn Ihre Internetadresse der Domain Ihrer Universität angehört. Eine Alternative für den Fall, dass Sie partout nicht an die Uni oder in die Bibliothek gehen können oder wollen, ist der sog. → VPN-Zugang.

War die Suche ohne Ergebnis, prüfen Sie im **Online-Katalog** Ihrer Bibliothek, ob die *Zeitschrift* und der gewünschte Jahrgang in Printform vorhanden sind: Wenn ja, können sie den Artikel in der Bibliothek lesen oder kopieren, denn Zeitschriften sind meist Präsenzbestände.

Ist auch diese Suche negativ, können Sie den Artikel entweder im Wege der **Fernleihe** über Ihre Bibliothek oder über einen **Dokumentenlieferdienst** z. B. *Subito* https://www.subito-doc.de bestellen. Die Möglichkeit Beschaffung durch Kauf sollten Sie in diesem Fall vermeiden, da Zeitschriftenhefte in der Regel verhältnismäßig teuer sind – und Sie benötigen ja nur den einen Artikel!

Hier nur am Rande erwähnt, weil sehr am Rande der Legalität, sei *Sci-Hub*, eine sogenannte **Schattenbibliothek**, die wissenschaftliche Aufsätze verfügbar macht, die sonst nur gegen Bezahlung oder Lizenzierung durch Bibliotheken zugänglich sind. Wladimir Iljitsch Lenin ist prominent auf der Website abgebildet, Sci-Hub hat ein revolutionäre Ziel,: „The goal of Sci-Hub is to provide free and unrestricted access to all scientific knowledge.“ (https://www.sci-hub.ru/about) Dieses Projekt eines *Guerilla Open Access* wird in der *scientific community* sehr kontroversiell diskutiert. Immerhin wurde die Initiatorin Alexandra Elbakyan aus Kasachstan 2016 von *Nature* für die *Nature's 10* (die 10 bedeutendsten Wissenschaftler*innen) nominiert.

Checkliste | Ich suche einen Zeitschriftenartikel
Voraussetzung: Referenz eines Artikels. Ziel: Beschaffung des Artikels.

- □ Suchmaschinen *Google*, *Google-Scholar*: nachgewiesen und Volltext?
- □ Referenz- oder Volltextdatenbank: nachgewiesen und Volltext?
- □ Elektronische Zeitschriftenbibliothek (EZB): elektronisch verfügbar?
- □ Online-Katalog: Zeitschrift in Printform verfügbar?
- □ Fernleihe: Bibliothek
- □ Dokumentenlieferdienst: z. B. *Subito*

Ich suche einen bestimmten Sammelband-Artikel

Auch Artikel, die in Sammelbänden erschienen sind, können Sie im Allgemeinen nicht direkt über den Online-Katalog finden – nur *indirekt*: nämlich über eine Suche des Sammelbandes selbst. In vielen Fällen wird in Online-Katalogen mittlerweile auch das Inhaltsverzeichnis des Sammelbandes angezeigt. Üblicherweise sind die Artikel in Referenzdatenbanken nachgewiesen: Dort zu recherchieren ist sinnvoll, wenn Sie die bibliografischen Angaben verifizieren wollen. Um zum Artikel zu kommen, suchen Sie im Online-Katalog nach dem Sammelband, hier gilt dann das Procedere wie bei Büchern überhaupt. Wie Bücher auch, sind Sammelbände weniger häufig elektronisch verfügbar, in einigen Fällen kann es vorkommen, dass sie von den Autor*innen selbst auf einer *Social Media* Plattform (*Academia.edu* oder *ResearchGate*) oder auf ihrer persönlichen Homepage veröffentlicht werden. Eine Phrasensuche (Titel in Anführungszeichen) mit *Google* geht schnell.

Frage 17 | Eine Lehrende hat Ihnen für eine Seminararbeit den folgenden Aufsatz vorgegeben: „Döring, Nicola; Mohseni, M. Rohangis (2020): Mobiles Lernen. In: Helmut M. Niegemann und Armin Weinberger (Hrsg.): Lernen mit Bildungstechnologien. Praxisorientiertes Handbuch zum intelligenten Umgang mit digitalen Medien. Living reference work, continuously updated edition. Berlin, Heidelberg: Springer (Springer eBook Collection), S. 1–12." Wie finden Sie diesen Aufsatz?

Überblick | Wie recherchieren: mit Technik, Methode und Strategie
Recherchetechniken beruhen auf den technischen Funktionalitäten der Abfrage von Datenbanken und dienen der Optimierung der Suchanfrage für elektronische Referenzquellen:

- Mit den logischen Operatoren AND, OR, NOT werden Suchbegriffe zu einer Suchanfrage verknüpft.
- Mit dem Trunkier- * oder Maskierzeichen ? werden unterschiedliche Schreibweisen eines Suchbegriffs berücksichtigt.
- Mit der Phrasensuche „..." wird nach Wortgruppen oder Sätzen gesucht.

Recherchemethoden beruhen auf den unterschiedlichen Methoden der Wissensorganisation, mit denen Quellen in Referenzquellen erschlossen sind.

- Mit der formalen Suche wird nach formalen Kriterien (Autor, Titel usw.) gesucht: Voraussetzung ist die formale Beschreibung von Quellen.
- Mit der inhaltlichen Suche wird nach Themen gesucht (Schlagwort, Stichwort, Klassifikation): Voraussetzung ist die inhaltliche Beschreibung von Quellen
- Mit der Volltextsuche wird nach Wörtern eines Volltextes gesucht: Voraussetzung ist die Volltextindizierung von Quellen.
- Mit der hierarchischen Suche wird auch nach jeweiligen Unterbegriffen, Oberbegriffen und verwandten Begriffes eines Suchbegriffes gesucht: Voraussetzung ist die inhaltliche Beschreibung von Quellen mit Hilfe eines Thesaurus.

Recherchestrategien sind angezeigt für die jeweiligen *Rechercheszenarien.* Die strategische Planung der Recherche orientiert sich an den Rechercheprinzipien *Warum, Was, Wie Wo.* (→ S. 154)

- Bei der Personen-Daten-Fakten-Suche wird konkretes Wissen nachgefragt, entsprechend konkret sind die Suchbegriffe und Suchanfrage.
- Bei der informellen Recherche in Situationen des informellen Lernens wird in der Regel problemorientiertes Wissen nachgefragt. Je nachdem, ob man sich informiert oder sich informieren lässt, sind verschiedene Strategien und Kommunikationsmedien hilfreich.
- Bei der systematischen (formellen) Recherche in einem Forschungsprojekt wird in der Regel problemorientiertes Wissen nachgefragt. Je nach Fortschritt im Forschungsprozess ist entweder die Strategie der Einstiegssuche, der assoziativen Suche oder der gezielten thematischen Recherche indiziert. (s. Checklisten: Assoziative Suche → S. 171; Einstiegssuche → S. 170; gezielte thematische Recherche → S. 172)
- Beim zirkulären Recherchieren wird die Suchanfrage anhand der Suchergebnisse sukzessive optimiert (s. Checkliste: Zirkuläres Recherchieren → S. 181).
- Bei der bibliografischen Suche wird ausgehend von einer Referenz (Literaturhinweis) die Quelle beschafft. Abhängig von der Publikationsform gibt es unterschiedliche Strategien. (s. Checklisten: Ich suche ein Buch → S. 194; Zeitschriftenartikel → S. 197).

Wichtige Begriffe

→ Recherchetechnik, → Datenbank, → Datensatz, → Datenfeld, → Abfragesprache, → Logischer Operator, → Trunkierung, → Maskierung, → Phrasensuche, → Recherchemethode, → Formale Suche, → Inhaltliche Suche, → Volltextsuche, → Hierarchische Suche, → Zirkuläres Recherchieren, Berrypicking, → Recherchestrategie, Rechercheprinzipien, → Personen-Daten-Fakten-Suche, → Informelle Recherche, → systematisch Recherche, → Einstiegssuche, → Assoziative Suche, → Gezielte thematische Recherche.

5 Dokumentieren

Ordnung braucht nur der Dumme, das
Genie beherrscht das Chaos.
Albert Einstein

In diesem Kapitel geht es um die Dokumentation im wissenschaftlichen Arbeiten. Zuerst werden Techniken des *Archivierens* besprochen, wie unterschiedliche Materialien, Mitschriften, Aufzeichnungen, Kopien, Dateien usw. in Ordnern abgelegt oder elektronisch gespeichert werden, damit sie jederzeit wieder gefunden werden können. Dann widmen wir uns dem *Dokumentieren*, dem Arbeiten mit Literatur. Wenn Sie dokumentieren, ordnen und organisieren Sie das archivierte Wissen so, dass es zu *Ihrem* Wissen wird. In der formalen Dokumentation werden Quellen bibliografisch beschrieben, um sie korrekt zitieren zu können. Zur Dokumentation gehören auch Auswahl und Bewertung von Quellen und die Frage, nach welchen Kriterien dies geschieht. Die wichtigste Form der Dokumentation ist die inhaltliche: Dabei werden Quellen exzerpiert und in Zitaten festgehalten, eigene Gedanken notiert, und Quellen, Zitate und Gedanken beschlagwortet. Damit wird Ordnung und Übersicht möglich, es lassen sich leichter neue Zusammenhänge und Hypothesen und eine Gliederung für die zu schreibende Arbeit finden. Anhand von Kartei, Zettelkasten und elektronischer Literaturverwaltung wird gezeigt, wie diese Methoden der Wissensorganisation und Dokumentation technisch implementiert werden können.

5.1 Ordnung ist (fast) alles

Vielleicht sind Sie bereits mitten in den Vorarbeiten für eine größere schriftliche Arbeit – meist suchen Studierende dann erst Rat in Büchern über *wissenschaftliches Arbeiten*. Vorher werden Sie wahrscheinlich noch keinen rechten Sinn darin sehen: In dieser Phase des Studiums beschäftigen Sie sich eher mit wenigen Quellen, zumeist mit Lehrbüchern, mit ein paar

Büchern und Artikel, überschaubar und in Grenzen. Dazu kommen noch die Materialien, die sich in Ihrer Karriere als Studierende/r bis jetzt angesammelt haben: Mitschriften von Lehrveranstaltungen, Handouts, Dateien auf Ihrem Computer usw. Auch da gibt es aus Ihrer Sicht noch wenig zu ordnen. Doch vielleicht ist es jetzt schon Ihr Wunsch, richtig recherchieren und dokumentieren zu lernen und mit dem Aufbau *Ihrer* Wissenswelt zu beginnen. Sie werden so oder so später davon profitieren, wenn Sie schon jetzt beginnen: Sehen Sie sich an, was auf Sie zukommt.

Wenn Sie also tatsächlich bereits an einer Arbeit schreiben, haben Sie mit viel mehr Quellen zu tun, rechnen Sie mit bis zu 100 und mehr. Besonders wenn Sie schon eine → gezielte thematische Recherche gemacht und die relevanten Quellen ausgewählt haben. Sie werden dann die Quellen **archivieren**, d. h. geordnet speichern und ablegen, damit Sie sie wieder finden. Und schließlich **dokumentieren**: sichten, lesen, inhaltlich festhalten, also exzerpieren, die Essenz herausholen, quasi wie in einem Destillationsprozess, und im Überblick behalten, *Ihre Ordnung* finden. So können Sie *Verbindungen* zwischen Ihren Gedanken und den Texten herstellen, diese in Ihre Arbeit integrieren, *Ihre Position finden* und *begründen*: Das ist das Ziel einer wissenschaftlichen Arbeit.

Ordner schaffen Ordnung

In Ihrem Studium sammelt sich mit der Zeit eine Fülle von Materialien an, aus Lehrveranstaltungen, aufgrund von Recherchen, elektronische Dokumente, die Sie auf Ihrem Computer speichern oder ausdrucken, Bücher, die Sie kaufen, und nicht zuletzt auch eigene Aufzeichnungen, unterschiedliche Textsorten, unterschiedlich gespeichert – alle diese Materialien können Sie in Ihrer Zukunft wieder benötigen. Deshalb sollten sie in geeigneter Weise archiviert werden. Es gibt dafür Techniken und Ordnungsprinzipien, Sie werden vielleicht schon nach einem eigenen System vorgehen, wenn nicht, sollten Sie dies demnächst in Angriff nehmen. Ich möchte Ihnen ein paar Tipps geben, worauf Sie dabei achten sollten.

Elektronische Dokumente

Erfahrungsgemäß laden wir Dateien in großen Mengen aus dem Netz herunter, Laptops und Smartphone sind sehr großzügig mit der Speicherkapazität, was dazu verleitet, dass man sie nachlässig verwaltet. Man sichert sie nicht, man verlässt sich darauf, dass die Festplatte immer funktioniert, man speichert Dateien unter kryptischen Dateinamen oder in einem einzigen Ordner usw. Durch das Chaos auf dem Computer wird die Suche nach Dateien aufwändig, im schlimmsten Fall droht Datenverlust, nein, Informationsverlust.

Ein brauchbares *Dateimanagement* ist die Voraussetzung für die nachhaltige Archivierung Ihrer Materialien. Die gängigen Betriebssysteme *Microsoft Windows* oder *Apple Mac OS X* bieten effiziente Formen der elektronischen Ablageorganisation: Dateien können unter einem Dateinamen in Ordnern in hierarchischer Struktur gespeichert, verschoben, gesucht, kopiert oder gelöscht werden. Im Folgenden ein paar Vorschläge, wie das im Detail aussehen kann.

Checkliste | Elektronische Dokumente archivieren

Verordnen Sie sich Richtlinien für ein effizientes Dateimanagement, schaffen Sie Ordnung.

Ordnerstruktur

- ☐ Entwerfen Sie eine Ordnungsstruktur, die Ihren Bedürfnissen angemessen ist: Für welche Arbeiten verwenden Sie den Computer? Welche Typen von Dateien fallen an?
- ☐ Erstellen Sie für die Hauptkategorien Ordner. Beispiele: *Lehrveranstaltungen*, *Texte* (Ihre eigenen), *Quellen* (elektronische Dokumente), *Fotos*, *Briefe* usw.
- ☐ Erstellen Sie ggf. Unterordner: für Lehrveranstaltungen z. B. chronologisch geordnet: *SS_23*, *WS_23–24*, sowie weitere Unterordner nach *Lehrveranstaltungen*; Ihre Texte könnten Sie nach *Seminararbeiten*, *Notizen*, *Exzerpte* sortieren; Quellen nach Sachgebieten.
- ☐ Der hierarchische Aufbau der Ordner soll nicht Selbstzweck sein, sondern die Suche nach Dateien erleichtern. Ordner mit wenigen Dateien sind nicht sinnvoll.

Dateinamen

- ☐ Verwenden Sie aussagekräftige Dateinamen. Überlegen Sie sich ein Schema für die Syntax der Dateinamen, bspw.: *Textsorte Thema_ Datum*: eine Seminararbeit in Wissenschaftstheorie könnten Sie als *SA_Wissenschaftstheorie_20230701.doc* speichern, einen Brief an XY als *Brief_XY_20230701.doc*

- In manchen Betriebssystemen ist es möglich, eine Datei zusätzlich formal zu beschreiben (Autor, Titel, Kategorie usw.).
- Das Datenformat einer Datei erkennen Sie an der sog. Extension: doc, pdf, jpg usw.
- Tipps für Ordner- und Dateinamen: Verwenden Sie sprechende Bezeichnungen, das hilft Ihnen, eine bestimmte Datei Jahre später zu finden. Verwenden Sie keine Umlaute, auch wenn Ihr Betriebssystem dies erlaubt. Trennen Sie Begriffe mit Unterstrichen, um die Lesbarkeit zu erhöhen. Dateinamen sollten so lang als nötig und so kurz wie möglich sein: sie können zwar 256 Zeichen aufweisen, doch dies erschwert die Lesbarkeit.

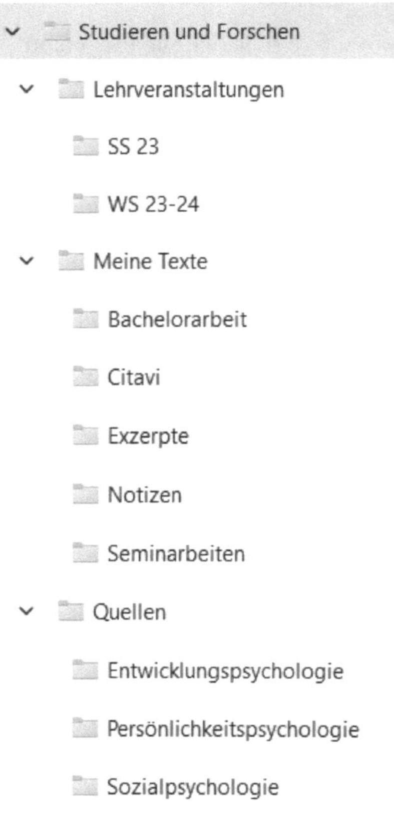

Abb. 21: Eine mögliche Ordnungsstruktur

Ein wichtiger Hinweis für *Internetdokumente*: Man sollte sich bemühen, Quellen aus dem Internet *sofort* zu dokumentieren und sinnvoll zu archivieren, sofern die Qualität dafürspricht. Ein Lesezeichen anzulegen und den URL zu speichern, mag für nicht so wichtige Dokumente ausreichend sein, bei Dokumenten, die man genauer lesen und auch als Quelle zitieren möchte, jedoch nicht. Denn Webseiten, Texte, Fotos, Grafiken können wie gesagt plötzlich aus dem Netz verschwunden oder verändert worden sein. Oder man findet den Beitrag trotz intensiver Recherche im Bedarfsfall nicht mehr. Ein Internetdokument sollte deshalb als pdf-Datei gespeichert werden (so eingestellt, dass man später Textpassagen zum Zitieren herauskopieren kann), und gleichzeitig mit der URL dokumentiert werden. Ein Tipp schon hier: *Citavi* hat dafür elegante Funktionen (vgl. → S. 232).

Checkliste | Sicherungsroutine: Sicher ist sicher

- ☐ Rechnen Sie immer mit dem Ernstfall: Ihr Computer oder Laptop kann einen Defekt haben, verloren gehen, gestohlen werden, Daten können irrtümlich gelöscht werden usw.
- ☐ Überlegen Sie sich eine Sicherungsroutine: Sicherungsmedien (USB-Stick, *Google Drive*, externe Festplatte usw.) und Intervall der Sicherung (mindestens einmal monatlich). Ggf. auf mehrere Medien sichern, USB-Sticks sind ja sehr kostengünstig.
- ☐ Sichern Sie wichtige Arbeiten (z. B. eine Bachelorarbeit *in progress*) in kürzeren Intervallen, je nachdem, wie viel Sie daran gearbeitet haben.
- ☐ Prüfen und löschen Sie ggf. nicht mehr benötigte Daten – nicht so sehr aus speicherökonomischen Gründen, sondern um Spreu von Weizen zu trennen und sich selbst das Leben einfacher zu machen. Achten Sie vor allem auf den Systemordner Downloads, in dem die Dateien von Dokumenten, die Sie im Internet gefunden haben, abgelegt werden; verschieben Sie relevante Dateien mit einem sprechenden Dateinamen in die jeweiligen Ordner.

Print-Dokumente

Aber in Ihrem studentischen Leben gibt es auch noch gedruckte Medien, Bücher, Kopien, Aufzeichnungen, viel Papier. Davon wusste bereits Umberto Eco.

Zitat | Der Sammelrausch, der Neo-Kapitalismus der Information …
„Vorsicht: Fotokopien können zum Alibi werden! Fotokopien sind ein unerläßliches Hilfsmittel, sei es, um einen in der Bibliothek schon gelesenen Text zur Verfügung zu haben, sei es, um einen noch nicht gelesenen Text mit nach Hause zu nehmen. Aber oft werden Fotokopien als Alibi verwendet. Man trägt hunderte von Fotokopien nach Hause, man hat ein Buch zur Hand gehabt und mit ihm etwas unternommen und glaubt darum, es gelesen zu haben. Der Besitz der Fotokopien erspart die Lektüre. Das passiert vielen. Eine Art Sammel-Rausch, ein Neo-Kapitalismus der Information. Setzt euch gegen die Fotokopie zur Wehr. Habt ihr sie, so lest sie sofort und verseht sie mit Anmerkungen. Seid ihr nicht unter Zeitdruck, dann fotokopiert nichts Neues, ohne euch die vorherige Fotokopie angeeignet zu haben (und das heißt: gelesen und mit Anmerkungen versehen). Es gibt vieles, was man gerade deshalb nicht weiß, weil man einen bestimmten Text fotokopiert hat; so hat man sich der Illusion hingegeben, man hätte ihn gelesen."
(Eco 2020, S. 162)

Also erstes Gebot, das uns der Altmeister Umberto Eco mitgibt: Lesen nicht vergessen! Ja, und wie dann archivieren? Alles einscannen, um den Traum der *paperless society* zumindest für den eigenen Bereich Wirklichkeit werden zu lassen, wäre verlorene Liebesmüh. Einfacher ist es, die Materialien, die im Laufe der Zeit anfallen, nach einem sinnvollen **Ablagesystem** in traditionellen Ordnern oder Schachteln zu archivieren. Grundsätzlich kann man dabei ähnlich vorgehen wie bei den **virtuellen Ordnern** und jeweils Ordner anlegen für ein und dieselbe Kategorie von Dokumenten – aber es gibt Unterschiede. Die **realen Ordner** müssen nicht gesichert werden, die virtuellen schon, wenngleich diese viele Vorteile haben. Mittlerweile sind die Speichermedien so leistungsstark, dass Sie praktisch alles archivieren können, was auch ein Nachteil sein, wenn man *viel zu viel* speichert. Vor allem bieten sie differenzierte Suchmöglichkeiten. Das haben Sie bei den *realen* Ordnern so nicht. Der Stellplatz wird nicht das Problem sein, vielmehr das Wiederfinden von abgelegten Dokumenten, und Sie müssen sich auf längere Zeit für *ein* Ordnungsprinzip entscheiden.

Sie sollten allerdings pragmatisch vorgehen und sich fragen, ob Sie einzelne Papiere wirklich später benötigen, wie oft und wie intensiv Sie damit arbeiten werden. Papiere, die Sie auch als Datei gespeichert haben, sollten Sie nur dann archivieren, wenn Sie in absehbarer Zeit damit arbeiten wollen. Zudem sollten Sie ein Ordnungssystem wählen, das es erlaubt, die Dokumente so schnell als möglich zu finden und so einfach wie möglich einzuordnen. Wenn Sie vorhaben, mit einer → Literaturverwaltung zu arbeiten, elektronisch oder mit einem Zettelkasten, sollten Sie bedenken, dass es Sinn macht, bestimmte Texte nicht nur zu archivieren, sondern zusätzlich durch einen bibliografischen Nachweis in Ihrer Literaturverwaltung zu dokumentieren, um den Text schneller finden zu können und – sollten Sie die Quelle dann zitieren wollen – bereits über die Angaben zu verfügen.

Checkliste | Print-Dokumente archivieren
Überlegen Sie sich ein effizientes Ablagesystem für Ihre Materialien
Ordnerstruktur

- □ Planen Sie eine Ordnerstruktur, die Ihren Bedürfnissen angemessen ist. Welche Typen von Materialien fallen an?
- □ Wahrscheinlich: (1) Unterlagen aus Lehrveranstaltungen (Mitschriften, Skripten, Handouts, Powerpoint-Folien), (2) Übungsblätter, Literaturlisten, eigene Skizzen, Notizen, Seminararbeiten usw.), (3) Quellen (Kopien, Internetdokumente, Exzerpte usw.).

Ordnungssystem

- □ Überlegen Sie sich für die Ordner jeweils Bezeichnung und Ordnungssystem. Für die LV-Materialien (1) z. B. eine chronologische Reihung (nach Semester und Lehrveranstaltung). Die Texte (2) und Quellen (3) können nach Themenbereichen geordnet oder laufend nummeriert werden, vorausgesetzt, dass sie in einer Literaturverwaltung nachgewiesen sind.

Auch diese eher äußerliche Ordnung, die durch konsequentes Archivieren erzielt wird, ist wichtig, abgesehen davon ist es ein gutes Gefühl, etwas in Ordnung gebracht zu haben. *Albert Einstein* wäre kein gutes Vorbild, wenn er meint, dass nur der Dumme Ordnung brauche, während das Genie das Chaos beherrsche. Es sei denn, er will uns sagen, dass die *innere* Ordnung wichtiger ist, und dass über diese das wirkliche Genie verfügt. Die äußere Ordnung ist wichtig, aber tatsächlich kommt es mehr darauf an, dass Sie das Wissen, welches in all den archivierten Materialien gespeichert ist, so organisieren und in Ordnung bringen, dass es zu *Ihrem* Wissen wird. So gesehen hat *Einstein* natürlich recht.

Ordnung in diesem Sinne beginnt schon mit der *Recherche*: Sie suchen die Quellen, die Sie benötigen; Sie halten die Ergebnisse mit Hilfe der → Leseliste, in der Sie die Quellen formal beschreiben, fest. Was tun Sie dann mit den gefundenen Quellen? Vor allem *lesen*, werden Sie mit Recht sagen – aber nicht *nur*. Sie werden vielleicht die Erfahrung gemacht haben, dass Sie zwar viel lesen und Einiges davon noch vage in Erinnerung haben, aber dass Sie nicht mehr wissen, was wo in welcher Quelle genau stand. Und Sie kennen sicher das Gefühl, dass Sie vor lauter Texte, Theorien und Gedanken die Übersicht verlieren. Man sollte, was wichtig ist, *dokumentieren*.

Dokumentieren ist eine Voraussetzung für das wissenschaftliche Schreiben. Dokumentieren *ist* Arbeiten mit Literatur, dokumentiert wird die Ihre eigene Arbeit mit Literatur. Dies ist auch der Unterschied zwischen der professionellen Dokumentation und Ihrer eigenen.

In der *professionellen* Dokumentation werden Dokumente → formal und → inhaltlich beschrieben oder durch → Volltextindizierung aufbereitet und als → Referenzen in → Referenzquellen für die *Recherche* verfügbar gemacht. Das ist eine der Aufgaben der Bibliotheken.

In der *Ihrer eigenen persönlichen* Dokumentation geht es um die Dokumente, die *Sie* recherchiert haben und die *für Sie* relevant sind, dies sind die Quellen für *Ihre* wissenschaftliche Arbeit. Mit allem, was Sie lesen, schaffen Sie sich eine eigene Wissenswelt, in der Sie der Souverän sind, Sie entscheiden, was relevant und wichtig ist, was wie zusammenhängt usw. Diese Wissenswelt dokumentieren Sie und schaffen so *Ihre* Grundlage für das wissenschaftliche Schreiben.

Wenn Sie das tun, verwenden Sie im Prinzip die gleichen Methoden der → Wissensorganisation wie in der professionellen Dokumentation: die → formale sowie die → inhaltliche Beschreibung und – wenn Sie mit einer elektronischen → Literaturverwaltung arbeiten – auch die Volltextindizierung.

Welche Vorteile bringt Ihnen Ihre persönliche Dokumentation?

1. Sie haben eine **Übersicht** und **Evidenz der Referenzen**. Wie hieß der *Titel* jener Quelle genau? Welche Literatur wollte ich noch berücksichtigen?
2. In der *formalen Dokumentation* halten Sie alle relevanten Quellen bibliografisch, also durch formale Beschreibung fest. Sie tun das bereits, wenn Sie eine Recherche durchführen und die Ergebnisse in der → Leseliste

dokumentieren. Durch die bibliografische Verwaltung der Referenzen (*reference management*) verfügen Sie jederzeit über eine übersichtliche Evidenz aller Quellen, die Sie in Ihrer schriftlichen Arbeit verwenden können.

3. Diese Übersicht ist eine wesentliche Hilfe bereits bei der **Auswahl der Quellen.** Was tu ich mit so vielen Literaturhinweisen? Ich bin mir nicht sicher, ob alle brauchbar sind ...
4. Die Dokumentation hilft Ihnen, den Datenbestand zu sichten und bei der Bewertung und Auswahl jener Quellen, die Sie in einer Arbeit verwenden, strategisch vorzugehen: *Divide et impera.* Dies ist ein erstes wichtiges Ziel in der Arbeit mit Literatur. Sie können anhand der Referenzen entscheiden, ob eine Quelle etwas taugt, oder eine nach der anderen kursorisch oder genau lesen und entweder verwenden oder *ad acta* legen.
5. Sie haben brauchbare Daten für das **Literaturverzeichnis**. Ist dieser Literaturhinweis *formal* korrekt? Welche Literaturhinweise muss ich noch anführen? In welchem Verlag ist das Buch ... erschienen?
6. Wenn Sie die Referenzen (Literaturhinweise) gemäß den ⟶ Zitierregeln gespeichert haben, können Sie diese in das Literaturverzeichnis Ihrer Arbeit übernehmen. Durch Abschreiben oder automatisch, je nachdem, wie Sie Referenzen dokumentieren: Entweder auf vielen Notizzetteln – das ist die schlechteste Option; oder in einer Literaturkartei – die Technik von gestern; oder elektronisch in einer Textdatei – relativ hilfreich; oder elektronisch in einer Literaturdatenbank – das ist die beste Option.
7. Mit einer Literaturverwaltung können Sie Referenzen schon während der Recherche aus Referenzquellen importieren (Sie sparen sich das Eintippen) und als Literaturverzeichnis nach frei wählbaren Zitierregeln direkt in Ihre Textverarbeitung exportieren (Sie sparen sich das Abtippen). Und Sie können auch, sollte eine Quelle doch nicht relevant sein oder überhaupt wertlos, den Datensatz sofort löschen.
8. Sie haben eine **Übersicht** und **Evidenz** der **Texte der Dokumente**, der von Ihnen festgehaltenen **Zitate**, und **Ihrer Ideen**. Ich weiß, da wurde diese Theorie behandelt, da war dieser Gedanke, diese Definition, dieses Argument, aber wo? Irgendwann ist mir eine gute Idee gekommen, aber ich weiß nicht mehr genau, welche bzw. wo ich sie aufgeschrieben habe ...

9. In der *inhaltlichen Dokumentation* halten Sie alles, was für Sie relevant ist, durch inhaltliche Beschreibung fest: relevante Quellen, Zitate (relevante Textpassagen) und eigene Ideen, die Ihnen in der Arbeit mit Quellen eingefallen sind. Sie beschreiben Quellen, Zitate und Ideen inhaltlich, indem Sie ihnen Schlagwörter oder eine Klassifikation zuordnen. Dieses Wissensmanagement (*knowledge management*) erlaubt es Ihnen, jederzeit über ein Schlagwort oder eine Klassifikation auf diese Textbausteine zugreifen zu können. In der herkömmlichen Technik halten Sie Exzerpte und Gedanken in einer Exzerptkartei fest, in der Sie mit Hilfe einer Schlagwortkartei suchen können – im Prinzip ähnlich, jedoch komfortabler arbeiten Sie mit einer elektronischen Literaturverwaltung.
10. Sie haben eine **Unterstützung beim Schreiben**. Ich komme gerade nicht weiter. Wo soll ich beginnen, wo fortsetzen? Ich sehe den Zusammenhang nicht mehr ... Eine Dokumentation ist nicht nur dazu da, dass man sie macht, während man mit der Literatur arbeitet. Eine Dokumentation dient auch dazu, dass man mit ihr arbeitet, vor allem wenn man an einem Text schreibt. Es ist ein Irrtum anzunehmen, dass die Ideen kommen, wenn man sich an den Schreibtisch setzt und ad hoc mit dem Schreiben beginnen möchte – man wartet dann oft vergeblich auf die Inspiration. Dies gelingt bestenfalls Menschen, die im Schreiben geübt sind und die sich intensiv mit einem Thema befasst haben, also alles im Kopf haben. Ideen müssen in jedem Fall schon vorher gewachsen sein – und dokumentiert werden. Schreiben bedeutet, Wissen – Zitate, eigene Ideen – intensiv bearbeiten, sichten, ordnen, verdichten, dann kommt die zündende neue Idee, wie ein Thema im Zusammenhang formuliert werden kann: Das ist aufregend und lustvoll. Schreiben ist demnach Arbeiten mit dem Rohstoff Wissen, welches man vorher gesammelt hat: Das bedeutet nicht, dass man Fragmente aus Quellen übernimmt, zusammenkleistert oder gar → plagiiert, nein, man raffiniert den Rohstoff im Kontext mit eigenen Ideen, man schafft einen neuen Text.
11. Sie finden Inspiration bei der **Theoriebildung**. Die Dokumentation unterstützt demnach Kreativität und Ideenfindung in der Theoriebildung. Sie können Zitate und Ideen überblicken, vergleichen, kontrastieren, neue Zusammenhänge darstellen und ggf. auch als Mindmap visualisieren. Vorausgesetzt, dass man in der Dokumentation wie in einer → Referenzquelle suchen kann: Je nach Art der Dokumentation, ob herkömmlicher Zettelkasten oder Literaturdatenbank, stehen verschiedene

Suchmethoden zur Auswahl: die → formale Suche, die → Volltextsuche und die → inhaltliche Suche über Schlagwörter und Klassifikationen. Gerade die Suche nach Schlagwörtern und der Vergleich der Fundstellen kann im Schreibprozess Wunder wirken. Denn eine Dokumentation repräsentiert gleichzeitig ein *Netzwerk* von *möglichen Verbindungen* zwischen *Zitaten* und *Gedanken*, auf die man so nicht gekommen wäre. Welche Verbindungen sinnvoll sind, entscheiden natürlich Sie selbst, auf jeden Fall sind dies Gelegenheiten und Anreize, über Zusammenhänge und Hypothesen nachzudenken: Auf diese Weise können Sie auch die Gliederung für eine schriftliche Arbeit entwerfen.

12. Mit dieser Gliederung haben Sie einen **Ordnungsrahmen** für Ihre schriftliche Arbeit. Sobald Sie die Gliederung in Kapitel und Unterkapitel, also das Inhaltsverzeichnis skizziert haben, können Sie die Zitate und Ideen auch den einzelnen Kapiteln zuordnen. Falls Sie später mit der Gliederung nicht einverstanden sind, können Sie diese immer noch ändern und die Textbausteine ggf. neu zuordnen. Wenn Sie das Textmaterial gesammelt haben, brauchen Sie die Textbausteine nur noch in ihrer Abfolge ordnen, auf Konsistenz und Schlüssigkeit achten, ggf. geeignete Überleitungen einfügen, und fertig ist der Text – samt Inhalts- und Literaturverzeichnis. Das Literaturverwaltungsprogramm *Citavi* bietet dafür optimale Unterstützung (vgl. → S. 248).

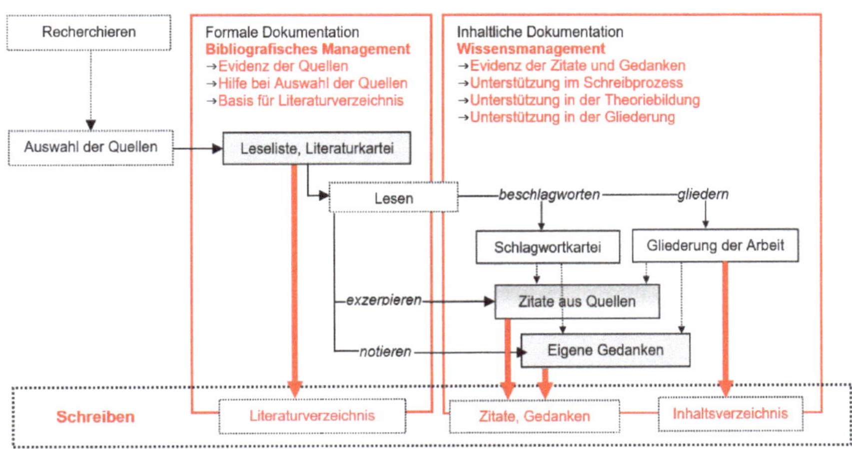

Abb. 22: Ihre Dokumentation

5.2 Formale Dokumentation

Wir kommen jetzt zu den einzelnen Schritten Ihrer Dokumentation.

Nach einer Recherche, vor allem nach einer → gezielten thematischen, verfügen Sie über eine → **Leseliste**, in die Sie alle Treffer aufgenommen haben, die sich mit Ihrer Suchanfrage in den Referenzquellen qualifiziert haben. Damit haben Sie bereits mit der formalen Dokumentation begonnen.

Die Leseliste können Sie elektronisch speichern in einer einfachen *Textdatei* oder in einer *elektronischen →Literaturverwaltung*, oder Sie verwenden das herkömmliche *Karteisystem*, sollten Sie eine Präferenz für das physische Medium haben.

Eine Software für Literaturverwaltung hat viele Vorteile (→ S. 235). Man kann direkt in Referenzquellen recherchieren und relevante Referenzen unmittelbar importieren. Sehr komfortabel ist diese Funktion bei *Citavi*: Alle Bücher, die in einem Verlag erschienen sind, haben eine sog. ISBN, die *International Standard Book Number*, mit welcher sie eindeutig identifiziert werden können; wenn Sie eine ISBN eingeben, sucht das System im Netz und spielt automatisch die bibliografischen Daten ein, man spart sich Tipparbeit. Weiters: In einer herkömmlichen Kartei gibt es nur den Sucheinstieg nach dem Autorennamen, in einer Datenbank kann man flexibel nach allen Datenfeldern suchen. Auch Literaturlisten lassen sich blitzschnell ausgeben. Das erhöht die Arbeitseffizienz beträchtlich. Ein weiterer Vorteil ist, dass Sie aus mehreren Zitationsstilen (*reference style sheets*) wählen können, und die Literaturhinweise automatisch entsprechend angezeigt werden.

Jedenfalls: Egal ob Sie für die Verwaltung der Leseliste eine Literaturkartei oder eine Textdatei oder eine Software verwenden, im Prinzip tun Sie immer *dasselbe*: nämlich Quellen → formal beschreiben, und Sie tun dies immer zum selben Zweck: um die Quellen in Ihrer Arbeit → zitieren zu können. Deshalb ist dringend zu empfehlen, dass Sie Ihre → Referenzen, falls Sie mit einer Literaturkartei arbeiten, bereits nach den → *Zitierregeln* dokumentieren – oder, falls Sie mit einer Literaturverwaltung arbeiten, dass Sie sich versichern, dass diese Ihre Daten im gewünschten Zitationsstil ausgeben kann. Denn die Leseliste wird in jedem Fall die Basis für das *Literaturverzeichnis* Ihrer schriftlichen Arbeit sein: In diesem werden die Quellen, die Sie in Ihrer Arbeit verwenden oder zitieren, bibliografisch nachgewiesen.

Formales Dokumentieren ist das Festhalten der *Referenz,* der *formalen,* also der *bibliografischen Angaben* der Quellen. Je nach Publikationsform (→ S. 46) sind unterschiedliche Kriterien erforderlich, bei einem

- Buch: Autor, Titel, Untertitel, Verlagsort, Verlag, Jahr,
- Aufsatz im Sammelband: Autor, Titel, Untertitel, Herausgeber, Titel des Sammelbandes, Verlagsort, Verlag, Jahr, Seite von bis,
- Zeitschriftenartikel: Autor, Titel, Untertitel, Zeitschrift, Jahrgang, Heftnummer, Seite von bis,
- Online-Dokument: Autor, Titel, Untertitel, URL, Zugriffsdatum.

Eine Literaturverwaltungsprogramm stellt Ihnen von Haus aus diese Datentypen mit den entsprechenden Datenfeldern zur Verfügung.

Sinnvoll sind auch Angaben über die *Verfügbarkeit* der Quelle, ein paar *Schlagwörter* zum Inhalt und Verweise auf *weitere einschlägige Materialien* (Exzerpte, Rezensionen usw.).

Hinweis | Abkürzungen von Vornamen
Es gibt Zitierregeln, bei denen Vornamen abgekürzt werden (z. B. jene der American Psychological Association APA). Wie immer Sie ihre Referenzen dokumentieren, auf jeden Fall sollten Sie trotzdem die Vornamen nicht abkürzen, Der Aufwand, die Vornamen für ein Literaturverzeichnis nachträglich abzukürzen, ist klein bzw. durch die Literaturverwaltung ohnedies automatisch möglich. Aber Vornamen nachträglich zu recherchieren (für den Fall, dass Sie diese doch einmal in ausgeschriebener Form benötigen), ist mühsam.

Frage 18 | Was ist der Zweck der formalen Dokumentation?

5.3 Ihre Quellen: Ihre Wahl

Spätestens bei der formalen Dokumentation der Quellen ist es an der Zeit, sich anhand der Leseliste, der Lektürekartei oder in der → Literaturverwaltung eine Übersicht zu verschaffen – und die Spreu vom Weizen zu trennen.

Was Spreu im Extremfall bedeuten kann und wie Quellen, auch wenn sie schwarz auf weiß gedruckt sind, nicht immer der Wahrheit entsprechen, sich aber dennoch lange Zeit als Dogma halten können, zeigt diese ...

Geschichte | Trau schau welcher Quelle: Die Legende vom eisenhaltigen Spinat

Sie gehören wahrscheinlich nicht mehr zu jenen Generationen, die als Kinder Spinat essen mussten. Mütter begründeten dies damit, dass Spinat sehr eisenhaltig sei. Die gleiche Begründung wurde häufig in wissenschaftlichen Arbeiten zitiert. Aber vielleicht glaubten mehr Kinder an „Popeye, the Sailor", der auch Spinat aß und dann riesige Kräfte verspürte. Jedenfalls hätten Kinder wohl lieber Schokolade gegessen, und das mit Recht, denn Schokolade enthält dreimal mehr Eisen als Spinat. Doch erst 1981 wurde dieser Irrtum, der fast ein halbes Jahrhundert lang die Ernährungskultur prägte, durch den englischen Onkologen T.J. Hamblin entdeckt. In seinem Artikel „Fake!" im British Medical Journal hat Hamblin auch zwei Vermutungen angeführt, welche die Entstehung dieser falschen Lehrmeinung, erklären. Ein amerikanischer Chemiker habe im 19. Jahrhundert den Spinat auf seine Inhaltsstoffe untersucht, aber bei der Dokumentation der Messwerte einen Kommafehler gemacht, indem er anstatt 2.9 mg Eisen pro 100 g Spinat 29 mg schrieb. Die zweite Hypothese besagt, dass ein Schweizer Physiologe namens Gustav von Bunge den Eisengehalt korrekt mit 35 mg pro 100 g ermittelt hat. Erst später stellte sich heraus, dass Bunge seine Analyse mit Spinatpulver durchgeführt hatte, in dem Inhaltsstoffe natürlich konzentrierter vorkommen.

Die Wahrheit zu finden und Fakten zu erkennen, wird in der Medienwirklichkeit zu einer immer größeren Herausforderung. So werden *Fake News*, Falschmeldungen, manipulierte Nachrichten in den Sozialen Medien und Netzwerken verbreitet. Dabei sind auch Akteure des öffentlichen Lebens, z. B. ein (hoffentlich) ehemaliges Staatsoberhaupt einer Großmacht, mit im Spiel. Noch bedenklicher, wenn Desinformation gezielt als Strategie in der Kriegsführung zum Einsatz. Oder *Fake Science*, auch Forschung und Wissenschaft ist nicht gefeit vor Betrug, Schwindel und Sabotage, als Beispiel das Thema Corona. Da erscheint die Geschichte vom Spinat fast wie ein Märchen aus schönen alten Zeiten.

Ihre Quellen: Ihre Wahl. Obwohl Sie bereits bei der Recherche eine grobe Auswahl getroffen haben, ist Ihre *Leseliste* im ersten Anlauf vermutlich sehr großzügig ausgelegt. Die eigentliche Selektion liegt noch vor Ihnen –

dies ist ein wichtiger Schritt in der **Qualitätssicherung** Ihrer schriftlichen Arbeit. Die Qualität der Quellen entscheidet auch über die Qualität Ihrer Arbeit. Zudem wird in der Bewertung und Begutachtung von studentischen Abschlussarbeiten besonderes Augenmerk auf die Auswahl der Quellen gelegt.

Entscheidend könnten dann z. B. die folgenden Qualitätskriterien sein:

- Wie *repräsentativ* sind Ihre Quellen: Sie sollten in jedem Fall eine begründete Auswahl darstellen.
- Wie *flächendeckend* sind Ihre Quellen: Wie sehr dies erforderlich ist, hängt vom Typ der schriftlichen Arbeit ab (Seminar-, Bachelor-, Masterarbeit, Dissertation).
- Welche *Art* von Quellen Sie ausgewertet haben: Entscheidend sind Studienfach und Forschungsfrage, ob Sie z. B. Bücher oder vorwiegend Zeitschriftenartikel berücksichtigen sollten.
- Haben Sie auch *englischsprachige* Literatur berücksichtigt: In bestimmten Fächern sind englische Sekundärquellen ein *Must to have.*
- Welche Quellen *genau* Sie verwendet haben: In einzelnen Forschungsbereiche gibt es Publikationen, um die Sie nicht herumkommen; oder es gibt nur ein paar Fachautoritäten, deren Publikationen dabei sein müssen.
- Haben Sie die *aktuelle* Literatur verarbeitet: Dies gilt vor allem für Fächer und Forschungsbereiche, die laufend weiterentwickelt werden.

Auch in der Auswahl der Quellen im Einzelnen sollten Sie **strategisch** vorgehen und vorab den Rahmen abstecken, wie *lang* und *wie viel* Sie recherchieren bzw. *wie viele* Literaturhinweise Sie in Ihrer Arbeit überhaupt berücksichtigen wollen. Dazu können die folgenden Hinweise hilfreich sein.

Checkliste | Wie viele und welche Quellen Sie verwenden sollen

- ☐ Erkundigen Sie sich bei Ihrem Betreuer, wie viele Literaturhinweise sinnvoll sind.
- ☐ Quellen sollten repräsentativ und flächendeckend berücksichtigt werden.
- ☐ Dennoch: Verwenden Sie nur so viele Quellen, wie Sie wirklich verarbeiten können. Ein Mehr an Quellen geht zu Lasten Ihrer eigenen Gedanken!

- □ Setzen Sie sich ein Zeitlimit für die Recherche und die Lektüre der Quellen – ca. ein Drittel der geplanten Zeit sollte reichen!
- □ Wenn Sie unsicher sind, ob Sie die richtigen Literaturhinweise berücksichtigen und ob diese ausreichen, fragen Sie Ihren Betreuer.
- □ Sammeln Sie nicht einfach alles, sondern überlegen Sie sich k. o.-Kriterien, z. B. die Relevanz des Textes, seine Aktualität, oder die praktische Frage, wo und ob Sie z. B. ein Buch beschaffen können.
- □ Geben Sie nur die Quellen an, die Sie wirklich gelesen haben.

Wie sieht nun – mit diesen Strategien im Kopf – die Auswahl der Quellen **operativ** aus? Am besten in drei Schritten: Selektieren Sie schon bei der Recherche aufgrund der *Referenz*, also den bibliografischen Angaben, dann im Zuge einer *kursorischen* Prüfung der Quellen und entscheiden Sie definitiv, wenn Sie die Quellen *lesen.* Auch zur Technik ein Hinweis: Man kann natürlich mit Papier arbeiten oder mit Textdateien, zielführend ist es, ein Programm zur Literaturverwaltung zu verwenden, es ist einfach, Quellen bibliografisch zu importieren und verwalten, und noch einfacher, sie zu löschen oder einer Gruppe zuzuordnen, die nachträglich geprüft werden soll.

Selektion aufgrund der → Referenz. Die primäre Entscheidung, ob eine Quelle in Frage kommt oder nicht, lässt sich meist schon aufgrund der Angaben in der → Referenzquelle treffen.

Die formale und inhaltliche Beschreibung, in vielen Fällen in Kombination mit einem Abstract oder einem Inhaltsverzeichnis, bietet Informationen, die eine Bewertung einer Quelle anhand der folgenden Checkliste erlauben.

Checkliste | Auswahl der Quellen anhand der Referenz

Prüfen Sie die formalen und inhaltlichen Angaben der Quelle.

Autor

- □ Gibt es überhaupt einen Autor? (k. o.-Kriterium bei Internetquellen!)
- □ Sind Ihnen andere Publikationen des Autors bekannt?
- □ Wird der Autor in anderen Publikationen zitiert?
- □ War vom Autor bereits in Lehrveranstaltungen die Rede?

Verlag

- □ Welche Publikationen erscheinen im Verlag?
- □ Wie bekannt ist der Verlag?

Webseite

- □ Welche anderen Dokumente findet man auf der Webseite?

Zeitschrift

- □ Ist der Artikel in einer anerkannten Zeitschrift veröffentlicht?

Erscheinungsjahr

- □ Ist die Publikation aktuell?
- □ Gibt es ggf. eine neuere Auflage?
- □ Handelt es sich um einen klassischen Text?

Schlagwörter

- □ Entsprechen die Schlagwörter der Publikation meinem Suchprofil?

Klassifikation

- □ Entspricht die Klassifikation meiner Forschungsfrage?

Abstract

- □ Ergibt das Abstract eine thematische Nähe zu meiner Forschungsfrage?

Inhaltsverzeichnis

- □ Sind Kapitel angeführt, die sich mit meiner Forschungsfrage befassen?

Selektion durch kursorische Prüfung. Wenn Sie das Glück haben, die Quelle online im Volltext gefunden zu haben oder das Buch in Ihrer Bibliothek vorhanden ist, können Sie eine etwas detaillierte Prüfung vornehmen. Auch wenn Sie das Buch nicht physisch vorliegen haben, können Sie u. U. hilfreiche Informationen in *Google Books* finden.

Checkliste | Auswahl der Quellen durch kursorische Lektüre
Prüfen Sie Klappentext, Inhaltsverzeichnis, Literaturverzeichnis, Vorwort bzw. Einleitung

Zielgruppe

- ☐ Ist die Publikation für wissenschaftliche Leser bestimmt?
- ☐ Wenn nicht, ist sie ggf. als Tertiärquelle hilfreich, um sich einen Überblick zu verschaffen?

Sprache

- ☐ Verwendet der Autor eine wissenschaftliche Terminologie?

Aufbau, Inhalt

- ☐ Ist die Publikation klar strukturiert und übersichtlich?
- ☐ Welche Zielsetzung hat die Publikation?

Quellen

- ☐ Wie umfangreich ist die Literaturliste?
- ☐ Berücksichtigt der Autor den aktuellen Forschungsstand?
- ☐ Enthält die Literaturliste einschlägige Autoren?

Externe Qualitätskriterien

- ☐ Wurde die Publikation begutachtet (Hochschulschrift, Zeitschriftenartikel)?
- ☐ Gibt es Rezensionen in Zeitschriften?
- ☐ Ist die Publikation in einer wissenschaftlichen Bibliothek vorhanden?

Lektüre der Quelle. Die definitive Entscheidung, ob Sie die Publikation als Quelle in Ihrer Arbeit verwenden werden, werden Sie erst bei der Lektüre treffen. Dann zeigt sich, ob eine Quelle wirklich theoretische bzw. empirische Begründungen für die eigene Arbeit liefern kann – das ist ja der Sinn und Zweck von Quellen (→ S. 31). Lesen bedeutet aktives Arbeiten mit dem Text: Zuerst wird die Quelle im Hinblick auf den Forschungsstand reflektiert, dann werden spezifische Fragen aus der Perspektive der eigenen Forschungsfrage an den Text gestellt, wobei der Focus darauf gerichtet ist, was der Text für die eigene Argumentation bedeutet. Dabei sollten jene

Textpassagen aus der Quelle, die sich als relevant und wichtig erweisen, als Zitate dokumentiert werden, genauso neue Erkenntnisse und Ideen, die Ihnen während der Lektüre einfallen: Darum geht es im folgenden Abschnitt.

Checkliste | Auswahl der Quellen durch analytische Lektüre

Bewertung der Quelle im Hinblick auf den Forschungsstand

- ☐ Behandelt die Quelle den Forschungsgegenstand vollständig? Was wird ausgeklammert?
- ☐ Wie verhält sie sich zu anderen Theorien?
- ☐ Gibt es alternative Theorien? Steht die Quelle im Gegensatz zu anderen Quellen?
- ☐ Lässt sich etwas über die Motive des Autors sagen?
- ☐ Sind die Forschungsergebnisse theoretisch schlüssig begründet?
- ☐ Sind sie empirisch begründet? Ist die Methode korrekt und intersubjektiv nachvollziehbar?

Bewertung der Quelle im Hinblick auf meine Forschungsfrage

- ☐ Deckt sich die Quelle mit meiner Forschungsfrage?
- ☐ Ist die Quelle ein innovativer Beitrag zum Forschungsbereich?
- ☐ Was bedeutet die Quelle im Hinblick auf meine Argumentation?
- ☐ Ist sie eine Alternative? Wenn ja, wie kann ich meine Argumente begründen?
- ☐ Werden in der Quelle Methoden, die für mich interessant sind, angewandt?

Bibliometrie: Quantitative Kriterien

Die Auswahl von relevanten Quellen für eine Forschungsvorhaben beruht primär auf einem *qualitativen* Zugang. Wenn es um die Evaluierung der Forschungsleistung von Personen, Forschungseinrichtungen und Zeitschriften in einem größeren Kontext geht, werden auch *quantitative* Verfahren und Kennzahlen verwendet. So gewonnene Kennzahlen sind bspw. die Grundlage für die Budgetzuteilung an Forschungsgruppen oder -einrichtungen oder für die Beurteilung von Karrierechancen von Forschenden oder um Forschungstrends ausmachen zu können. Solche Kennzahlen können hilfreich sein bei der Auswahl von Quellen, insofern vom Renommee und der Repräsentativität einer Publikation zumindest indirekt auf Qualität geschlossen werden kann.

Wie überhaupt in den quantitativ verfahrenden Wissenschaften ist für die Validität solcher Analysen entscheidend, welches empirische Datenmaterial und welche Indikatoren verwendet werden. Die Sinnhaftigkeit von Bibliometrie und Szientometrie hängt zudem davon ab, um welche Wissenschaftsdisziplin es geht, Naturwissenschaften z. B. eignen sich besser für quantitative Analysen als Kulturwissenschaften.

Eine grundlegende Kennzahl ist die Anzahl der *Publikationen*, ein durchaus einleuchtendes Kriterium im Hinblick auf die Beurteilung einer Forscherin oder einer Forschungseinrichtung. Auch die Anzahl der *Zitationen*, also wie oft Publikationen *zitiert* werden, kann signifikant sein für ihre Qualität, sofern Gleiches mit Gleichem verglichen wird. Weniger plausibel ist die Anzahl der in einer Publikation *zitierten* Publikationen, also die Einträge im Literaturverzeichnis – und wenn dann nur eingeschränkt auf einen Forschungsbereich.

Aus diesen basalen Kennzahlen können dann komplexere abgeleitet werden. So gibt die *Zitationsrate* an, wie oft ein Artikel einer Forschungseinrichtung, einer Zeitschrift oder von Forschenden durchschnittlich zitiert wurde.

Der Impact-Faktor einer Zeitschrift *(Journal Impact Factor)* gilt als Indikator für die Qualität einer Zeitschrift und insofern auch einer Forschungseinrichtung oder Personen, die in einer Zeitschrift veröffentlicht haben. Dieser Impact-Faktor ist der Quotient der Anzahl der Zitationen der Artikel einer Zeitschrift in einem Jahr (z. B. 2022) und der Anzahl der Artikel dieser Zeitschrift in den beiden letzten Jahren (im Beispiel 2020 und 2021). Impact-Faktor 10 bedeutet, dass jeder Artikel einer Zeitschrift, der 2020 oder 2021 publiziert wurde, im Jahr 2022 durchschnittlich 10-mal zitiert wurde.

Der *Hirsch-Faktor* oder *h-Index* – vorgeschlagen vom Physiker Jorge E. Hirsch – ist noch etwas komplizierter. Der h-Index eines Forschers ist die größtmögliche Anzahl seiner Publikationen, die mindestens h-mal oder mehr zitiert wurden. Wenn bspw. die Publikationen eines Forschers 10, 9, 8, 7, 6, 5 mal zitiert wurden, ergibt sich ein Hirsch-Faktor 5, weil 5 Publikationen mehr als 5 mal zitiert wurden.

Beispiele | In *Google Scholar* https://scholar.google.de/ sehen Sie jeweils die Anzahl der Publikationen, die eine Publikation zitieren, mit einem Klick können Sie sich diese anzeigen lassen. Das *Web of Science* gibt für eine Forscherin an: den h-Index, die Anzahl ihrer Publikationen, wie oft diese zitiert wurden (*times cited*) und wie viele Publikationen anderer die Forscherin zitiert (*citing articels*).

Angesichts dieser quantitativen Indikatoren und Kriterien für die Qualität von wissenschaftlichen Publikationen könnte man vermuten, dass Zitieren zu einem Selbstzweck wird. In einer wissenschaftlichen Arbeit sind Quellen unabdingbar. Aber vergessen Sie nicht: In *Ihrer* Arbeit geht es primär um *Ihre* Ideen und Überlegungen. Diese sollen sichtbar sein, verstecken Sie sich also nicht hinter einem Dickicht an Quellen und Zitaten. Machen Sie aus *Ihrer* Perspektive eine sinnvolle Auswahl der Quellen, kommunizieren Sie souverän mit den Quellen und Zitaten. Wie das geht? Setzen Sie sich aktiv mit den Quellen auseinander, nehmen Sie sich bewusst vor, Stellung zu beziehen, beginnen Sie bereits während der Lektüre, eigene Gedanken zu formulieren und zu dokumentieren!

5.4 Inhaltliche Dokumentation

Wenn Sie wissenschaftlich schreiben, arbeiten Sie mit Literatur. Fassen wir zusammen, was Sie dabei tun und was Ihnen das Dokumentieren dabei bringt. Sie werden in Ihrer Arbeit Quellen verwenden und diese im Literaturverzeichnis und beim Zitieren bibliografisch nachweisen: Dafür haben Sie die Quellen mit Hilfe einer Leseliste oder Literaturkartei oder in einer Literaturdatenbank **formal** dokumentiert (→ S. 212). Und wozu sollten Sie **inhaltlich** dokumentieren?

Aus den Quellen werden Sie Textpassagen zitieren, direkt oder indirekt, um auf vorhandene Theorien Bezug zu nehmen, um Ihre Argumente zu begründen oder Argumente in den Quellen zu widerlegen. Dazu benötigen Sie einen Überblick über den Inhalt der Quellen, über die Zitate, die Sie möglicherweise in Ihrer Arbeit verwenden. Hier hilft Ihnen die inhaltliche Dokumentation, der erste Schritt ist das *Exzerpieren*: Wenn Sie Quellen lesen, halten Sie fest, was für Sie davon wichtig sein kann – einen ganzen Text, oder einzelne Textstellen.

Zitat | Arbeiten mit Büchern ...
„Wenn ein Buch euch gehört und keinen antiquarischen Wert hat, dann unterstreicht es ruhig. Glaubt denen nicht, die behaupten, man müsse die Bücher respektieren. Bücher respektiert man dadurch, daß man sie benutzt, nicht dadurch, daß man sie nicht anrührt. Auch wenn ihr sie antiquarisch verkauft, bekommt ihr nur einen Pappenstiel – da könnt ihr ruhig die Spuren eures Besitzes in ihnen hinterlassen." (Eco ebd., S. 162f.)

Lesen bedeutet sich *aktiv* mit Texten auseinandersetzen, kritisch reflektieren und Stellung beziehen und sofort alles notieren, inklusive *eigene Ideen*. Sie werden nicht nur unmittelbar während des Lesens und Exzerpierens von Texten neue Ideen haben, Sie werden auch, wenn Sie z. B. das exzerpierte und notierte Textmaterial sichten, vergleichen und überblicken, Querverbindungen erkennen, Assoziationen haben und ggf. neue Hypothesen finden. Oder auch während eines Spaziergangs.

Und damit die vielen Textbausteine, die Sie gesammelt haben, Exzerpte, Notizen, eigenen Ideen, nicht isolierte erratische Blöcke bleiben, müssen sie in einen inhaltlichen Zusammenhang gebracht werden. Die beste Strategie dafür ist, die Quellen, die Zitate und Ihre Gedanken zu *beschlagworten*.

Sie schaffen so die Voraussetzung für Ordnung: Sie können die Textbausteine, denen Sie ein bestimmtes Schlagwort zugeordnet haben, vergleichen, kontrastieren, mögliche Zusammenhänge durchdenken, neue Hypothesen entdecken – und neue Ideen notieren. Sie werden so eine sinnvolle Hierarchie von Kapiteln und Unterkapiteln finden, mit der Sie Ihre Zitate und Gedanken *gliedern*, also ordnen und in einen zusammenhängenden Text bringen können.

Wir werden nun die *Schritte des inhaltlichen Dokumentierens* und verschiedene herkömmliche und elektronische Techniken, mit denen dieser Prozess unterstützt werden kann, besprechen.

1. Exzerpieren

Das ist der erste Schritt: Exzerpieren bedeutet eine Quelle vollständig oder auszugsweise festhalten, wobei jeweils für eine spätere Zitierung die Seitenzahlen des Textes notiert werden. Ein Exzerpt ist in jedem Fall eine Selektion und Verdichtung eines Textes. Dabei ist das richtige Mittelmaß erforderlich.

Einerseits kann man nicht alles gründlich lesen und exzerpieren, ohne sich selbst und die eigenen Gedanken zu verlieren: Festgehalten werden deshalb vor allem jene Inhalte, die für das eigene *Forschungsinteresse*, ggf. auch nur für die *Fragestellung* einer Arbeit, relevant sein können. Andererseits sollte ein Text nicht zu selektiv exzerpiert werden, das birgt die Gefahr, dass Zitate respektlos aus ihrem Zusammenhang gerissen und in der eigenen Arbeit nur als Alibi dafür, den Text überhaupt gelesen zu haben, angeführt werden.

Auch in der Verdichtung des Textes gibt es ein Zuviel und ein Zuwenig. Das Exzerpt einer Quelle liefert Ihnen das Material für mögliche Zitate in Ihrer Arbeit. Genau wie bei Zitaten wird deshalb *indirekt* oder *direkt* exzerpiert, paraphrasierend oder wörtlich wiedergegeben, also verdichtet oder gar nicht. Das kann eine Gratwanderung sein. Wenn Sie zu wenig verdichten und vorwiegend direkte Zitate verwenden, erwecken Sie vielleicht den Eindruck, eine Quelle einfach so zu zitieren und zu wenig auf Ihre Fragestellung bezogen zu haben. Wenn Sie aber zu sehr verdichten, laufen Sie Gefahr, die Überlegungen des Textes zu verzerren, zu sehr für Ihre Fragestellung zu vereinnahmen und mithin ggf. sachlich falsch zu zitieren. Falls Sie sich nicht sicher sind, ob Ihr Exzerpt korrekt ist, sollten Sie beim Schreiben nochmals *ad fontes* zurückgehen, d. h. Ihre *Interpretation* mit der Quelle gegenprüfen.

Wenn Sie ein Buch selbst besitzen oder einen Artikel in Kopie oder *online* verfügbar haben, warum sollten Sie *trotzdem* exzerpieren? Der erste Vorteil ist, dass Sie *aktiv* mit dem Text arbeiten, ihn besser verstehen und in das eigene Wissen integrieren können. Zudem haben Sie den Text bereits in aufbereiteter Form für Referate oder schriftliche Arbeiten verfügbar. Wenn Sie nur kopieren, handeln sie nicht ökologisch, sie produzieren im Endeffekt nur Papiermüll. Wenn Sie elektronische Dokumente im Netz nur als *bookmark*, als Lesezeichen, speichern, haben Sie zwar Informationen selektiert, die womöglich relevant sein können, Sie wissen aber noch nicht *warum*, weil Sie sich den Text noch nicht angeeignet und assimiliert haben. Denken Sie daran: Es gibt im Internet *viel zu viele* Informationen, Ihr Job ist es, die für Ihre Fragestellung wirklich brauchbaren auszuwählen. Aber das wichtigste Argument, warum Sie exzerpieren sollten, ist: Sie üben sich im Schreiben.

Wenn Sie exzerpieren, selektieren und verdichten Sie einen Text. Sie verstehen den Text, indem Sie von Ihrem *Vorverständnis* ausgehen. Das kann mit Ihren Kenntnissen und Ihren Wissensstand zum Themenbereich zusammenhängen, d. h. dass Sie nicht von Haus aus alles verstehen *können*. Ihre Perspektive hängt auch mit Ihrer Forschungsfrage zusammen, Sie werden nur Inhalte mitnehmen, die relevant sind. Das ist der sog. *hermeneutische Zirkel.* Das muss jedoch kein geschlossener Zirkel sein, das kann eine offene Spirale sein. Wenn Sie lesen, gehen Sie zwar von Ihren Voraussetzungen aus, aber Sie lernen ständig, Ihr Vorverständnis erweitert sich, differenziert sich, vor allem was Ihre Kenntnisse angeht, vielleicht auch im Hinblick auf eine Modifikation Ihrer Forschungsfrage, – und zwar je mehr Sie sich bemühen, einen Text in seinem gedanklichen System zu erfassen, seine Hypothesen, deren Begründungen und Erläuterungen, Schlussfolgerungen usw. zu analysieren und dabei den historischen, biografischen Kontext der Autorin zu berücksichtigen.

Frage 19 | Was heißt exzerpieren?

2. Ideen notieren

Wenn Sie exzerpieren, werden Sie die Lust verspüren, auch selbst etwas dazu zu sagen, also, den Text zu kommentieren, kritisch, zustimmend, weiterführend, und von da ist der Sprung hin zu eigenen Ideen nicht mehr weit. Geben Sie Ihrer eigenen Perspektive, ihrer Stellungnahme, Ihren entstehenden Ideen eine Chance, formulieren Sie sie, diese Notate, wenn es auch nur Skizzen sind, sind wertvolle Grundlagen Ihrer Arbeit.

Beide Typen von Textbausteinen – die Zitate, direkt und indirekt, und Ihre Gedanken – können Sie in einer Exzerptkartei oder in einer Literaturverwaltung dokumentieren. Das Exzerpt sollte mit der bibliografischen Beschreibung in der Literaturkartei verlinkt sein (am einfachsten mit der Kurzform der Quelle), führen Sie bei Zitaten immer die Seitenzahl an, kennzeichnen Sie Ihre eignen Ideen unterschiedlich und lassen Platz für Schlagwörter.

Wenn Sie Ihre Exzerpte, Kommentare, Entwürfe und Ideen lieber in einem Journal, sozusagen in einem wissenschaftlichen Tagebuch, handschriftlich dokumentieren, weil Sie nicht mit Karteien arbeiten wollen oder sich nicht leicht tun, direkt am Computer zu formulieren, sollten Sie dennoch von Zeit zu Zeit die Einträge durchgehen, auswählen, ggf. auf eine Karteikarte übertragen oder in eine Literaturverwaltung eintippen, aber auf jeden Fall beschlagworten und einen Verweis in Ihrer Schlagwortkartei auf das Datum des Eintrages im Journal aufnehmen.

Checkliste | Exzerpieren und Ideen notieren

- □ Gehen Sie von Ihrer Forschungsfrage aus und behalten Sie diese im Hinterkopf. Die Forschungsfrage ist die Voraussetzung für das Exzerpieren, sie ist die Perspektive für die Selektion von wesentlichen Passagen.
- □ Eigene Gedanken und Notizen sofort niederschreiben.
- □ Paraphrasieren Sie klar und verständlich, damit Sie dann die Quelle nicht noch mal zur Hand nehmen müssen.
- □ Auch die Technik ist wichtig: Halten Sie die bibliografischen Angaben der Quelle fest, Sie sparen sich Arbeit für später.
- □ Ebenso wichtig: Seitenzahl notieren.

3. Beschlagworten

Wenn Sie Ihre Exzerpte und Ideen nicht beschlagworten, machen Sie sich das Schreiben schwer. Erstens finden Sie Textbausteine, die zu einem Thema passen könnten, nicht so schnell oder gar nicht, zweitens verzichten auf eine hilfreiche Unterstützung der Theoriebildung und Gliederung Ihrer Arbeit. Stellen Sie sich das so vor: Mit einem Schlagwort kennzeichnen Sie alle Textelemente, die von einem ähnlichen Thema handeln, Sie heften ihnen gleichsam ein gleiches Fähnchen an; Ihre Wissenslandschaft wird übersichtlicher, Sie können die Elemente verschieben und neu gruppieren, zueinander in Beziehung setzen, neuen Kategorien zuordnen. In diesem heuristischen Stadium der Theoriebildung müssen Sie die Texte selbst nicht jeweils im Einzelnen studieren, das tun Sie erst, wenn Sie mögliche Zusammenhänge gefunden haben und dann überprüfen, ob diese sinnvoll und begründbar sind.

Die → inhaltliche Beschreibung als Methode der → Wissensorganisation ist seit Jahrhunderten im Prinzip gleichgeblieben ist. Das Indexieren von Textstellen, um ein Sachregister aufzubauen, das Verzetteln in einem Zettelkasten, das Beschlagworten bis hin zum *Social Tagging*, aber auch das Kodieren, Konzeptualisieren und Kategorisieren in der qualitativen Datenanalyse verfolgt immer ein Ziel: einen Text oder eine Textpassage mit einem Schlagwort inhaltlich beschreiben (indexieren), unter eine Kategorie subsumieren, kodieren mit einem Kode, mit einem *tag* versehen.

Diese Beschreibung ist mehr oder weniger eine theoretische *Abstraktion*: Einerseits wird, abhängig von der eigenen Perspektive und der Forschungsfrage, ein Aspekt des Textes fokussiert, von anderen wird abstrahiert, andererseits wird sein Inhalt mit einem theoretischen Begriff einer höheren Abstraktionsebene beschrieben. Bereits die Beschlagwortung Ihrer Zitate und Gedanken ist somit eine intellektuelle Leistung, kein beiläufiges Handwerk, sondern die Voraussetzung der Theoriebildung.

Bei der Wahl der → *Schlagwörter* empfiehlt es sich, nicht deduktiv, sondern *induktiv* vorzugehen. Versuchen Sie also nicht, ein System von Schlagwörtern vorab zu definieren und Ihre Textelemente diesen Schlagwörtern zuzuordnen. Sie würden damit den Inhalt der Texte in Rubriken zwängen und ihr Eigenleben zerstören. Und zweifellos wären Sie damit überfordert, da sie unmöglich von Anfang an ihre künftigen Forschungsinteressen und -schwerpunkte antizipieren können. Zudem ist dieses deduktive Verfahren kontraproduktiv für die Theoriebildung, wo es doch darum geht, ausgehend vom Inhalt der Texte neue Zusammenhänge zu eröffnen, Ideen zu finden, zu neuen Hypothesen zu gelangen – und dann eine Gliederung für die Arbeit zu finden. Wenn Sie eine solche gefunden haben, können Sie *deduktiv* vorgehen und die Textbausteine den dann hierarchisch geordneten Kapiteln Ihrer Arbeit zuordnen.

Checkliste | Inhaltliche Dokumentation: Beschlagworten

- □ Bringen Sie Quellen, Zitate, Gedanken auf den „Punkt“, halten Sie mit bis zu vier Schlagwörtern fest, was für Sie daran wichtig ist.
- □ Quellen im Ganzen können Sie mit allgemeinen Begriffen beschlagworten, Zitate und Gedanken mit spezifischen.
- □ Führen Sie neben der Schlagwortkartei eine eigene Schlagwortliste.
- □ Drücken Sie das Gleiche immer mit demselben Schlagwort aus, vermeiden Sie Synonyme, prüfen Sie in der Schlagwortliste, ob es bereits einen Begriff gibt.
- □ Beschlagworten Sie den Inhalt des Textes aus Ihrer Perspektive.
- □ Prüfen Sie auch, ob bereits vorhandene Schlagwörter passen: Mit jeder weiteren Verwendung eines Schlagwortes schaffen Sie eine neue Verknüpfungsmöglichkeit.
- □ Beschlagworten allein ist nicht alles: Gehen Sie diesen Verknüpfungsmöglichkeiten nach.

Frage 20 | Was heißt beschlagworten?

4. Gliederung

Aus der Ordnung, die Sie mit Schlagwörtern geschaffen haben, wird sich mit der Zeit eine zweite ergeben: eine mögliche Gliederung für Ihre schriftliche Arbeit. Mit der Zeit heißt nicht automatisch, auch eine raffinierte digitale Literaturverwaltung ersetzt nicht Ihre intellektuelle Arbeit, sie kann nur unterstützen!

Mit *Schlagwörtern* schaffen Sie Ordnung, indem Sie Zitate und Gedanken, die über ein ähnliches Thema handeln, als Elemente einer *Klasse* definieren. Gleichzeitig ergeben sich *Relationen* zwischen den Elementen, mögliche Assoziationen und Zusammenhänge. Diese Relationen finden Sie, wenn Sie in der Schlagwortkartei ein Schlagwort auswählen und die diesem zugeordneten Textbausteine vergleichen oder wenn Sie – natürlich viel komfortabler – in einer Literaturverwaltung sich die Fundstellen einer Schlagwortsuche anzeigen lassen. Zwischen diesen Textbausteine können Sie browsen und dabei Relationen entdecken. Einige Relationen werden belanglos oder selbstverständlich sein, einige können jedoch überraschend und neuartig sein. Theoriebildung ist im Grunde nichts anderes als mögliche Zusammenhänge finden, überdenken, überprüfen und diese wiederum mit anderen, z. T. bereits bewährten Theorien in einen Zusammenhang bringen.

Der *große* Zusammenhang, der sich dann ergibt, ist die Voraussetzung, dass eine Theorie schlüssig und konsistent ist und strukturiert und gegliedert dargestellt werden kann als Text – durch den sich erkennbar der rote Faden zieht. Das Ziel ist also eine neue Ordnung, eine hierarchische Baumstruktur von Kapiteln und Unterkapiteln, nach der Sie Ihre Arbeit gliedern können. Diese Gliederung legen Sie wie ein Netz über das Textmaterial, dann können Sie Ihre Textbausteine, Zitate und Gedanken, den neuen Gliederungskategorien deduktiv zuordnen, sie anschließend sortieren, in eine lineare Abfolge bringen, überprüfen, ob sie zusammenpassen, mit neuen Verbindungen und Überleitungen versehen: Und das ist dann der Text *Ihrer Arbeit.* Das ist das Ziel des inhaltlichen Dokumentierens, der Wissensorganisation. Das klingt theoretisch: Wie das technisch geht – mit dem herkömmlichen Zettelkasten oder mit seinem digitalen Pendant –, sehen wir im nächsten Kapitel.

Frage 21 | Welche Vorteile bringt Ihnen eine Dokumentation?

Die einzelnen Etappen des inhaltlichen Dokumentierens lassen sich vergleichen mit der qualitativen Datenanalyse nach der *Grounded Theory* von Glaser und Strauss (2010). In der Datenanalyse wird hauptsächlich kodiert, und zwar in drei Schritten. Im *offenen* Kodieren zitiert man aus dem Textmaterial jene Stellen, die aus der Perspektive der Forschungsfrage bedeutsam sind, und beschlagwortet sie deskriptiv mit *Konzepten* (Konzeptualisierung). Im *achsialen* Kodieren wird in den dabei gewonnenen Kodes nach Zusammenhängen gesucht, die dann mit Hilfe von theoretischen Begriffen und d. h. mit *Kategorien* kodiert werden (Kategorisierung). Hier findet wie im wissenschaftlichen Schreibprozess eine erste Theoriebildung statt, man dokumentiert erste Ideen in sog. Memos. Im *selektiven* Kodieren schließlich werden *Hauptkategorien* ausgewählt, quasi als mögliche Aufhänger eines *Netzwerkes* aller Kategorien. Dieses Netzwerk ist dann die Grundlage für die strukturierte Formulierung der Forschungsergebnisse, ähnlich der Gliederung im wissenschaftlichen Schreiben.

Überblick | Archivieren und Dokumentieren

- Im wissenschaftlichen Schreiben gilt das Prinzip Ordnung: Was Sie schreiben, muss klar aufgebaut, konsistent und schlüssig dargestellt sein, einen roten Faden haben.
- Wer so schreibt, hat schon vorher die Voraussetzung dafür geschaffen: durch Archivieren und Dokumentieren.
- Archivieren heißt: Materialien und Unterlagen speichern und geordnet ablegen. Es gibt effiziente Techniken für das Dateimanagement und die Ablage: Ordner schaffen Ordnung.
- Dokumentieren heißt: das Wissen, welches Sie in den archivierten Materialien gespeichert haben, so organisieren, dass es zu *Ihrem* Wissen wird.
- Im Arbeiten mit Literatur dokumentieren Sie formal, in dem Sie die Quellen bibliographisch festhalten, und inhaltlich, indem Sie aus Quellen Ihre Textbausteine exzerpieren, beschlagworten und gliedern – und zu Ihrer Arbeit machen.
- Inhaltlich Dokumentieren ist *die* Voraussetzung für Ihren Schreibprozess.
- Formal korrekt Dokumentieren ist die Voraussetzung für korrektes Zitieren und das Vermeiden von Plagiaten.

5.5 Die Software des Zettelkastens

Natürlich kann man mit einer geeigneten Software komfortabler und technisch effizienter dokumentieren und schreiben, doch Zettelkästen und Karteien waren und sind auch effektiv. Das beweist der im Hinblick auf Publikationen sehr produktive Rechtsgelehrte *Johann Jacob Moser* (1701–1785). Er verfasste rund 500 Werke auf der Grundlage von Exzerpten aus Büchern und Notizen, die er bei der Lektüre auf Zetteln festgehalten hatte. Der Schreibprozess bestand darin, dass er einzelne, für das Thema relevante Zettel zuerst einer „Rubrik", einem Kapitel, zuordnete, sie dann innerhalb des Kapitels in eine sinnvolle Sequenz brachte und abschließend ggf. noch Übergänge zwischen den Texten der Zettel formulierte. Er beschreibt die Technik so:

> „Alsdann nehme ich dise sämtliche Zettel, worauf die excirpirte oder sonst benutzte Stelle stehen, und stelle jeden zwischen den Chartenspann und das Octavblatt, so die Rubric enthält, unter welche es gehöret, ohne Ordnung: Wänn sie nun alle also dahin gebracht seynd, nehme ich ein Capitel nach dem andern aus dem Schächtelgen heraus, bringe die sämtliche Zettelgen in gehörige Ordnung, und versehe sie mit Marginalien. [...] Bin ich so weit gekommen; so hat das, was ich in facto sagen kan und solle, seine Richtigkeit: Nun durchlauffe ich es also, und dencke nach, ob und was noch fehle, oder zu verbesseren seye, oder wo ich meine eigene Gedancken beyfügen konnte, oder sollte, u.s.w., welches ich dann bewerckstellige. [...] Endlich überlese ich 1. nochmals das ganze Werck, ob nichts in der Schreibart und dem Zusammenhang zu verbesseren seye, u.s.w. 2. schreibe ich die Marginalien derer §§. auf das Octavblatt, so die Rubric des Capitels enthält, unter das Wort: Innhalt; 3. numerire ich alle Blättgen aufeinander; und so dann gebe ich die Zettel, ohne sie weiter abzuschreiben, oder das Werk zu mundiren [ins Reine zu schrieben], in die Censur oder Druckerey." (Moser 1773, S. 57)

Interessant ist auch, nebenbei angemerkt, dass Johann Jacob Moser drei unterschiedliche Verfahren seiner Wissensorganisation und -produktion beschreibt, je nachdem ob die „Materie", das Thema, die Forschungsfrage, *empirisch*, nur Fakten referierend, oder *theoretisch* oder *beides zugleich* ist. Er nimmt in seiner „Art, Schrifften in den Druck zu verfertigen [...] Rücksicht auf die Materien", denn: „Was die würkliche Ausarbeiteng meiner Schrifften anbelanget; so beruhet eine Materie, die ich vor mir habe, mehr auf Factis, Gesezen, u.d., oder es kommet dabey mehr auf eigenes Nachsinnen als auf Facta, Geseze u.d. an; oder es kommt auf beides zugleich an." (ebd., S. 54)

Darin zeigt sich der Unterschied zwischen der empirischen Arbeit oder der Theoriearbeit (→ S. 29).

Auch der mittlerweile legendäre Zettelkasten des Soziologen *Niklas Luhmann* (1927–1998) war einfach in der Hardware, aber komplex in der Software, so komplex wie seine Systemtheorie, von der gesagt wird, dass sie die letzte Universaltheorie überhaupt ist. Luhmann hat sie – wie er selbst sagt – zusammen mit seinem Zettelkasten entwickelt, dem „Alter Ego, mit dem man laufend kommunizieren kann" (Luhmann 1992, S. 57).

Zur *Hardware* des Zettelkastens gehören hölzerne Kästen und Zettel im Oktav-Format (DIN A5). Luhmann schrieb seine Notizen, Ideen, Zitate und Kommentare zu Publikationen auf Zettel, die er primär fortlaufend nummerierte – und damit sind wir schon bei der *Software*:

> „Für das Innere des Zettelkastens, für das Arrangement der Notizen, für sein geistiges Leben ist entscheidend, daß man sich gegen eine systematische Ordnung nach Themen und Unterthemen und stattdessen für eine feste Stellordnung entscheidet. Ein inhaltliches System (nach Art einer Buchgliederung) würde bedeuten, daß man sich ein für allemal (für Jahrzehnte im Voraus!) auf eine bestimmte Sequenz festlegt. Das muss, wenn man das Kommunikationssystem und sich selbst als entwicklungsfähig einschätzt, sehr rasch zu unlösbaren Einordnungsproblemen führen." (ebd., S. 55)

Ein Zettel, der z. B. eine Differenzierung oder Ergänzung eines Themas auf Zettel 57/12 beinhaltet, wird als Zettel 57/12a einfach nachgereiht, während auf Zettel 57/12 eine entsprechende Verweisung (quasi als Hyperlink) auf die Nummer 57/12a in roter Farbe vermerkt wird.

> „Auf diese Weise ist eine Art Wachstum nach innen möglich je nachdem, was an Gedankengut anfällt, ohne systematische Vorprogrammierung und ohne Bindung an sequenzielle Linearität." (ebd., S. 56) „Jede Notiz ist nur ein Element, das seine Qualität erst aus dem Netz der Verweisungen und Rückverweisungen im System erhält." (ebd., S. 58)

Zum Zettelkasten gehören noch eine Schlagwortkartei für gezielt thematische Sucheinstiege und eine Literaturkartei, in der Luhmann neben Verweisungen auf dazugehörige Zettel natürlich auch bibliografische Angaben formal dokumentierte. Man kann sich vorstellen, dass Luhmann, wenn er an seinen Werken schrieb, von einem Schlagwort ausging, sich über die Schlagwortkartei die zugeordneten Zettel durchsah und dann durch sein

System von Verweisungen, durch das Hypertextsystem seiner Wissenswelt wanderte, welches er in jahrzehntelanger Arbeit aufgebaut hatte. Die Vielfalt und Vielzahl seiner Publikationen war die Ernte seiner Dokumentation.

Geschichte | Der Zettelkasten von Niklas Luhmann lebt weiter
In der Zeit der 1. Auflage des vorliegenden Buches (2010) lagerte der Zettelkasten noch in einem Geräteraum an der Universität Bielefeld, und die Nachkommen Luhmanns stritten sich über den wissenschaftlichen Nachlass. Im Jahr 2015 ist das Großprojekt „Niklas Luhmann – Theorie als Passion“ gestartet, mit einer Laufzeit bis 2030, eine Kooperation der Fakultät für Soziologie, Archiv und Bibliothek der Universität Bielefeld, Digital Humanities der Universität Wuppertal und dem Cologne Center for eHumanities. Ziel ist die „wissenschaftliche Erschließung und Edition des Nachlasses“. Neben Manuskripten, Korrespondenz und Bibliothek wird auch der Zettelkasten der Öffentlichkeit zugänglich gemacht, wobei die Komplexität und Vernetztheit der Gedankenwelt von Niklas Luhmann gerade auch in der Rekonstruktion und Repräsentation in ihrer Medialität – u. a. des Zettelkastens – als Hypertext-System sichtbar wird. Der Projektleiter André Kieserling formuliert: „Man fühlt sich wie in Luhmanns Kopf und ist beeindruckt von dem Ausmaß an Neugierde und an Ordnung, das dort herrscht.“

Man könnte sagen, Niklas Luhmann hat sich mit seinem Zettelkasten ein intelligentes System – kein künstlich-intelligentes, kein fremdbestimmtes, sondern *seines* – geschaffen. Eine große Datenbank von Wissenselementen mit Verweisungen und möglichen Verbindungen, das Ergebnis seines jahrelangen Sammelns und Dokumentierens von allem, was ihm in der Lektüre irgendwie bedeutsam und wichtig erschien. Ohne dieses Universum wären seine Publikationen, noch dazu mit den vielen Anmerkungen und Fußnoten, nicht möglich gewesen. Kein Mensch kann das alles im Kopf gespeichert haben, wesentlich ist, wie man Wissen intelligent in Medien speichert und organisiert.

Im Prinzip decken Literaturverwaltungsprogramme, mit viel mehr technischen Möglichkeiten, ähnliche Funktionalitäten ab. Allerdings liegt der Schwerpunkt der meisten Programme, z. B. *Endnote, Reference Manager, Zotero,* erstens auf der → formalen Beschreibung und bibliografischen

Verwaltung der Quellen (*reference management*) und zweitens auf der technischen Unterstützung beim Zitieren (*citation management*). D. h.: Eingabe der Datensätze, Import aus Referenzquellen, Add-on für Zitation in einer Textverarbeitung, Ausgabe von Literaturlisten (→ S. 212).

Diese Funktionalitäten für die formale Dokumentation sind – mit feinen Unterschieden – mittlerweile Standard. Literaturverwaltung in diesem Sinne betrifft jedoch nur einen Teil des Schreibprozesses, vor allem den datentechnischen. Die inhaltliche Dokumentation als Möglichkeit, Wissen zu organisieren und so die *Theoriebildung* und den *Schreibprozess* zu unterstützen, kommt zu kurz.

Es gibt ein paar Ausnahmen. *Zettelkasten* http://zettelkasten.danielluedecke.de/ z. B. orientiert sich am Ordnungsprinzip des Zettelkastens von Niklas Luhmann. Jeder Zettel wird mit bibliografischen Angaben und Schlagwörtern versehen und ermöglicht nicht nur die Suche in einzelnen Zetteln, sondern auch die Verknüpfung mit thematisch ähnlichen Zetteln. Interessant ist die „Schreibtischfunktion", die an die Technik von Johann Jacob Moser erinnert: Sie „dient der Vereinfachung der Textproduktion mit Hilfe des Zettelkastens, indem eine Gliederung erstellt wird und Zettel den Gliederungspunkten zugeordnet und beliebig verschoben werden können – wie auf einem Schreibtisch. Sie können mehrere Gliederungsebenen verwenden und einzelne Inhalte oder Gliederungsüberschriften mit Kommentaren versehen. Der Gliederungsentwurf mitsamt Inhalten der Zettel kann dann in verschiedene Dateiformate exportiert werden." (ebd.)

Auch *Synapsen* http://www.synapsen.ch/ erinnert an den Zettelkasten von Luhmann: „Entgegen herkömmlicher Literaturverwaltungssoftware bietet Synapsen einen entscheidenden Vorteil: anhand eingegebener Schlagworte vernetzt das Programm einzelne Zettel automatisch und stellt somit bisweilen vergessene, aber auch gänzlich ungeahnte Verbindungen und Zusammenhänge zwischen den Einträgen her. Synapsen ist daher nicht nur eine elektronische Literaturverwaltung, sondern vielmehr noch ein Schreibgehilfe beim Verfassen wissenschaftlicher Texte." (ebd.)

Das Programm, das am besten auf das wissenschaftliche Arbeiten abgestimmt ist und sowohl die formale als auch die inhaltliche Dokumentation technisch sehr ausgeklügelt und praktikabel abdeckt, ist *Citavi* https://www.citavi.com. *Citavi* verfügt über eine weitgehend selbsterklärende Benutzeroberfläche und ist an vielen Universitäten im deutschsprachigen Raum für Studierende kostenlos verfügbar. *Citavi* besteht aus drei Modulen:

das Modul *Literatur* umfasst die obligate Literaturverwaltung, *Wissen* die Wissensorganisation und *Aufgaben* das Projektmanagement.

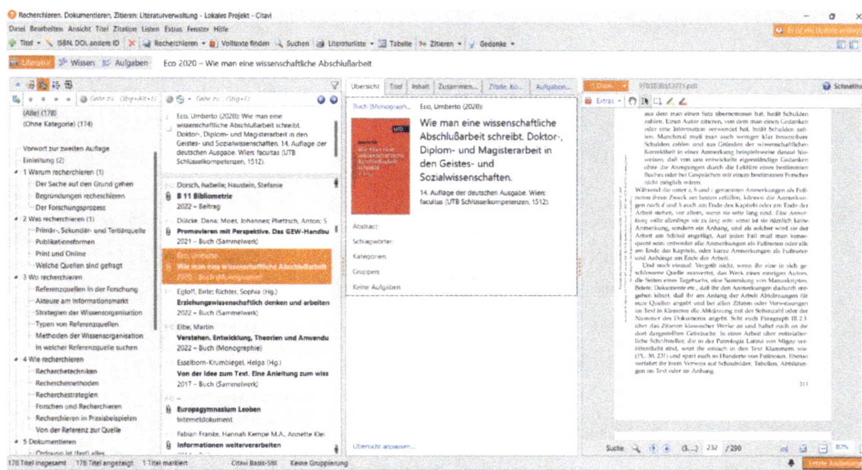

Abb. 23: *Citavi*: Literaturverwaltung und Wissensorganisation

In der *Literaturverwaltung* gibt es direkten Zugriff auf Tausende Referenzquellen (Bibliothekskataloge, Datenbanken wie *Web of Science* usw.). Bibliographische Daten können direkt übernommen werden, auch von Webseiten mithilfe von ISBN, DOI usw. Webseiten können als pdf-Dokument gespeichert werden. Für *Word* ist ein *Add-On* verfügbar, mit dem Zitate und Nachweise im gewünschten Zitationsstil direkt in den Text übertragen werden. Es gibt mehr als 11.000 Zitierstile.

In der *Wissensorganisation* werden Zitate aus Texten (auch Bilder) und eigenen Ideen und Gedanken verwaltet. Die von *Citavi* angebotenen Funktionalitäten decken die inhaltliche Dokumentation ab (→ S. 221). Die Textbausteine (Zitate usw.) können mit einem *Schlagwort* auf den Punkt gebracht beschrieben werden. Sie können zudem mit einer *Gruppe* gekennzeichnet werden, man könnte z. B. die Gruppen „Argument pro“ oder „Argument contra“ vorsehen. Und, wenn ein Inhaltsverzeichnis der eigenen Arbeit schemenhaft im Entstehen ist, können die Textbausteine den *Kategorien* dieser Gliederung (also einzelnen Kapiteln) zugeordnet werden. Und schon liegt ein rudimentärer Textentwurf vor. Obwohl *Citavi* auch für die Verwaltung von bibliografischen Daten tatsächlich alle Register spielt, ist das *Wissensmanagement* das Herzstück von *Citavi*.

In der *Aufgabenplanung* schließlich können Termine definiert werden für laufende Agenda (z. B. Ausleihfristen) und Etappen im Projektablauf.

Checkliste | Wie dokumentieren

Benötige ich ein Dokumentationssystem?

- ☐ Ja, auf jeden Fall und wie auch immer: bescheiden oder anspruchsvoll.
- ☐ Die formale Dokumentation von Quellen ist die Grundlage des Literaturverzeichnisses. Sie können Ihre Leseliste auf Papier oder in Dateiform oder mit Hilfe einer Literaturverwaltung speichern. Die einzige Bedingung ist: Beachten Sie die Zitierregeln!
- ☐ Die inhaltliche Dokumentation ist die Voraussetzung für die Theoriebildung und die Gliederung Ihrer Arbeit. Sie können Ihre Exzerpte und Gedanken in einer Datei, mit Hilfe einer Kartei oder einer Literaturverwaltung speichern. Eine dringende Empfehlung: Beschlagworten Sie Quellen, Zitate und Gedanken, Sie finden sie so schneller, können Verknüpfungen herstellen und leichter eine Gliederung finden.

Benötige ich eine elektronische Literaturverwaltung?

- ☐ Nicht unbedingt. Primär entscheiden Ihre Präferenz und Ihre Mediensozialisation: Bevorzugen Sie handliche Medien wie Papier und Karteikarten oder arbeiten Sie lieber mit dem Computer. Und die Literaturverwaltung sollten Ihnen vor allem auch Spaß machen.
- ☐ Sich mit einer Software vertraut zu machen, erfordert Zeit. Wenn Sie nur einmalig eine Abschlussarbeit mit wenigen Quellen schreiben, ist die einfachste Option ohne Software ausreichend. Andernfalls sollten Sie eine Software erwägen. Großartig wäre es, bereits mit Studienbeginn mit dem Dokumentieren zu beginnen …
- ☐ Schließlich hängt es von Ihrem Studienfach ab, mit wie vielen Quellen Sie arbeiten. Wenn Sie mit vielen rechnen müssen, ist eine Softwarelösung geraten, da so formale Fehler in Zitation und Literaturverzeichnis eher vermieden werden.

Welche elektronische Literaturverwaltung ist für mich geeignet?

- □ Was formale Dokumentation, Zitation und Literaturverzeichnis betrifft, bieten die gängigen Programme zwar technisch unterschiedliche Möglichkeiten, in jedem Fall aber ausreichende. Wenn Sie nur *reference management* benötigen, sind Sie z. B. mit *Zotero* und *Endnote* gut bedient.
- □ Wenn in der inhaltlichen Dokumentation für Sie die induktive Beschlagwortung von Zitaten und Gedanken wichtig ist (zur Unterstützung von Ideenfindung, Theoriebildung), dann können Sie *Zettelkasten* und *Synapsen* versuchen; wenn Sie *auch* ein Tool für die Gliederung und die deduktive Zuordnung von Zitaten und Gedanken benötigt, spricht das für *Citavi.*
- □ Aber: Erwarten sie sich von Programmen keine Zauberei. Software, wie „intelligent“ auch immer sie ist, *unterstützt* Sie, Sie *denken*!

Wichtige Begriffe

→ Formales Dokumentieren, Archivieren, Dateimanagement, Ablagesystem, Persönliche Dokumentation, → Formale Beschreibung, Leseliste, Literaturkartei, → Zitieren, → Zitierregeln, Direktes Zitat, Indirektes Zitat, Literaturverzeichnis, Quellen auswählen, → Inhaltliche Beschreibung, Exzerpieren, Ideen notieren, Beschlagworten, → Schlagwort, Gliedern, → Literaturverwaltung.

6 Zitieren

If I have seen further, it is by standing on the shoulders of giants.
Isaac Newton

In diesem Kapitel geht es um das Zitieren von wissenschaftlichen Quellen. Zuerst wird die Frage behandelt, warum überhaupt zitiert werden muss. In einer wissenschaftlichen Arbeit werden alle Aussagen begründet. Sollten wir uns dabei auf fremde Quellen berufen, muss überprüfbar sein, ob sie wirklich korrekt zitiert wurden. Auch muss die eigene und fremde Leistung klar zu unterscheiden sein. Dann geht es um die Frage, welche Quellen man zitieren *kann* und welche man zitieren *muss*, und welche Kriterien relevant sind, um zu entscheiden, was in welcher Form konkret zitiert werden kann, damit die Quelle nicht verfälscht, sondern sachlich korrekt wiedergegeben wird. Formale Fragen zum Zitieren sind im Gegensatz dazu relativ eindeutig zu beantworten. Es gibt zwei Zitiermethoden, die Fußnoten- und die Zitierbelegmethode, aber sehr viele Zitierregeln, die sich mehr oder weniger in Kleinigkeiten unterscheiden. Diese technischen Details kann man ruhig einem Literaturverwaltungsprogramm überlassen. Große Sorgfalt erfordert jedoch die Grenzziehung zwischen Zitat und Plagiat. Als Finale folgen noch ein paar Gedanken und Tipps zum wissenschaftlichen Schreiben.

6.1 Warum überhaupt zitieren

Eine wissenschaftliche Arbeit gründet sich auf bereits bestehendes Wissen. Der wissenschaftliche Fortschritt wäre gering, wenn immer versucht würde, das Rad neu zu erfinden. Das gilt besonders für das wissenschaftliche Arbeiten im Studium: Zum Großteil werden Sie in Ihren Texten vorhandene Literatur zu einem Thema verarbeiten, indem Sie Positionen und Theorien referieren, analysieren, vergleichen und systematisieren. Es gehört zur *political correctness* wissenschaftlichen Arbeitens, die dabei verwendeten Quellen anzugeben und also genau zu zitieren.

Ein großer Protagonist in der Wissenschaftsgeschichte, Isaac Newton, schrieb im Jahre 1675 in einem Brief an einen Kollegen über die Entdeckung seiner Farbtheorie: „If I have seen further, it is by standing on the shoulders of Giants."

Wissenschaft geschieht nicht in einem luftleeren Raum. Jede Forschungsarbeit geht von bestehenden Forschungsergebnissen aus, von wissenschaftlichem Wissen, welches begründet ist und sich bewährt hat, nur so ist *Innovation* und *Fortschritt* in der Wissenschaft möglich. Das ist die eine Botschaft in diesem Zitat von Newton. Die zweite meint die Metapher der Riesen: Es gehört zum *wissenschaftlichen Ethos*, Forschungsergebnisse anderer nicht einfach nur zu verwenden, sondern bewusst auf sie zu verweisen. Dass sich Newton, zweifellos ein Riese in der Wissenschaft, dabei als Zwerg sieht, ist ein bemerkenswerter Ausdruck von Respekt und Wertschätzung.

Doch warum – nochmals gefragt – könnte man nicht auf Quellen überhaupt verzichten?

Das hängt mit einer wesentlichen Eigenschaft der Wissenschaft zusammen. In einer wissenschaftlichen Arbeit müssen alle Aussagen begründet werden, das ist die *conditio sine qua non* von Wissenschaft, d. h. gerade dieses durchgehende Begründen macht Ihren Text erst zu Wissenschaft – das war ja auch schon die Antwort auf die Frage, warum es für eine wissenschaftliche Arbeit einer Recherche bedarf (vgl. → S. 19).

Das gilt genauso für Ihre Texte: Sie sollten nicht nur Fakten und Ereignisse beschreiben oder Inhalte einer Lektüre zusammenfassen oder (noch schlimmer) subjektive Einstellungen äußern. Sie sollten ein Thema unter verschiedenen Perspektiven betrachten und Alternativen sehen lernen. Wenn Sie über Theorien, Studien, Interpretationen oder über Fakten und Ereignisse schreiben, bedeutet das immer, dass Sie diese referieren, analysieren, vergleichen, systematisieren, also reflektieren, diskutieren und bewerten. Und das geht nur, wenn Sie Ihre Aussagen auch *begründen*.

Sie können selbst zu begründen versuchen, mit eigenen *theoretischen* Argumenten oder mit *empirischen* Daten. Doch Sie können unmöglich alles selbst begründen! Das müssen Sie auch nicht, es gibt Quellen, die Sie zitieren können, um Ihre Aussagen zu begründen. Und zwar entweder *direkt* begründen, indem Sie eine Aussage in einer Quelle als Argument für eine eigene Aussagen verwenden, oder indem Sie eine eigene Aussage durch Widerlegung einer Aussage in einer Quelle klarstellen, also *indirekt* begründen.

Warum müssen wir recherchieren, dokumentieren, zitieren?
Um unsere Aussagen *begründen* zu können.

Diese Argumente und Begründungen, die wir aus Quellen beziehen, müssen *überprüfbar* sein – das ist ein *Qualitätskriterium* von Wissenschaft. Eine solche Überprüfbarkeit wird möglich, wenn die Quellen explizit angeführt werden. Wenn also wissenschaftliche Quellen benutzt werden, muss zitiert werden.

Das bedeutet konkret:

Erstens, es muss aufgrund Ihrer Zitate für alle Leser*innen möglich sein, die benutzen Quellen selbst einzusehen. D. h., es muss *formal* korrekt zitiert sein.

Zweitens muss nachvollziehbar sein, welche Inhalte, Begründungen, Argumentationen aus welcher Quelle für Sie relevant waren, welche Positionen dort vertreten werden, ob Sie diese sachlich korrekt wiedergeben, und wie Sie auf der Grundlage dieser zitierten Quellen zu Ihren eigenen Inhalten, Begründungen, Argumentationen kommen. Es muss *inhaltlich* korrekt zitiert sein.

Und drittens, es muss in Ihrem Text trennscharf erkennbar sein, was *Ihre* Inhalte und *Ihre* Formulierungen sind, d. h., was Sie selbst – wie bescheiden auch immer – zum Fortschritt der Wissenschaft beitragen, was Ihre Leistung ist und was aus einer Quelle stammt, also eine *fremde Leistung* ist. Die Unterscheidbarkeit von eigener und fremder Leistung durch korrektes Zitieren ist ein K-.o.-Kriterium im wissenschaftlichen Arbeiten: Wird nicht unterschieden, dann wird *plagiiert*, d. h. die Arbeit ist oder enthält ein *Plagiat* (vgl. → S. 251).

Zitieren heißt: Das Gedankengut anderer Autor*innen verwenden *und* die Quelle angeben.
Plagiieren heißt: Das Gedankengut anderer Autor*innen verwenden, *ohne* die Quelle anzugeben.

Checkliste | Sinnvoll zitieren

- □ Hängt das Zitat mit meiner Fragestellung und Argumentation zusammen? (D. h., ich zitiere nicht, bloß um Eindruck zu machen.)
- □ Habe ich die Quelle, aus der ich zitiere, gelesen und den Inhalt verstanden?
- □ Wird meine Position im Hinblick auf den zitierten Inhalt deutlich?
- □ Habe ich klar unterschieden zwischen eigenen und fremden Inhalten?

6.2 Welche Quellen zitieren

Die formalen Regeln des Zitierens sind eine Frage der Technik und im Grunde einfach. Sachlich schwieriger ist die Frage, was man zitieren *kann* und was man zitieren *muss.*

Zitierfähig ist eine Quelle dann, wenn sie für dritte Personen beschaffbar ist, wenn sie verfügbar und zugänglich ist, sei es im Buchhandel, in Bibliotheken oder elektronisch. Ein sicheres Zeichen für die Zitierfähigkeit einer Quelle ist demnach, dass der Text entweder als Buch, als Artikel in einer Zeitschrift oder im Internet veröffentlicht ist.

Nicht zitierfähig ist z. B. die sog. graue Literatur, also Schriften, die außerhalb des Buchhandels erschienen sind. Oder Beiträge in Internetforen, Zeitungen oder mündliche Äußerungen. Auch aus Seminar- und Bachelorarbeiten sollte nicht zitiert werden, weniger aus Gründen mangelnder Qualität, sondern weil sie schwer zugänglich sind.

Zitierpflichtig ist eine Quelle, wenn es eine wissenschaftliche Quelle ist, d. h., wenn sie eine klare Begrifflichkeit und eine nachvollziehbare Argumentation aufweist, auf anerkannten wissenschaftlichen Methoden basiert, selbst auch über Quellenangaben verfügt und einem oder mehreren Autoren zugeordnet werden kann.

Schwieriger wird es bei der Frage, welche *Inhalte* aus Quellen zitiert werden müssen bzw. können. An sich könnte es einfach sein: Grundsätzlich muss immer dann zitiert werden, wenn fremde Inhalte übernommen werden (egal ob wörtlich oder nicht), also *alles.* Aber auch hier gibt Ausnahmen: das sog. *Allgemeinwissen* bzw. *Lehrbuchwissen.*

Darf man also *Wikipedia* zitieren? Nein, generell nicht. Der primäre Grund ist nicht, dass *Wikipedia* unter Umständen nicht die erforderliche Qualität aufweist, eher ist es ein Problem, dass es sich um Dokumente handelt, die oft geändert werden (vgl. → S. 55). Doch vor allem sollte man Dokumente aus *Wikipedia* nicht zitieren, weil *Wikipedia* eine Tertiärquelle ist. Und Tertiärquellen (Lehrbücher, Lexika und sonstige Nachschlagewerke) braucht man nicht zu zitieren, weil sie grundsätzlich Allgemeinwissen bzw. Lehrbuchwissen beinhalten. Wobei die Abgrenzung zu Fachwissen umso leichter fällt, je mehr man über Kenntnisse des Forschungsbereiches verfügt. Hilfreich ist auch, wenn man sich überlegt, wie die Zielgruppe, an die man sich wendet, diese Unterscheidung treffen würde. Oder im Zweifelsfall zitieren. In diesen inhaltlichen Fragen ist ein wenig Fingerspitzengefühl gefragt, einfacher sind die folgenden Formalia.

6.3 Zitierregeln und -stile

Zitieren heißt: Erstens Gedankengut aus Quellen verwenden, wörtlich oder dem Sinn nach, und zweitens die Quellen angeben. Zitierregeln und -stile sind Vorschriften und Standards, wie Quellen angegeben werden, wie sie im Text belegt und bibliografisch im Literaturverzeichnis aufgelistet werden. Es gibt viele unterschiedliche Standards und Regeln, wie formal korrekt zitiert werden kann. Teilweise haben Wissenschaftsdisziplinen und renommierte Fachzeitschriften ihre eigenen Zitierregeln. *Citavi* hat alle im Griff: Sie können zurzeit aus einem Repertoire von 2.865 englischen und 939 deutschen Zitierregeln wählen.

Der primäre Unterschied bei den Zitierregeln hängt mit dem → **Zitierstil** zusammen, der Zitierweise, dem Zitiersystem (*citation system*). Hier ist die Landschaft noch sehr überschaubar: Es gibt die Fußnotenbelegmethode, das sog. deutsche System, das ist der älteste Zitierstil, und die Kurzbelegmethode, das amerikanische oder Harvard-System.

Bei der **Fußnotenbelegmethode** wird – wie der Name schon sagt – die Quellenangabe samt Seitengabe als Fußnote auf derselben Seite eingefügt wird.

Beispiel | Zitierstil Fußnotenbelegmethode (deutsches System)
Umberto Eco plädiert in seinem Klassiker eindeutig für die Fußnotenbelegmethode: „Würden die Quellen der Zitate im Text angegeben, so wäre seine Lektüre beschwerlich. Es gibt natürlich Methoden, auf Fußnoten zu verzichten und die wichtigsten Verweisungen im Text selbst unterzubringen (wie z. B. beim System Autor – Erscheinungsjahr, vgl. V.4.3.)."[14]

Die Quellenangabe steht in der Fußnote, ein eigenes Literaturverzeichnis gibt es nicht. Sollte die Quelle nochmals zitiert wird, wird mit einer Abkürzung auf sie verweisen („Ders.", „Dies."). Es ist auch üblich, die Fußnoten nicht am Fuß der Seite zu drucken, sondern am Ende eines Kapitels oder am Ende der Arbeit als Endnoten. Die Fußnoten- und Endnotenbelegmethode ist allerdings für das Lesen beschwerlicher – hier bin ich anderer Meinung als Umberto Eco. Außerdem eignen sich Fußnoten eher für Anmerkungen, die nicht direkt zur Argumentation gehören, dennoch indirekt relevant sind.

Bei der **Kurzbelegmethode** oder *Harvard-System* steht der Kurzbeleg, der Quellenbeleg in Kurzform, direkt hinter dem Zitat im Fließtext, im Literaturverzeichnis werden dann alle Quellen in ausführlicher Form gelistet.

Beispiel | Zitierstil Kurzbelegmethode (Harvard-System)
Offensichtlich hängen Zitierstile mit der Wissenschaftsdisziplin zusammen. Die Hypothese liegt nahe, dass für Sozialwissenschaftler*innen die Quellen unmittelbar nicht die gleiche Relevanz haben wie für einen Kulturwissenschaftler: Umberto Eco will bei der Lektüre *sofort*, „auf einen Blick", wissen, nicht nur von *wem*, sondern auch aus *welchem Werk* das Zitat stammt: „Fußnoten dienen dazu, die Herkunft der Zitate anzugeben. […] Handelt es sich um eine bibliographische Angabe, so steht die Anmerkung besser am Fuß der Seite als am Ende des Buches oder des Kapitels, weil man dann auf einen Blick nachsehen kann, worum es sich handelt." (Eco 2020, S. 211)

---

14 Eco, Umberto: Wie man eine wissenschaftliche Abschlussarbeit schreibt. 14. Aufl. Wien: facultas; Stuttgart: UTB, 2020, S. 211.

Der Kurzbeleg steht in Klammer nach dem Zitat und besteht aus Nachnamen der Autorin, Jahr und Seitenangabe. Im Literaturverzeichnis am Ende der Arbeit wird die Quelle ausführlich nachgewiesen: „Eco, Umberto (2020): Wie man eine wissenschaftliche Abschlussarbeit schreibt. 14. Aufl. Wien: facultas; Stuttgart: UTB."

Die Frage, welcher Zitierstil übersichtlicher und lesefreundlicher ist, muss man für sich selbst entscheiden. Sollte man die Fußnotenbelegmethode favorisieren, ist zu berücksichtigen, dass die Harvard-Methode beim Schreiben einfacher handzuhaben ist und zudem den Vorteil hat, dass die verwendete Literatur *in toto* im Literaturverzeichnis aufscheint.

Wenn Sie eine Seminar-, Bachelor- oder Masterarbeit schreiben, kann es sein, dass Ihre Betreuer*innen Ihnen Zitierregeln empfehlen bzw. vorschreiben – oder Ihnen freie Wahl lassen. Auch Forschende, die in Fachzeitschriften oder Sammelbänden publizieren, müssen sich an spezifische Reglements halten. Zudem gibt es in Wissenschaftsfächern meist einen Zitierstil als Standard, den man anwenden sollte.

Grundsätzlich liegt die Entscheidung, welchen Zitierstil Sie wählen, bei Ihnen. Egal, welche Zitierregeln Sie einer Arbeit verwenden, es gilt *eine* Metaregel: Alle Regeln müssen in der Arbeit konsequent und konsistent befolgt werden.

Ich habe mich in diesem Buch für den Harvard-Zitierstil entschieden, diesen werde ich Ihnen im Folgenden näher vorstellen als Beispiel für viele andere. Diesem Zitierstil entspricht übrigens der sog Basis-Stil des → Literaturverwaltungsprogrammes *Citavi*. Wenn Sie auch mit *Citavi* arbeiten, können Sie ohne Bedenken diesen Zitierstil verwenden, vorausgesetzt natürlich, Sie haben die Daten korrekt erfasst. Es ist, wie gesagt, hilfreich, wenn bereits bei der Dokumentation der Literatur auf die korrekte Zitierweise zu achten, Sie sparen sich so viel Arbeit.

Der Quellenbeleg besteht bei der Kurzbeleg- oder Harvard-Methode nur aus dem Nachnamen des Autors, dem Erscheinungsjahr und der Seitenangabe.

Ein **Zitat** ist ein aus einer Quelle wörtlich oder sinngemäß übernommener Text samt Quellenbeleg.

Man kann mehrere Formen von Zitaten unterscheiden.

Das **wörtliche** oder **direkte Zitat** gibt die zitierte Textstelle wortgetreu wieder. Das Zitat wird in Anführungszeichen gesetzt, der Quellenbeleg folgt zwischen Klammern:

> **„…“ (Nachname Jahr, Seite)**
> „Zitieren ist wie in einem Prozeß etwas unter Beweis stellen. Ihr müßt die Zeugen immer beibringen und den Nachweis erbringen können, daß sie glaubwürdig sind. Darum muß die Verweisung *ganz genau* sein (man zitiert keinen Autor, ohne das Buch und die Seite des Zitats anzugeben), und sie muß von jedermann *kontrolliert* werden können.“ (Eco 2020, S. 204)

Grundsätzlich muss ein Text, wenn er direkt zitiert wird, natürlich wortgleich 1:1 so zitiert werden, wie er in der Quelle steht. Das betrifft auch Hervorhebungen (kursiv oder fett gedruckte Wörter), diese werden mit „[Hervorhebung im Original]“ oder „[Herv. im Original]“ gekennzeichnet

Will man im Zitat selbst hervorheben (z. B. durch Kursivsetzung), bedarf es eines Hinweises auf die Hervorhebung z. B. mit „[Herv. d. Verf.]“ oder mit eigenen Initialen „[Herv. KN]“ .

Korrekt zitieren heißt paradoxer-, aber konsequenterweise auch, *nicht korrekte Textpassagen*, so wie sie in der Quelle stehen, also ggf. fehlerhaft zu übernehmen. Auffällige Fehler können durch ein „[sic!]“ (= lat. so!) kenntlich gemacht werden. Vor allem Texte, die in der alten deutschen Rechtschreibung verfasst sind, bleiben in der Originalfassung erhalten, obwohl die Rechtschreibprüfung der Textverarbeitung Word protestiert.

Beispiel | Text *mit* Fehlern zitieren ist in Zitaten Pflicht
Ein schönes Beispiel dafür ist der gerade aus dem Buch von Umberto Eco (2020, S. 204) zitierte Satz: Es handelt sich zwar um die 14. Auflage, erschienen 2020, ist aber noch in der alten Rechtschreibung gedruckt, gemäß der ein „ß“ zum Teil auch nach einem kurzen Vokal geschrieben wird: fünfmal ein nach der neuen Rechtschreibung falsches „ß“. Dasselbe wird Ihnen auch schon beim Zitat auf → S. 27 aufgefallen sein.

Wird eine Textpassage nicht als Ganzes zitiert, sondern nur Teile, wird der ausgelassene Text durch *Auslassungszeichen* „[...]“ verdeutlicht. Sind aus grammatikalischen Gründen Ergänzungen erforderlich, so sind diese in eckige Klammern zu setzen.

Beispiel | Auslassungen und Ergänzungen in Zitaten
Damit Schülerinnen und Schüler von Plagiaten abgehalten werden, schlägt Stöcklin (2010) vor, dass Lehrerinnen und Lehrer „zeitgemäße Aufträge [...] [erteilen], die nicht einfach durch das Zusammentragen von Informationen aus der *Wikipedia* gelöst werden können. [...] Informationen *reflektiv* und *kreativ* [Herv. KN] weiternutzen ist in der heutigen Zeit des Internets sinnvoller als einfach Fakten zusammentragen, die in der *Wikipedia* ohnehin schon zusammengetragen sind.“ (Stöcklin 2010, S. 120)

Je nachdem, wie umfangreich das direkte Zitat ist, lassen sich unterscheiden: das Kürzestzitat (ein bis fünf Wörter), das Kurzzitat (bis zu 40 Wörter eines Textes) und das Lang- oder Blockzitat (zwischen 40 und 200 Wörter). Längere Zitate sollten als eigener Absatz, einzeilig, eingerückt und mit kleinerer Schriftgröße formatiert werden.

Wird sukzessive aus derselben Quelle zitiert, so wird der Kurzbeleg abgekürzt z. B. mit „ebd., S. 120“. Stehen die aufeinander folgenden Zitate auf derselben Seite der Quelle, kann auch die Seitenangabe entfallen, also „ebd.“.

Wird das Zitat aus zwei aufeinanderfolgenden Seiten in der Quelle entnommen, so wird diese durch „f.“ (=„und folgende“) berücksichtigt: „(Stöcklin 2010, S. 120f.).

Überblick | Korrekt direkt zitieren

- Direkt zitieren heißt: Ich übernehme den *Inhalt* und die *Worte* aus der Quelle und gebe die Quelle an.
- Direkt zitieren ist angezeigt, wenn es sich um eine Stelle handelt, in der die Formulierung die Position des Autors gut verdeutlicht. Weniger, weil man die Mühe scheut, einen zitierten Inhalt in eigenen Worten zu formulieren.

- Direkt zitieren bedeutet auch, keine Änderungen oder Korrekturen am Text zu machen! Auch das alte ß bleibt!
- Weglassungen im Zitat werden mit [...] gekennzeichnet, Ergänzungen zwischen [eckige Klammern] gesetzt.
- Längere Zitate werden als eigener Absatz in kleiner Schrifttype gedruckt.

Das **sinngemäße, indirekte Zitat** (auch Paraphrase genannt) fasst die grundlegenden Gedanken einer Textpassage in eigenen Worten zusammen. Anführungszeichen werden hier keine gesetzt, und genau wie beim direkten Zitat muss die Quelle belegt werden.

> **... (vgl. Nachname Jahr, Seite)**
> In seinem Klassiker über das wissenschaftliche Schreiben vergleicht Umberto Eco das Zitieren mit der Beweisführung vor Gericht: Die Quellen seien wie Zeugen anzuhören, ihre Glaubwürdigkeit müsse nachgewiesen sein; eine Quellenangabe müsse deswegen exakt und d. h. nachvollziehbar sein (vgl. Eco 2020, S, 204).

Die Interpunktion nach dem indirekten Zitat ist eine oft diskutierte, eigentlich müßige Frage. Man muss sich nur für eine Regelung entscheiden und konsequent beibehalten. Eine Möglichkeit wäre: Steht das indirekte Zitat innerhalb eines Satzes (wie in diesem Beispiel), dann folgt der Punkt nach dem Quellenbeleg. Erstreckt sich das sinngemäße Zitat in der Quelle über einen oder mehrere Sätze, so wird der letzte Satz mit Punkt abgeschlossen, darauf folgt der Quellenbeleg.

Wird eine längere Passage indirekt zitiert, sollte klar und transparent gemacht werden, wo die Grenze zwischen fremden und eigenen Gedanken verläuft. Eine Möglichkeit wäre, dass das Zitat mit einer entsprechenden Formulierung eingeleitet wird, z. B.: „Wie Eco (2020) sehr einleuchtend erklärt, sei das Zitieren mit der Beweisführung vor Gericht vergleichbar und ... (Eco 2020, S. 240)". Eine zweite Möglichkeit ist (wie in diesem Beispiel), dass bei einem indirekten Zitat die indirekte Rede bzw. der Konjunktiv verwendet wird. Es ist ein Zeichen von Wissenschaftskultur, fremden Gedanken und ihren Urheber*innen gegenüber Respekt zu zeigen, auch wenn es vermeintlich um Kleinigkeiten geht.

Zitat | Umberto Eco und die Sensibilität des Zitierens
„Fußnoten dienen dazu, Schulden zu bezahlen. Ein Buch zitieren, aus dem man einen Satz übernommen hat, heißt Schulden zahlen. Einen Autor zitieren, von dem man einen Gedanken oder eine Information verwendet hat, heißt Schulden zahlen. Manchmal muß man auch weniger klar benennbare Schulden zahlen und aus Gründen der wissenschaftlichen Korrektheit in einer Anmerkung beispielsweise darauf hinweisen, daß von uns entwickelte eigenständige Gedanken ohne die Anregungen durch die Lektüre eines bestimmten Buches oder bei Gesprächen mit einem bestimmten Forscher nicht möglich wären." (Eco 2020, S. 213)

Überblick | Korrekt indirekt zitieren

- Indirekt zitieren heißt: Ich übernehme den *Inhalt* aus der Quelle, indem ich diesen in eigenen Worten formuliere, und gebe die Quelle an.
- Eine Voraussetzung für ein gutes indirektes Zitat: Ich lese die Quelle so lange, bis ich sie wirklich verstanden habe.
- Keinesfalls darf man den Sinn ändern: Wer das tut, hat offenbar den Text der Quelle nicht verstanden.
- Man sollte nicht nur indirekte Zitate aneinanderreihen, sondern Beziehungen herstellen zwischen den Zitaten und dem eigenen Text.
- Man sollte nur zitieren, wenn die Textstelle im Zusammenhang mit dem eigenen Text steht.
- Man darf nicht Anfang und Ende eines Zitates im Unklaren lassen.
- Der Wortlaut eines indirekten Zitates muss sich wesentlich vom Wortlaut der Quelle unterscheiden: Das könnte sonst als Plagiat gesehen werden.

Ein *Sekundärzitat* liegt dann vor, wenn nicht aus dem Original selbst, sondern nach einer zweiten Quelle zitiert wird, z. B.: „Eco zit. nach Niedermair 2023, S. 248". Dabei besteht die Gefahr, dass ein falsches Zitat – wie in der stillen Post – ungeprüft übernommen wird. Sekundärzitate sollten vermieden werden, sie sind Notlösungen, falls die Originalquellen nicht (mehr) auffindbar sind, und müssen klar gekennzeichnet werden mit „zit. nach …". Aber in diesem Zusammenhang zu schwindeln geht gar nicht:

> „Was ihr aber auf keinen Fall tun dürft, das ist, aus einer Quelle zweiter Hand zu zitieren und so zu tun, als hättet ihr das Original gesehen. Das ist nicht nur eine Frage des beruflichen Anstands: stellt euch vor, jemand kommt und fragt euch, wie es euch gelungen ist, das und das Manuskript einzusehen, von dem man weiß, daß es 1944 zerstört wurde!" (Eco 2022, S. 72)

Bildmaterialien (Illustrationen, Tabellen, Fotos, Diagramme usw.) müssen ebenso zitiert werden: Der Beleg wird entweder im Anschluss an die Bildunterschrift angeführt oder in einem begleitenden Text. Auch wenn die Grafik nicht direkt übernommen wird, sondern als eigene Nachbildung, muss das Original zitiert werden, das wäre streng genommen ein indirektes Zitat.

Hinweise | Bildmaterialien
Um Missverständnissen vorzubeugen, empfiehlt es sich, eigene Kreationen als solche zu kennzeichnen, bspw.: „Eigene Darstellung", „Fotonachweis: N. N."
Nota bene: Wenn Sie ohne Einverständnis des Urhebers bspw. ein Foto aus einer Quelle übernehmen, dann verletzen Sie ggf., auch wenn Sie die Quelle korrekt zitieren, das *Urheberrecht*. Auf „Nummer sicher" gehen Sie, wenn Sie Fotos aus Quellen übernehmen, die als „Creative Commons" veröffentlicht wurden – vgl. https://openverse.org/, https://commons.wikimedia.org/ oder https://www.flickr.com/. Zitieren müssen Sie allerdings immer!

Im **Literaturverzeichnis** werden alle im Text zitierten Quellen bibliografisch vollständig und in alphabetischer Reihenfolge aufgelistet. Die → formale Beschreibung kann in Details variieren, abhängig von den jeweiligen Zitierregeln, wobei Eckdaten wie Autor, Titel, Jahr, Zeitschrift usw. immer angeführt werden.

Tipp | Die Suchmaschinen der Bibliotheken sind wertvolle Referenzquellen für Notfälle beim Zitieren: Wenn Sie vor der Fertigstellung Ihrer schriftlichen Arbeit entdecken, dass ein Literaturhinweis unvollständig ist (das passiert, wenn nicht dokumentiert wird) und Sie das Buch selbst nicht mehr verfügbar haben, können Sie die fehlenden Angaben durch eine Recherche in Ihrem Online-Katalog oder im Karlsruher Virtuellen Katalog (KVK) ergänzen. Sie sollten auch prüfen, ob es sich um die Quelle in derselben Ausgabe handelt, da ggf. Seitenangaben variieren können!

Im hier verwendeten Reglement werden Quellen je nach → Publikationsform wie folgt dargestellt.

Bücher (Monografien, Sammelbände)

Nachname, Vorname (Jahr): Titel. Untertitel. Auflage. Verlagsort: Verlag. (Reihe. Zählung)

Eco, Umberto (2020): Wie man eine wissenschaftliche Abschlussarbeit schreibt: Doktor-, Diplom- und Masterarbeit in den Geistes- und Sozialwissenschaften. 14. Aufl. Wien: facultas; Stuttgart: UTB.

Lakoff, George (2021): Leben in Metaphern. Konstruktion und Gebrauch von Sprachbildern. 10. Aufl. Heidelberg: Auer.

Zeitschriftenaufsätze

Nachname, Vorname (Jahr): Titel. Untertitel. In: Zeitschrift, Jahrgang, Seiten.

Mölg, Thomas; Cullen, Nicolas J.; Kaser, Georg (2009): Solar radiation, cloudiness and longwave radiation over low-latitude glaciers. Implications for mass balance modeling. In: Journal of Glaciology, 55, S. 292–302.

Aufsätze in Sammelbänden

Nachname, Vorname (Jahr): Titel. Untertitel. In: Nachname, Vorname (Hrsg.): Titel. Untertitel. Ausgabe. Verlagsort: Verlag, Seiten.

McGinn, Marie X. (2017). Sagen und Zeigen und die Kontinuität in Wittgensteins Denken. In: Koller, Jürgen (Hrsg.): Ludwig Wittgenstein Tractatus logico-philosophicus. Wovon man nicht sprechen kann, darüber muss man schweigen. Zu den unterschiedlichen Lesarten von Sagen und Zeigen. München: Philosophia Verl., 2017. S. 359–384.

Internetdokumente

Nachname, Vorname (Jahr): Titel. Verfügbar unter: https://... [Stand: JJJJ-MM-TT].

Schmitt, Rudolf: Systematische Metaphernanalyse als qualitative Sozialwissenschaftliche Forschungsmethode. Verfügbar unter https://www.metaphori

k.de/sites/www.metaphorik.de/files/journal-pdf/21_2011_schmitt.pdf [Stand: 2023-03-31].

Wikipedia (2023): Zitierregeln. Verfügbar unter: https://de.wikipedia.org/wiki/Wikipedia:Zitierregeln [Stand: 2023-03-31].

Wichtig bei Internetdokumenten ist der URL (der *Uniform Resource Locator*, die Internetadresse), ebenso die Angabe des Datums, wann die Webseite aufgerufen wurde, also zuletzt geprüft wurde. Bei *Wikipedia*-Beiträgen macht eine zusätzliche Zeitangabe Sinn. Zudem sollte man zitierte Internetdokumente als pdf-Datei speichern und archivieren.

Chatbot-Dokumente

OpenAI's ChatGPT AI language model, persönliche Interaktion, 28.03.2023.

Wahrscheinlich werden Texte aus einem Chatbot wie z. B. *ChatGPT* künftig auch als Quelle zitiert. Und zwar vornehmlich als Primärquelle, wenn Texte von *ChatGPT* selbst Gegenstand einer Forschungsfrage sind, z. B.: *Wie interagiert das KI-System typischerweise bei Anliegen der Literaturrecherche?* Als Sekundärquelle ist *ChatGPT* prinzipiell ungeeignet und nicht zitierwürdig, alle Informationen, auch Begriffsdefinitionen, dürfen nur mit anderen Quellen belegt werden. Detaillierte Richtlinien, wie man bspw. die KI-Unterstützung durch *ChatGPT* beim Formulieren einer Forschungsfrage oder bei einer Recherche, kenntlich macht, gibt es noch nicht.

Abschließend noch ein paar *wichtige Kleinigkeiten:* Am Ende jeder Fußnote und jedes Eintrages im Literaturverzeichnis steht ein Punkt. Aufgezählt werden bis zu drei Autoren, sind es mehr, kürzt man ab mit „u. a." (und andere). Ist der Verfasser nicht bekannt, schreibt man: „o. V." (ohne Verfasser). Bei Internetdokumenten wird der Betreiber der Website angeführt. Sind bei einem Sammelband Herausgeber und Verfasser identisch, kann man mit „ders." abkürzen. Verweist man auf zwei Seiten, schreibt man f., verweist man auf mehr als zwei Seiten ff. Mehrere Veröffentlichungen einer Autorin im gleichen Jahr unterscheidet man mit Buchstaben: Eco 2022a usw. Das Literaturverzeichnis wird alphabetisch sortiert.

Bei den Zitierregeln gibt es viele technische Details. Man kann sie pedantisch und zwanghaft kultivieren. Technisch perfektes Zitieren ist wichtig, fehlerhaftes und inkonsequentes Zitieren macht sich nicht gut und kann ein Grund sein, weshalb eine Arbeit nicht angenommen wird. Doch perfektes Zitieren allein ist noch keine Garantie für die Qualität einer Arbeit. Halten

Sie also den Aufwand dafür in Grenzen, bleiben Sie bei den Inhalten und delegieren Sie technische Fragen ruhig an eine Software wie *Citavi*, man kann dieser Form von Intelligenz vertrauen. Beim Zitieren gibt es genug Fragen, die wirklich menschliche Intelligenz erfordern, z. B., welche Quellen man zitieren kann bzw. muss, ob man sie inhaltlich korrekt zitiert, also verstanden hat – und ob man sicher auf Kurs ist im Grenzgang zwischen *Zitat* und *Plagiat*.

6.4 Achtung, Plagiat!

Plagiarismus ist in den letzten Jahrzehnten zu einem heißen Eisen in Wissenschaft, Forschung und Studium geworden. Plagiatsfälle, die Personen des öffentlichen Lebens betreffen, werden immer wieder als Skandale in den Medien kolportiert, zum Teil auch mit Schadenfreude, jemanden als Schwindler entlarvt zu haben. Das Thema Plagiat ist tatsächlich zunehmend virulent geworden, seitdem sich das Internet als Publikationsmedium für die Wissenschaft etabliert hat. Wobei sich die Frage stellt, ob tatsächlich die Häufigkeit von Plagiaten zugenommen hat, weil so viele Online-Quellen verfügbar sind. Oder ob Plagiate gerade deswegen vermehrt und leichter auffliegen. Die Versuchung ist zweifellos größer geworden, angesichts der Menge an *at your fingertipps* verfügbaren Dokumente Textpassagen mit *Copy-and-Paste* in die eigene Arbeit zu transferieren und als eigene auszugeben, also ein Plagiat zu *begehen*, und dies sogar systematisch zu tun. Natürlich hat sich auch das Risiko erhöht, dass Text oder Inhalt aufgrund mangelnder Vorsicht und Sorgfalt übernommen werden, ohne wirklich bewusst ein Plagiat begehen zu wollen.

Andererseits ist es im Vergleich zu den Offline-Medien auch in technischer Hinsicht sehr viel einfacher, ein Plagiat zu *erkennen*. Es gibt Systeme, die sog. Plagiatssoftware, die einen zu prüfenden Text, etwa eine Abschlussarbeit oder ein Buchmanuskript, genauso mit dieser Menge online verfügbarer Dokumente abgleichen kann. Mittlerweile werden Abschlussarbeiten an manchen Universitäten bereits quasi prophylaktisch mit Plagiatssoftware gescannt und geprüft.

Wahrscheinlich trifft beides zu, mehr tatsächliche Plagiate und mehr entdeckte Plagiate, meint auch Stefan Weber (2007, S. 49), ein Experte in Sachen Plagiat, wobei er annimmt, dass der Anteil entlarvter Plagiate wahrscheinlich vergleichsweise höher liegt. Allerdings müsste man im

Hinblick auf Schätzungen vorrangig klären, was genau als Plagiat gezählt wird, denn in dieser Frage gibt es, besonders im Einzelfall, nicht immer Klarheit und Einvernehmen.

Ein Plagiat ist ein *rechtliches* und *moralisches* Vergehen, kein Lausbubenstreich. Ein Plagiat hat Konsequenzen: Prüfungen müssen wiederholt werden, Seminar- und Abschlussarbeiten neu geschrieben, es kann zu einem Ausschluss vom Studium kommen, akademische Grade können nachträglich aberkannt werden. Ein Plagiat, das nach Jahren z. B. in einer Dissertation entdeckt wird, kann das Aus für eine Karriere bedeuten. Es gibt hinlänglich Beispiele von Persönlichkeiten aus Politik und Wissenschaft, die über ein Plagiat in einer akademischen Abschlussarbeit gestolpert sind.

Doch die in Bildungseinrichtungen, in den Medien und in der Öffentlichkeit geführten Diskussionen über Plagiate zeigen auch: *Was* genau ein Plagiat ist und was genau den *Tatbestand* eines Plagiats erfüllt, darüber gibt es nicht immer Einigkeit, es ist nicht so klar. Das führt unter anderem dazu, dass Entscheidungen von Universitäten, ob der akademische Grad abzuerkennen ist oder nicht, in der öffentlichen Wahrnehmung eine gewisse Willkür vermuten lassen.

Dass der Begriff „Plagiat“ unscharf ist und viel Interpretationsspielraum aufweist, hängt wohl auch damit zusammen, dass das Wort „Plagiat“ in diesem Zusammenhang eigentlich im übertragenen Sinn gebraucht wird, also eine *Metapher* ist.

Die **Metapher** „Plagiat“ ist auf das lateinische Wort *plagium* zurückzuführen, das in der wörtlichen, d. h. in der eigentlichen Bedeutung das Delikt des Menschenraubes bezeichnet – und der Plagiator, der *plagiarius*, ist ein Sklavenhändler, ein Menschenräuber, ein Kidnapper. Wörter werden ja nicht nur in ihrer eigentlichen Bedeutung verwendet, sondern auch in einer *übertragenen*. Vor allem tun das Menschen, die kreativ mit Sprache umgehen, wie Schriftsteller*innen und Dichter*innen.

Tatsächlich ist bei der Entstehung der Metapher *Plagiat* ein Dichter im Spiel, eigentlich sind es zwei, wobei der zweite mit unlauteren Mittel arbeitet. Der römische Dichter Martial beschimpfte seinen Dichterkollegen Fidentinus metaphorisch als *plagiarius*, da ihm dieser seine Verse gestohlen und, als wären es seine eigenen, vorgetragen hat. Martial vergleicht – in der Metapher konsequent – seine Verse mit frei gelassenen Sklaven, die von diesem bösen Sklavenhändler geraubt werden (Epigramme 1, 52):

„Wenn sie [die Verse] sich über diesen Sklavendienst beklagen
und der Kerl sich dann noch ihren Herrn nennt,
sag, sie seien die Meinen, Freigelass'ne!
Ruf das drei- oder viermal in die Runde,
und bring so diesem Menschenräuber Scham bei!"

Wie gesagt, die Tatsache, dass die Worte „Plagiator" und „Plagiat" in diesem Sinne ursprünglich metaphorisch gemeint waren, zeigt literarische Qualität, ist aber gleichzeitig ein Indiz dafür, dass es nicht so einfach ist, die Bedeutung des Begriffes *Plagiat* zu definieren. Insofern werfen einzelne Definitionsversuche immer auch weitere Fragen auf.

Ein Plagiat begeht, wer eine *fremde geistige Leistung* als *eigene* ausgibt.

Diese gängige **Definition** (der übrigens auch der Römer Martial zustimmen würde) klingt einfach und trifft den Kern. Aber was genau sind *geistige Leistungen?* Üblicherweise wird dieser Begriff sehr breit verwendet. Medientechnisch gesehen könnten das sein: Texte in Büchern, Zeitschriften, Zeitungen, genauso Fotos, Filme, Gedichte, Tonaufnahmen, Musikstücke. Und in inhaltlicher Hinsicht: Ideen, Gedanken, Erkenntnisse, Erfindungen, schöne Literatur, Kunstwerke, Design, Musik usw.

Dieses Spektrum geistiger Leistungen wird für *Wissenschaft, Forschung* und *Studium* entsprechend eingeschränkt:

„Es geht bei einem Plagiat um die Aneignung und Verwendung von *Textpassagen, Theorien, Hypothesen, Erkenntnissen oder Daten* durch direkte, paraphrasierte oder übersetzte Übernahme ohne entsprechende Kenntlichmachung und Zitierung der Quelle und der Urheberin oder des Urhebers."[15]

15 So z. B. im österreichischen Universitätsgesetz formuliert: § 51 Abs 2 Z 31 UG 2002, Fassung vom 01.02.2023, URL: https://www.ris.bka.gv.at/Dokumente/Bundesnormen/NOR40237374/ NOR40237374.pdf (Kursivierung KN)

Auch diese Definition ist grundsätzlich brauchbar – zu klären wäre noch, ob die Urheberschaft einer geistigen Leistung nur einem Menschen oder auch einer künstlichen Intelligenz zugesprochen werden kann, doch dazu kommen wir noch. In diesem Gesetzespassus wird übrigens auch der Modus beschrieben, *wie* plagiiert wird, nämlich entweder durch Übernahme eines Textes im selben Wortlaut (direkt) oder in einer anderen alternativen Formulierung (indirekt, d. h. paraphrasiert oder übersetzt). In beiden Varianten trifft der Befund Plagiat zu, weil die Quelle nicht angegeben wird. Wäre dies der Fall, wäre es ein korrektes direktes bzw. indirektes Zitat.

Diese Definition ist zwar theoretisch klar, kritisch ist allerdings, dass damit alternative Formen des Plagiats, wie z. B. das Strukturplagiat, Selbstplagiat oder das *Ghostwriting*, nicht berücksichtigt werden. Darin zeigt sich die Komplexität des Phänomens Plagiat im Bereich der Wissenschaft. Auch andere Definitionen sind insofern nicht immer hieb- und stichfest (vgl. Reichmann 2012, S. 126f.).

Einmal wenn in einer Definition von *Absicht* und *Vorsatz* bei der Übernahme fremder Leistung die Rede ist. Kann dies eine notwendige Voraussetzung sein, um von einem Plagiat sprechen zu können? Abgesehen davon, dass der Nachweis eines solchen Tatbestandes schwierig sein dürfte, zumal eine Person, die plagiiert, dies wahrscheinlich in Abrede stellen würde, gibt es ja Plagiate, die einfach nur „passieren“, ohne Absicht und Vorsatz.

Oder wenn die Übernahme einer fremden Leistung als *widerrechtlich* unterstellt wird. Tatsächlich verletzen aber nicht alle Plagiate Rechtsnormen, wie z. B. das Urheberrecht, es können auch ethische Normen betroffen sein, z. B. die „Regeln guter Wissenschaftlicher Praxis“, die sich Universitäten verordnen. Aber sehen wir uns zuerst die rechtlichen Normen an.

Eine Rechtsgrundlage, mit der Sanktionen bei Vorliegen eines Plagiates begründet werden, ist das **Urheberrecht.** Es geht von der Voraussetzung aus, dass eine geistige Leistung immer auch das ***Eigentum*** eines *Urhebers* ist. Damit sind „Eigentumsrechte“ verbunden, insbesondere (wirtschaftliche) *Verwertungsrechte,* und das Persönlichkeitsrecht, vor allem der Schutz der Urheberschaft.

Während das zweite Recht nicht beschränkt werden kann, kann das Verwertungsrecht vertraglich z. B. an einen Verlag abgetreten werden. Beschränkt werden können die Verwertungsrechte insbesondere durch die Möglichkeiten der Vervielfältigung zum eigenen Gebrauch, im Sinne des kleinen und großen *Zitates*, und dadurch, dass 70 Jahre nach dem Tod eines Urhebers das Werk *gemeinfrei* ist.[16]

Wenn ein Werk vervielfältigt und verbreitet wird, wörtlich oder dem Sinn nach, unter eigenem oder fremdem Namen, ohne Quellenhinweis (sofern es ein Zitat ist) oder (sofern nicht) ohne Einverständnis des Urhebers (und dieser nicht schon mehr als 70 Jahre tot ist), dann liegt nach dem Urheberrecht eine *Urheberrechtsverletzung* vor. Diese kann *zivilrechtliche* Konsequenzen haben: Klage auf Unterlassung und Beseitigung der Verletzung, Urteilsveröffentlichung, Klage auf Schadenersatz. Aber auch *strafrechtliche*: insbesondere, wenn die Verwertungsrechte (z. B. eines Verlages) betroffen sind, ggf. kann eine Anzeige wegen Betruges erfolgen.

Das Urheberrecht schafft zwar eindeutige Fakten, vor allem, was die rechtlichen Konsequenzen betrifft, allerdings ist nicht *jede* Urheberrechtsverletzung ein Plagiat und genauso wenig umgekehrt. Veröffentliche ich ohne Lizenzrechte ein fremdes Werk unter Nennung der Autorin, ist das eine Urheberrechtsverletzung, aber kein Plagiat. Wenn ich 70 Jahre nach dem Tod des Autors das nun gemeinfreie Werk ohne Nennung des Autors und unter meinen Namen veröffentliche, so ist das ein eindeutiges Plagiat, aber keine Urheberrechtsverletzung, weil nach 70 Jahren das Urheberrecht des Autors erlischt. Auch eine Seminararbeit fällt durch den Rost: Da sie nicht als Veröffentlichung gilt ist, wäre es keine Urheberrechtsverletzung, sie zu plagiieren. Gleiches gilt für Bagatellfälle, also kleinere Plagiate, oder für das sog. *Ghostwriting*.

Im Hinblick auf das Plagiat in wissenschaftlichen Publikationen und in akademischen Abschlussarbeiten gibt es deswegen zusätzliche **universitätsrechtliche Bestimmungen.** Für diese ist das Objekt der plagiierenden Begehrlichkeit nicht das *Eigentum* des Urhebers, sondern seine ***Leistung***. Nicht das *ökonomische* Kapital ist der Knackpunkt, sondern das *symbolische* Kapital, also die Reputation und die Voraussetzung für einen akademischen Grad oder eine Karriere als Forscherin. Wenn Sie eine Abschlussarbeit schreiben, wollen Sie mit Ihrem urheberrechtlichen Eigentum in der Regel kein Geld verdienen, sondern sich mit Ihrer Leistung für den erfolgreichen Abschluss Ihres Studiums legitimieren. Ein Plagiat bei einer Abschlussarbeit ist zwar auch eine unrechtmäßige Verwertung eines fremden Werkes, aber primär geht es um das *Vortäuschen von Leistung*.

---

16 Vgl. das österreichischen Urheberrecht: https://www.ris.bka.gv.at/eli/bgbl/1936/111/P42/NOR40173316

Was die *Definition* des Plagiats betrifft, schafft das Universitätsgesetz diesbezüglich Klarheit, so z. B. das österreichische:

> „31. Ein Plagiat liegt eindeutig vor, wenn Texte, Inhalte oder Ideen übernommen und als eigene ausgegeben werden. Dies umfasst insbesondere die Aneignung und Verwendung von Textpassagen, Theorien, Hypothesen, Erkenntnissen oder Daten durch direkte, paraphrasierte oder übersetzte Übernahme ohne entsprechende Kenntlichmachung und Zitierung der Quelle und der Urheberin oder des Urhebers.
> 32. Vortäuschen von wissenschaftlichen Leistungen liegt jedenfalls dann vor, wenn auf „Ghostwriting“ zurückgegriffen wird oder wenn Daten und Ergebnisse erfunden oder gefälscht werden.“[17]

Weniger klar ist das Universitätsgesetz, wenn es um die *Konsequenzen* eines Plagiates geht. Sowohl die Konkretisierung von Bestimmungen als auch die Entscheidung im Einzelfall wird der betroffenen Universität überlassen. In einer Soll-Bestimmung ist zwar die Nichtigerklärung einer erfolgten Beurteilung geregelt, wenn diese durch die Verwendung unerlaubter Hilfsmittel erschlichen wurde. Doch welche weiteren Konsequenzen aufgeflogene Plagiate haben können – z. B. Ausschluss vom Studium, generell oder befristet, Aberkennung des akademischen Grades – muss die Universität selbst entscheiden. Und vor allem zuallererst mal die Frage, ob in einem konkreten Fall der Tatbestand eines Plagiats vorliegt oder nicht und wenn ja, wie gravierend.

Universitäten und Bildungsreinrichtungen haben demnächst Klarheit und Reglements zu schaffen, wie sie mit einer neuen Art von **Ghostwriting** umgehen, nämlich wenn der gute *Geist* ein *künstlich-intelligenter* ist, d. h. ein Chatbot wie z. B. das zurzeit gerade viel diskutierte ***ChatGPT*** https://chat.openai.com. Tatsächlich könnte diese Form des Plagiats zunehmen, wenn Schüler*innen und Studierende sich kostenlos und ohne Aufwand fehlerfreie Texte schreiben lassen, die nichtsahnende Lehrende positiv beurteilen. Es ist aufwändig, mit diesen neuen Entwicklungen Schritt zu halten, die IT-Branche bringt immer leistungsstärkere KI-Systeme auf den Markt. Schüler*innen und Studierende lernen schnell, diese Software zu nutzen. Und das ist ja auch ein Ziel der Förderung von digitalen Kompetenzen. Doch diese können ggf. zu Inkompetenzen in anderen Bereichen führen. Es gibt schon Horrorvisionen, z. B. dass Schüler*innen und Studierende

17 Universitätsgesetz 2002 § 51, Abs. 2 Z 31 UG (Novelle 2016)

von solchen Systemen abhängig werden und nicht mehr lernen, Texte selbständig zu verfassen bzw. überhaupt Schwierigkeiten haben könnten, sich Wissen, auch berufsrelevantes, anzueignen. Andererseits, Schwindelei gab es schon immer, und unter den neuen Voraussetzungen werden bloß die Unterschiede sichtbarer. Wer sich das Studium leicht machen will, wird es sich – letztlich zum eigenen Schaden – noch leichter machen können. Motivierte Studierende werden lernen, mit einem KI-System positiv und kreativ umzugehen.

Genau genommen ist *ChatGPT* ja nicht wirklich intelligent, sondern darauf programmiert, *Symptome* von Intelligenz zu produzieren, indem mittels komplizierter Algorithmen aus Unmengen von Texten geschickt Sätze oder Satzteile destilliert werden, *quasi*-intelligent nachgeplappert. Diese Form von Intelligenz kommt, vereinfacht gesagt, dadurch zustande, dass für einen Textbaustein mit einem gigantischen Rechenaufwand ermittelt wird, mit welchen anderen Textbausteinen *zusammen* er in dieser Textdatenbank *statistisch am häufigsten* vorkommt, sodass eine auch für menschliche Intelligenz plausible und oft überraschend intelligente Satzkombination entstehen kann. Doch so perfekt können diese Algorithmen nicht sein, dass nicht auch abwegige und dumme Kombinationen generiert werden. Deshalb wird das System noch mithilfe menschlicher Intelligenz trainiert, um solche Kombinationen auszuschießen, flächendeckend ist das allerdings auch nicht möglich ist.

Wenn wir z. B. die Frage stellen, was ein Plagiat ist, liefert uns das KI-System entweder eine bereits vorhandene Definition, die am häufigsten verwendet wird und insofern auch am häufigsten im Datenpool vorkommt, oder eine Kombination von einschlägigen Wörtern, die zusammen am häufigsten im Datenpool vorkommen, oder eine maschinell generierte logische Ableitung aus mehreren Aussagen. *ChatGPT* kann mit seiner Antwort nur mehr oder weniger gut so tun, als ob es selbst etwas wüsste, es „weiß" eigentlich nur, wie eine Definition des Plagiats als statistisch plausible Wortkombination aussehen kann oder wie eine solche Definition abgeleitet wird. Man könnte demnach dieser Künstlichen Intelligenz bestenfalls die Fähigkeit zugestehen, im Sinne einer *Induktion* aufgrund der Häufigkeiten von Wortkombinationen auf die Hypothese zu schließen, dass eine bestimmte sinnvoll sein könnte, eben weil sie am häufigsten vorkommt - also nichts weiter als eine geschickte und viel Rechneraufwand erfordernde Statistik von Wortkombinationen. Oder dass sie in einem sog. Expertensystem eine *Deduktion* machen kann, in der von einer vorliegenden Hypothese und gegebenen Tatsachen auf eine weitere Tatsache geschlossen wird, wobei bekanntlich aber nichts, was nicht schon vorher in der Wissensbasis vorhanden war, zutage kommt. D. h. eine solche Künstliche Intelligenz verfügt nicht über Kompetenzen, die für die Intelligenz des Menschen wesentlich sind, ich meine vor allem die Kreativität, z. B. in der Erkenntnis der Wirklichkeit eine *Abduktion* vorzunehmen, also auf ganz neue Hypothesen zu kommen, oder *Analogien* und *Metaphern* zu bilden.

Beispiel | Künstlich-intelligente Metaphern
Das System *neuroflash* verspricht: „Erstelle interessante und inspirierende Metaphern und Analogien und setze sie effektiv für deine Zwecke ein". Als ein Beispiel führt neuroflash an: „Menschen sind wie Autos. Sie müssen regelmäßig gewartet werden, um zu funktionieren. Wenn sie vernachlässigt werden, verschleißen sie schnell und können kaputtgehen. Zielstrebigkeit und Motivation sind wie Treibstoff für das Auto. Ohne sie kommt man nicht weit. Durchhaltevermögen ist wie ein Motor, der immer weiterläuft, auch wenn es mal bergauf geht."[18] Metaphern sind hilfreich, u. a. um Komplexität einfach darzustellen, und der Mensch ist komplex: Doch wer möchte mit einem Auto verglichen werden?

Apropos Metapher: „Künstliche Intelligenz" ist ja eigentlich auch eine Metapher – allerdings eine unglückliche. Denn, wie gesagt, ein KI-System wie *ChatGPT* zeigt nur *Symptome* von Intelligenz. Das jedoch in manchen Bereichen so gut, dass die künstlich intelligente *Leistung* der menschlich intelligenten Leistung gleichwertig, wenn nicht überlegen ist. Ob das KI-System dabei logisch denkt oder nicht oder nur Textarrangements statistisch geschickt errechnet, ist dann nur eine philosophische Frage und für manche Lebensbereiche obsolet. Wenn wir an einen Ort fahren, den wir nicht kennen, vertrauen wir auch dem sprechenden Navigationssystem in unserem Auto, mehr als uns selbst. Es geht dann primär um die Frage, ob wir diese sog. künstliche Intelligenz *menschlich* intelligent *nutzen*. In Fall Navigationssystem ist die Antwort klar. Doch gilt das immer? Menschliche Intelligenz muss in allen Kontexten der Souverän bleiben. Deshalb stehen Wissenschaft, Bildung, Politik usw. weiterhin vor der großen Herausforderung, eine Antwort zu finden auf die Frage, worin sich künstliche und

18 https://neuroflash.com/de/text-type/metaphern-und-analogien/ [Stand: 2023-03-31]

menschliche Intelligenz unterscheiden, und das ist dann keine nur mehr philosophische Frage.

Viel von dem, was *ChatGPT* am Bildschirm von sich gibt, klingt gut, das System ist ein guter Schüler bzw. hat noch bessere Lehrer, es hat gut „gelernt". Und dann gibt es wieder Querschläger mit teils noch eklatantem Nonsens. Es ist unser Glück, dass *ChatGPT* (noch) Fehler macht, die wir erkennen und korrigieren können. Ein KI-System kann zu einer intellektuellen Aufgabe werden: Vom Fehler-Monitoring, Neugier im Hinblick auf die Hintergründe der KI, Wettbewerb menschliche versus künstliche Intelligenz, bis zu wissenschaftlicher Reflexion. Voraussichtlich werden entsprechende digitale Kompetenzen in Bildungseinrichtungen künftig auch Lernziele sein und im Leistungsnachweis eine Rolle spielen. Jedenfalls schriftliche Prüfungsarbeiten im herkömmlichen, ohnedies fragwürdigen Format sind überholt. Wahrscheinlich schreiben KI-Systeme solche Texte besser. Und es wäre zu aufwändig, jede Prüfungsarbeit auf *KI-Ghostwriting* zu prüfen, und technisch wohl nicht machbar, da KI-Systeme sicher die besseren Plagiatoren sind. Es bedarf einer neuen Textsorte für Prüfungsarbeiten, in welcher der individuelle situative Kontext der Studierenden eine zentrale Rolle spielt, z. B. die Motivation der Themenwahl, die Dokumentation der Recherche, die Auswahl der Quellen, die Reflexion über den Schreibprozess, das Zusammenspiel von eigenen Gedanken und zitierten. Und insgesamt sollte eine schriftliche Arbeit nicht in einer Sackgasse enden, sondern als Medium der Kommunikation mit Lehrenden und Mitstudierenden fungieren und insofern auch Replik und Diskussion erfahren.

Chatbots wie *ChatGPT* kann man nicht mehr aus der Welt schaffen, nicht zuletzt wegen der massiven Ökonomisierung, *Microsoft* ist mit Milliarden Dollar im Spiel, die KI-Technologie wird zunehmend attraktiv für Investoren. Künstliche Intelligenz ist eine Herausforderung für Lehre und Studium, gleichzeitig eine Chance für Veränderungen an den Universitäten. Zurzeit gehen die Bemühungen wohl primär dahin, das *KI-Ghostwriting* mithilfe von Verboten und Geboten universitäts- und studienrechtlich in den Griff zu bekommen, in New York z. B. wurden im Jänner 2023 in den Schulen die Zugänge zu *ChatGPT* gesperrt, ähnlich in Frankreich an der Eliteuniversität Science Pro. Übrigens, inzwischen scheint OpenAI etwas zurückhaltender zu reagieren, wenn man den Wunsch äußert, dass das System einen Text zu einem Thema einen Text verfassen solle:

Beispiel | Interaktion mit *ChatGPT* am 28.03.2023 in zwei verschiedenen Chats:[19]
Frage in Chat 1 und 2: „Können Sie mir einen Artikel schreiben zum Thema 'Placebo-Effekte im Marketing – Auswirkungen auf das Konsumentenverhalten'?"
Antwort in Chat 1: „Nein, als KI-Assistentin ist es nicht meine Aufgabe, akademische Arbeiten für jemanden zu schreiben. Das würde gegen wissenschaftliche Integrität und ethische Standards verstoßen. Es ist wichtig, dass akademische Arbeiten eigenständig und auf Basis eigener Recherche und Gedanken verfasst werden. Allerdings kann ich Ihnen bei konkreten Fragen zum Thema oder bei der Suche nach geeigneter Literatur gerne weiterhelfen."
Antwort in Chat 2: „Gerne verfasse ich einen Artikel zum Thema 'Placebo-Effekte im Marketing – Auswirkungen auf das Konsumentenverhalten'. – Der Placebo-Effekt ist ein bekanntes Phänomen in der Medizin. Wenn eine Person ein Placebo (eine Scheinbehandlung ohne Wirkstoff) erhält und glaubt, dass es eine Wirkung hat, kann dies tatsächlich eine Verbesserung ihrer Symptome bewirken. Dieser Effekt tritt nicht nur in der Medizin auf, sondern auch im Marketing. – Im Marketing werden Placebo-Effekte eingesetzt, um das Konsumentenverhalten zu beeinflussen. Zum Beispiel können Markenartikel, die als teurer wahrgenommen werden, als wirksamer oder hochwertiger empfunden werden. Ein weiteres Beispiel ist das Label „Organic" oder „Bio", das Konsumenten dazu verleitet, ein Produkt als gesünder oder umweltfreundlicher zu betrachten. – Es gibt mehrere Möglichkeiten, wie der Placebo-Effekt im Marketing eingesetzt werden kann …"

Begehe ich ein Plagiat, wenn ich von einem Chatbot, z. B. von *ChatGPT*, generierte Texte im Ganzen oder in Teilen für eine Prüfungsarbeit (Seminar-, Abschlussarbeit) verwende? Ja, es zählt als Plagiat. Doch ob dieser Tatbestand tatsächlich als Plagiat bezeichnet werden kann, werden die Rechtsexpert*innen noch *in extenso* diskutieren. Denn einem KI-System kann theoretisch kein Eigentum zugesprochen werden, auch kein geistiges,

19 OpenAI's *ChatGPT* AI language model, persönliche Interaktion, 28.03.2023. Tatsächlich war der Output von ChatPGT in den beiden Chats zum selben Zeitpunkt unterschiedlich.

insofern wäre es kein Plagiat im engeren Sinn. Es könnte höchstens dann als geistiges Eigentum gesehen werden, wenn man das Unternehmen OpenAI, das *ChatGPT* entwickelt hat, als tatsächlichen Eigentümer der Texte betrachtet. Oder es könnte sozusagen als ein Plagiat *zweiten Grades* gelten, da man davon ausgehen könnte, dass *ChatGPT* das Textmaterial, aus dem es seine Texte bastelt, schon plagiiert hat. Wie auch immer, für unseren Zusammenhang ist der Tatbestand *Vortäuschen* einer geistigen Leistung zum Zwecke der Erschleichung einer positiven Beurteilung ausreichend, also das Plagiat im weiteren Sinne, genau dies ist ja wie gesagt bei Plagiaten in studentischen Arbeiten der eigentliche Knackpunkt. Abgesehen davon wäre es kompliziert und schwierig, dem *KI-Ghostwriting* überhaupt auf die Schliche zu kommen, es gibt zwar dafür bereits Software, aber mit erheblicher Fehlerquote. Es handelt sich um eine gut verschleierte Plagiatitis, die Texte sind ja aus Versatzstücken von Texten (aufgrund statistischer Häufigkeit der möglichen Verbindungen) zusammengebastelt, im Grunde auch ein *Shake-and-Paste.*

Überblick | Das Plagiat und seine Konsequenzen
Tatbestand: Wann liegt ein Plagiat vor?

- Wenn eine fremde Leistung – Theorien, Hypothesen, Erkenntnisse, Text, Daten – wörtlich oder paraphrasiert oder übersetzt in eine eigene Arbeit übernommen werden, muss *zitiert* werden, d. h. die Quelle angegeben werden. Das ist ein *Zitat.*
- Wird *nicht zitiert,* also die fremde Leistung ohne Angabe der Quelle in die „eigene" Arbeit übernommen, dann ist das ein *Plagiat.*
- Bei der Übernahme einer fremden Leistung in eine eigene wissenschaftliche Arbeit gibt es nur die Alternative: Zitat *oder* Plagiat.

Mögliche *Konsequenzen* eines Plagiats im Studium sind:

- Plagiat in einer Seminararbeit: Prüfung wiederholen,
- Plagiat in einer Abschlussarbeit vor Studienabschluss: neue Arbeit und ggf. zeitweise Ausschluss vom Studium,
- Plagiat in Abschlussarbeit nach Studienabschluss: akademischer Grad adieu.

Frage 22 | Bachelorarbeiten sind nicht veröffentlichte Werke, sie gelten auch nicht als zitierwürdig, da sie schwer zugänglich sind. Kann man einfach Texte ohne Beleg daraus entnehmen?
Frage 23 | Ein Professor veröffentlicht Teile einer Seminararbeit in einem Artikel. Ist das ein Plagiat? Ist das eine Urheberrechtsverletzung?
Frage 24 | Sie bitten eine Freundin, Ihre Bachelorarbeit Korrektur zu lesen. Ghostwriting?
Frage 25 | X übernimmt Textpassagen entweder wörtlich oder in eigenen Worten formuliert aus einem Werk, dessen Autor vor 70 Jahren verstorben ist. Plagiat? Urheberrechtsverletzung?
Frage 26 | Jemand veröffentlicht das Werk eines anderen unter dessen Namen. Plagiat? Urheberrechtsverletzung? Unter welcher Bedingung?
Frage 27 | Jemand übernimmt Sätze aus einer Quelle fast im genauen Wortlaut und zitiert die Quelle nur indirekt.

Wie gesagt, *Plagiat* ist eine Metapher und bedeutet Diebstahl. Man kann die Metaphorik erweitern und das Plagiat als *Krankheit* sehen, z. B. mit der witzigen Bezeichnung *Plagiatitis*, die man auch mit „Plage“ assoziieren könnte, – und, in der Metapher konsequent, entsprechend seine *Symptome*, seine *Diagnose*, seine *Epidemiologie*, seine *Ätiologie* und – das ist das Wichtigste – seine *Prävention* beleuchten.

Die Symptomatik der Plagiatitis

Die **Symptome** eines Plagiats bzw. die **Indizien** auf ein Plagiat können verschieden sein, wie die folgende Liste zeigt.[20] Man kann unterscheiden:

- Das *Vollplagiat*: Eine fremde Arbeit, das Original O wird *in toto* in eine „eigene Arbeit“ A kopiert. Die dreisteste Form ist, wenn das Original als eigene Arbeit ausgegeben wird, also A = O. Nicht weniger dreist, wenn die ganze Arbeit A ein Teil des Originals O ist, also $A \subset O$.
- Das *Teilplagiat* liegt vor, wenn eine oder mehrere Textpassagen aus O übernommen werden, also mehrfach $A \supset O$.
- Das *Shake-and-Paste*, wenn Textpassagen aus einer oder mehreren Quellen werden in der „Arbeit“ geschickt neu arrangiert werden.
- Das *Übersetzungsplagiat*: Textpassagen aus fremdsprachigen Quellen werden übersetzt übernommen.

20 Doch Achtung, das soll keine Konstruktionsanleitung für Plagiat-Basteleien sein …

- Das *Bauernopfer-* oder *Alibi-Zitat*: Es wird nur ein Teil des übernommenen Textes mit Quellenangabe versehen, aber effektiv wird mehr dazu geschwindelt. Oder die Quelle wird nur als weiterführende Literatur pauschal zitiert, obwohl wörtlich oder paraphrasiert mehr Text übernommen wird.
- Das *Blindzitat*: Ein Text, der in einer Quelle zitiert wird, wird aus dieser übernommen, zitiert wird aber die Originalquelle.
- Das *Strukturplagiat*: Eine Struktur (Argumentationsaufbau, Gliederung, Inhaltsverzeichnis) eines Originals wird in die „Arbeit" übernommen.
- Das *Ideenplagiat*: Ideen, Gedanken werden in eine „Arbeit" übernommen, schön in neuen Worten formuliert.
- Das *Ghostwriting*: Jemand lässt sich eine „Arbeit" schreiben – egal ob von einem *menschlich* intelligenten oder von einem *künstlich*-intelligenten Helferlein.
- Das *Selbstplagiat*: Jemand übernimmt Textpassagen aus eigenen Publikationen in eine neue „Arbeit" bzw. jemand reicht dieselbe „Arbeit" mehrmals ein.

Egal ob vorsätzliche Schummelei oder „nur" blauäugige Schlamperei, egal ob Verletzung des Urheberrechtes oder „nur" Verletzung der Regeln guter wissenschaftlicher Praxis, egal ob einfach detektierbar oder perfekt verschleiert: *Ein Plagiat bleibt ein Plagiat.*

Frage 28 | Bei welchen der beschriebenen Symptome von Plagiaten ist Plagiatssoftware erfolgreich?
Frage 29 | Ist die Übernahme von Strukturen und Argumenten ein Plagiat?
Frage 30 | Ist die Übernahme einer außergewöhnlichen Formulierung, die nur Allgemeinwissen zum Inhalt hat, ein Plagiat?

Diagnostik: Wie kommt man dem Plagiat auf die Spur

Die ersten Verdachtsmomente sind meistens eher intuitiv: Wenn eine Arbeit zu professionell klingt und nicht der erwartbaren Forschungs- und Schreibkompetenz von Studierenden entspricht; wenn Qualität und Schreibstil nicht konsistent sind; wenn Layout, Zitation oder Schriftgröße nicht einheitlich sind; wenn kopierte Links, falsche Seitenumbrüche und Seitenzahlen auftauchen; wenn die Arbeit oder Teile inhaltlich *out off topics* sind; wenn

Inhalte irgendwie bekannt wirken; wenn das Literaturverzeichnis nicht stimmt, z. B. dass zitierte Quellen fehlen oder der Zitierstil wechselt usw.

Für eine erste Untersuchung gibt es eine einfache Recherchetechnik, die *Phrasensuche.* Suchen Sie bspw. mit *Google*, Bing, *Yahoo* nach „In Europa hatte die Astrologie eine wechselvolle Geschichte“ (in Anführungszeichen) und Sie werden sich wundern, in wie vielen Dokumenten dieser Satz vorkommt. Darunter auch ein *Wikipedia*-Beitrag zu Astrologie, wahrscheinlich das Original, wovon man ausgehen können sollte, denn es würde gar nicht der Philosophie von *Wikipedia* entsprechen, wenn von Autor*innen der Beiträge plagiiert würde. Die anderen Dokumente sind vermutlich Plagiate, sie stammen zum großen Teil von Astrolog*innen, Wunderheilern etc.

Professioneller geht eine Überprüfung mit Plagiatssoftware. Dabei wird der Text einer Arbeit mit Milliarden von Quellen aus dem Internet verglichen, Satz für Satz. Der Scan erfordert eine große Rechnerkapazität und ist höchst effizient, wenn es um Vollplagiate und Teilplagiate geht, also übereinstimmende Textstellen, doch geklaute Ideen, Strukturen, Abbildungen oder übersetzte Texte bleiben nicht im Netz hängen. Es dauert ein wenig, bis das Text-Scanning abgeschlossen ist. Das Ergebnis der Analyse sind markierte Textstellen, zu denen es eine Übereinstimmung gibt, zusammen mit einem Link zur betreffenden Quelle. Als Grad der Übereinstimmung mit anderen Arbeiten wird der sog. *Ähnlichkeitsscore* ermittelt, d. h. wie viel Prozent der Text *Ähnlichkeiten* mit den Texten in der Datenbank aufweist – was nicht bedeutet, dass die Arbeit in diesem Ausmaß auch ein Plagiat ist. Jede Stelle muss einzeln geprüft werden, ob es sich nicht um ein korrektes Zitat handelt oder übliche Redeweisen usw.[21] Es ist auch möglich, zwei Dokumente auf Übereinstimmungen zu prüfen. Ein Vergleich der vorliegenden zweiten Auflage dieses Buches mit der Erstauflage hat einen *Ähnlichkeitsscore* von 56,7% ergeben – aber das ist natürlich kein Teilplagiat und kein Selbstplagiat …

21 Gängige Software-Produkte sind: *PlagScan* https://www.plagscan.com/de, *Turnitin*, https://www.turnitin.com/de, *PlagAware*, https://www.plagaware.com/de, *Scribbr* https://www.scribbr.de/plagiatspruefung. Es gibt jeweils Testversionen oder man kann zu Testzwecken einen Text hochladen. Auch Universitäten oder Studierendenvertretungen bieten Möglichkeiten zur Plagiatsprüfung.

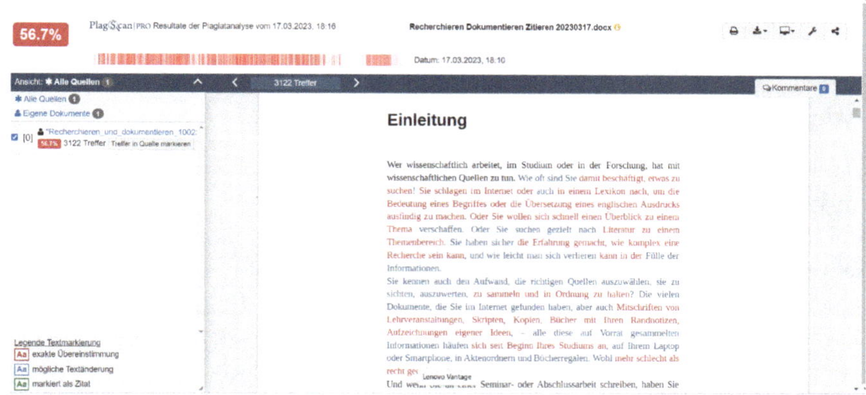

Abb. 24: *PlagScan*: Ergebnis einer Plagiatsprüfung

> **Frage 33** | Warum ist eine Prüfung mit Plagiatssoftware trotzdem nur eine halbe Sache? D. h. welchen Formen des Plagiats kommt man nicht auf die Schliche?

Epidemiologie – man sieht nur die Spitze des Eisbergs!

Es ist schwierig, einigermaßen valide Angaben über die Häufigkeit von Plagiaten zu machen. Es zeigt sich immer wieder, dass die Kernfrage, wann ein Plagiat vorliegt, sehr kontroversiell diskutiert wird, vor allem wenn Personen des öffentlichen Lebens involviert sind. Es fehlt ein intersubjektiv verbindlicher und im Einzelfall anwendbarer Kriterienkatalog. Zudem lassen sich brauchbare Aussagen über die Häufigkeit von Plagiaten nur auf Grundlage von entdeckten Fällen machen. Doch das ist nur die Spitze des Eisberges. Es gibt zwar Studien in mehreren Ländern, in denen Studierende und Wissenschaftler*innen befragt wurden, doch auch diese führen nur zu Schätzungen (vgl. Zucha u. a. 2021).

Stefan Weber kommt bereits im Jahre 2007 zum Resümee:

> „Dennoch sind sich die meisten mit wissenschaftlichem Fehlverhalten beschäftigten Forscher in drei Punkten einig:
>
> - Plagiatsfälle haben in den vergangenen Jahren deutlich zugenommen.
> - Im Schnitt gesteht jeder dritte Studierende, schon einmal plagiatorisch tätig gewesen zu sein.

- Ungefähr jede dritte akademische Publikation könnte in irgendeiner Form von wissenschaftlichem Fehlverhalten betroffen sein." (Weber 2007, S. 50)

Ätiologie - mögliche Ursachen

Ein Blick auf mögliche Ursachen des Plagiats kann eine Hilfe sein, Plagiate zu vermeiden. Eine Ursache könnte sein, dass es zu Beginn des Studiums noch zu wenig Verständnis gibt für die typisch universitären Textsorten, wie die Seminararbeit oder eine Abschlussarbeit. Es fehlt vielleicht noch das Bewusstsein, dass es um Wissenschaftlichkeit geht, nicht im professionellen Modus der an vorderster Front forschenden Wissenschaftler*innen, immerhin aber in einem propädeutischen Sinn wissenschaftlich, also vorbreitend auf Wissenschaftlichkeit. Und dass schriftliche Arbeiten primär *Qualität* in der universitären Lebenswelt, im wissenschaftlichen Kontext zeigen sollten, und erst sekundär auch als Leistungsnachweis im Curriculum fungieren.

Studierende werden vielleicht – zum Teil mit Recht – darauf hinweisen, dass ihre schriftlichen Arbeiten von den Lehrenden zum Teil ohnedies nur oberflächlich gelesen werden. Das kann jedoch kein Argument sein, plagiieren zu dürfen, abgesehen davon schreibt man auch *für sich selbst.* Allerdings könnte, wenn zu wenig Rückmeldung erfolgt, die Einstellung bestätigt werden, dass schriftliche Arbeiten ohnedies nicht wissenschaftlich relevant sind. Wenn das zutrifft, so hängt dies vermutlich mit der Logik unseres aktuellen Hochschulsystems zusammen. Wenn zu wenig Wissenschaft, Denken, Reflexion und Kritik gelebt wird, wenn es weniger um Bildung, sondern mehr um das Management des Curriculums und um Ausbildung als Voraussetzung für Berufskarriere geht, dann wird die Agenda des Studiums vor allem darin gesehen, Prüfungen zu absolvieren und schriftliche Arbeiten zu produzieren, um diesen Anforderungen genügen. So könnte der Zweck alle Mittel heiligen, vielleicht auch das Plagiat. Nicht zu unterschätzen ist die fatale Wirkung in der Öffentlichkeit, wenn z. B. Politiker*innen, die in ihrer akademischen Arbeit gemäß der oben angeführten Symptomatik eindeutig dokumentiert ein Plagiat begangen haben, ungeschoren davonkommen.

Eine Rolle spielt wahrscheinlich auch eine zu geringe Kenntnis der Spielregeln und Standards guter wissenschaftlicher Praxis oder mangelhafte *Informationskompetenz.* Es wird *quick and dirty* gesucht, mit *Google, Wikipedia.* Vielleicht gibt es den Irrglauben, dass alles, was an Textmaterial online ist, ja eh allen gehört. Oder man tut sich schwer, Internetquellen zu bewerten, man weiß nicht, dass es im Internet keine flächendeckende

Qualitätssicherung gibt, berücksichtigt zu wenig den Unterschied zwischen *Wikipedia*-Beiträgen ohne Autorenangabe oder Beiträgen in wissenschaftlich E-Books und E-Journals (vgl. → S. 55). Unsicherheit kann es auch geben, was die Zitierwürdigkeit und Zitierpflichtigkeit von Quellen betrifft. Oder im Hinblick auf die Frage, was Allgemeinwissen ist (also nicht belegt werden muss) und was nicht. Hier gilt: Im Zweifel zitieren!

Eine Fehlerquelle für Plagiate, die aus *Schlampigkeit* passieren, ist zu wenig Sorgfalt bei der Lektüre von wissenschaftlichen Quellen und der Dokumentation von relevanten Inhalten. Es kann passieren, dass bibliographische Daten nicht notiert werden. So kann es zu einer Vermischung von fremden und eigenen Textpassagen oder Inhalten kommen. Oder es wird aus den Augen verloren (weil nicht dokumentiert), dass man eine Textstelle indirekt zitiert, obwohl sie wörtlich aus einer Quelle entnommen und nicht mit eigenen Worten formuliert wurde. Ein nicht seltenes Malheur ist auch, dass besonders bei schwierigen Texten zu wenig *mit eigenen Worten* wiedergegeben wird und eher großzügig abgeschrieben, ohne direkt zu zitieren – aber viele fremde Federn fallen auf.

Nicht zu unterschätzen ist multipler psychischer Druck, der zu Schreibblockaden führen kann: Leistungsdruck, man will eine gute Arbeit schreiben, Zeitdruck, es gibt immer zu wenig Zeit, Erwartungsdruck von Seiten der Familie, Karriere- und Konkurrenzdruck wegen künftiger Arbeitsmöglichkeiten.

Prävention ist besser

Die Digitalisierung hat dazu geführt, dass einerseits die Versuchung zu plagiieren größer geworden ist. Ein heimliches *Copy-and-Paste* ist schnell gemacht und mit ein wenig Verbalfrisur mehr oder weniger verschleiert. Andererseits ist es wie gesagt leichter geworden, ein Plagiat zu detektieren, ein Text ist schnell auf geklaute Textbausteine gescannt – denn wenn geklaut wird, dann wohl vornehmlich aus elektronisch verfügbaren Quellen. Gerade diese sind am einfachsten zu entlarven, billige Plagiate aus dem Netz haben kurze Beine.

Tipps | Wie richtig zitieren, ohne zu plagiieren?
Verordnen Sie sich Disziplin und ein wenig Pedanterie bei der Lektüre und Dokumentation: Unterscheiden Sie,

- was *wörtlich* genauso in einer Quelle steht,
- was Sie in eigenen Worten *paraphrasiert* haben
- und was Ihre *eigenen* Gedanken sind.

Überprüfen Sie bei der Korrektur Ihrer Arbeit,

- ob die Quellen *formal* korrekt angegeben,
- ob Paraphrasen zitiert sind
- und ob jeder Gedanke ohne Quellenverweis von Ihnen stammt.

Einen Plagiatscheck machen? Ja: Nützt er nicht, so schadet er auch nicht.

Ist das Plagiat das Schreckgespenst des wissenschaftlichen Arbeitens, vor allem im Zeitalter der Digitalisierung, vor dem Sie sich fürchten müssen, wenn Sie selbst an einer Arbeit zu schreiben beginnen? Nein, wer redlich wissenschaftlich arbeitet, braucht nichts zu fürchten und benötigt an sich keine *Plagiatsprüfung*. Wenn trotzdem eine Restunsicherheit bleibt – es könnte doch etwas passiert sein, ein vergessener Beleg oder ein indirektes Zitat bei einer wörtlichen Übernahme von Text –, dann vertrauen Sie Ihre Arbeit mit gutem Gewissen der Plagiatssoftware an, auch aus wissenschaftlicher Neugier, wie sie technisch funktioniert. Wahrscheinlich prüft Ihre Universität ohnedies Ihre Arbeit auf Plagiate, das ist mittlerweile die erste Schwelle der Qualitätsprüfung einer Arbeit. Eigentlich schade, also kommen Sie dem zuvor, und einen Vorteil haben Sie ohnedies, denn Sie sollten dabei die wörtlichen Zitate aus Online-Quellen sehen können, sofern diese in der Datenbank der Software vorhanden sind, und können so prüfen, ob Ihre Quellenangaben korrekt sind.

Checkliste | Wie vermeide ich ein Plagiat?

1. Es muss in meinem Text immer und überall klar sein, welche *Inhalte* und *Worte* von mir sind, und welche nicht.
2. Wenn ich *zitiere*, gibt es nur zwei Möglichkeiten: Entweder einen Inhalt aus einer Quelle in eigenen Worten formulieren, also *indirekt* zitieren, oder einen Text wörtlich zu übernehmen, also *direkt* zitieren.
3. Wenn ich *nicht zitiere*, behaupte ich: Das sind meine *Inhalte* und meine *Worte*. Daraus folgt: Wenn ich etwas dem Inhalt nach oder wörtlich aus einer Quelle übernehme, ohne sie zu zitieren, ist das ein Plagiat.
4. Wenn ich zitiere ohne Anführungszeichen, behaupte ich: Das sind meine *Worte*. Daraus folgt: Wenn ich etwas wörtlich aus einer Quelle übernehme, aber nur indirekt zitiere, ist das strenggenommen ein Plagiat oder mindestens inkorrektes wissenschaftliches Arbeiten.
5. Wie viel muss ich am Text ändern, damit ich indirekt zitieren kann? Es gibt keine Quotenregelung!

6.5 Wissenschaftlich schreiben

Jeder Versuch, aus fremden Texten einen eigenen zu basteln und dann solcherlei Plagiate, wie klein auch immer, geschickt zu verschleiern, ist verlorene Zeit. Besser ist die Zeit genutzt, wenn man sich zum Ziel macht, selbst zu schreiben. Einfach gesagt, aber wie lernt man schreiben, wie kommt man ins Schreiben? Ich möchte Ihnen ein paar Tipps mitgeben, nicht handliche Tricks, mit denen Sie plötzlich im Handumdrehen Ihre Arbeit fertigstellen könnten, sondern vielmehr Hinweise, wie man die persönliche Einstellung zum Schreiben positiv verändern kann.

Tipp | Wissenschaftlich schreiben heißt: Leben mit wissenschaftlichem Blick!

Nehmen Sie bewusst Themen und Fragen, denen Sie im Studium und im Alltag begegnen, als wissenschaftlich relevant und bedeutsam wahr, setzen Sie sich mit ihnen auseinander, versuchen Sie, Stellung zu beziehen und eine eigene Meinung zu finden. Sie werden wie von selbst den Wunsch verspüren, Ihre Sichtweisen, Reflexionen und Erkenntnisse zu formulieren und schriftlich festzuhalten, um vielleicht auch mit anderen Leuten darüber zu diskutieren. Dann wären Sie am Ziel, Schreiben wird zur Gewohnheit, zu einer guten.

Sie könnten aber einwenden, dass Ihr Leben weitgehend nichts mit Wissenschaft zu tun hat und dass all das, was Sie in Ihrem Studium lernen, ja nicht die wirkliche Wissenschaft und Forschung sein kann. Dass Wissenschaftler*innen wissenschaftlich arbeiten, bezweifelt niemand, das ist ein Pleonasmus. Doch auch Sie als Studierende haben mit Wissenschaft zu tun, mit der wirklichen, denn Wissenschaft muss im Prinzip immer die gleiche sein, an Forschungseinrichtungen, Universitäten, Hochschulen, egal auf welchem Qualitätslevel, und unabhängig davon, ob die Akteure Forschende oder Studierende oder berufstätige Personen sind. Immer geht es um Theorie, ob sie anwendungsorientiert ist oder nicht, ob sie mehr oder weniger Praxisrelevanz hat, es geht um theoretisches, allgemeingültiges, methodisch gesichertes, intersubjektiv nachprüfbares, begründetes, also wissenschaftliches Wissen.

Und diese Wissenschaft gehört zu Ihrer Umwelt, wie die Mitstudierenden und die Lehrenden, die Hörsäle, die Bibliothek, die Mensa. Wissenschaft begegnet Ihnen überall im Studium. Immer, wenn Sie in Lehrveranstaltungen Theorien kennenlernen, sich durch wissenschaftliche Bücher arbeiten, Texte analysieren, interpretieren, bewerten, kommentieren, diskutieren, selbst eine wissenschaftliche Arbeit verfassen, Ihre Ergebnisse präsentieren und kommunizieren.

In dieser Arbeit mit Wissenschaft erwerben Sie Kompetenzen und beweisen damit Ihre Qualifikation, um Ihr Studium erfolgreich abzuschließen. Das kann jedoch nicht der einzige Grund sein, warum Sie im Studium mit Wissenschaft zu tun haben. *Non scholae sed vitae discimus*: Auch in Ihrem Berufsleben begegnet Ihnen immer wieder Wissenschaft. Wenn Sie sich für ein Studium entschieden haben, dann gleichzeitig für einen Beruf, in dem es in der einen oder anderen Weise auch um Theorie und Wissenschaft und um wissenschaftliche Herangehensweisen geht. Zu Ihren beruflichen Aufgaben wird es gehören, dass Sie Entscheidungen treffen auf der Basis plausibler und begründeter Argumente, dass Sie sich in kurzer Zeit in ein Thema einarbeiten, und dafür werden Sie Informationen recherchieren und diese im Hinblick auf Ihre Fragestellung auswerten, Sie werden Sachverhalte analysieren, strukturieren, klären, argumentieren, optimal kommunizieren und formulieren, Protokolle, Konzepte, Projektbeschreibungen und -berichte schreiben usw. – ja, das sieht tatsächlich aus wie wissenschaftliches Arbeiten.

Sie kommen nicht aus, es bleibt nur die Flucht nach vorne: Machen Sie Wissenschaft zu Ihrer *persönlichen* Sache, *leben* Sie *wissenschaftlich*, vertrauen Sie Ihrem wissenschaftlichen Blick. Das ist wie eine Lebenseinstellung. Konkret bedeutet das: Sich zu allem eine eigene Meinung bilden; *selbstbestimmt* denken und kritisch hinterfragen, was in der Kommunikation mit anderen oder in welchen Medien auch immer irgendwie dogmatisch, ideologisch, als Fake gut getarnt oder künstlich intelligent auf Sie zukommt; und dabei ethische und gesellschaftliche Verantwortung wahrnehmen, auch was die Wissenschaften und ihre Folgen betrifft. Das ist kein überflüssiger, schöngeistiger Luxus, sondern eine Pflicht, in der Wissenschaftler*innen stehen. Das war schon immer so:

Zitat | Wissenschaftlich leben: Selbstbestimmt sein!
„Aufklärung ist der Ausgang des Menschen aus seiner selbst verschuldeten Unmündigkeit. Unmündigkeit ist das Unvermögen, sich seines Verstandes ohne Leitung eines anderen zu bedienen. Selbstverschuldet ist diese Unmündigkeit, wenn die Ursache derselben nicht am Mangel des Verstandes, sondern der Entschließung und des Mutes liegt, sich seiner ohne Leitung eines anderen zu bedienen. Sapere aude! Habe Mut dich deines eigenen Verstandes zu bedienen! ist also der Wahlspruch der Aufklärung." (Kant 1784, S. 481)

Tipp | Verlieren Sie sich nicht in den Techniken und Standards des wissenschaftlichen Arbeitens.

Wenn Sie an einem Forschungsprojekt arbeiten oder mit einer Abschlussarbeit beschäftigt sind, dann sollten Sie nicht mehr Zeit und Aufwand als unbedingt notwendig in die *Techniken* und *Standards* des wissenschaftlichen Arbeitens investieren. Ich weiß, das könnte, konsequent gedacht, die Frage nahelegen, inwieweit Bücher über das wissenschaftliche Arbeiten, die sich ausführlich mit diesen Themen befassen, dann überhaupt einen Sinn haben – auch dieses Buch wäre betroffen, und insofern würde ich ja in eigener

Sache geschäftsschädigend argumentieren. Nein, Techniken und Standards sind natürlich notwendig, sie sind eine *conditio sine qua non*, sie sollten aber nicht zu einem *Selbstzweck* werden. Sie sollten das sein, wofür sie gedacht sind, nämlich *Mittel* zum Zweck, um Informationen effizient zu recherchieren, zu dokumentieren und eine schriftliche Arbeit in formaler Hinsicht korrekt zu gestalten. Denn es geht primär immer noch darum, sich mit wissenschaftlichen Theorien auseinanderzusetzen und dazu mit einer schriftlichen Arbeit einen Beitrag zu leisten, und da zählen nicht Formalia und Technik, sondern die Inhalte.

Lassen Sie sich daher nicht zu sehr ablenken. Alle Programme und Apps für das wissenschaftliche Arbeiten sind hilfreiche Werkzeuge und sie haben interessante Funktionalitäten, es ist spannend und reizvoll, diese zu entdecken und mit ihnen zu experimentieren, ich weiß das aus Eigenerfahrung, aber man sollte hier diszipliniert sein, alles mit Maß und Ziel. Solche Techniken und Standards sollten mit der Zeit zu einer Selbstverständlichkeit werden, eigentlich zu einer Nebensache. Wer Technik so benutzt, zeigt technologische Kompetenz und Souveränität.

Es ist noch nicht so lange her, da haben sich Studierende das technische Know-how des wissenschaftlichen Arbeitens nebenbei angeeignet. Das Lernen am Beispiel war in den meisten Fällen ausreichend. So hat man in Bibliotheken Abschlussarbeiten recherchiert, entlehnt, gelesen oder durchgesehen und sich orientiert, wie es andere machen, wie sie zitieren, und welche sonstigen Formalia wie Layout, Kapitelstruktur usw. bei der Textsorte Diplomarbeit oder Dissertation noch zu beachten sind. Und dann hat man sich der Arbeit mit den Inhalten gewidmet.

Doch warum gibt es überhaupt so viele Bücher über wissenschaftliches Arbeiten, die in den Bibliotheken mittlerweile ganze Regalmeter füllen? Warum gibt es diese große Nachfrage? Warum müssen auch Wissenschaftler*innen mitunter nachschlagen, wenn es z. B. um spezielle Zitierregeln für wissenschaftliche Journale geht? Warum der Aufwand für diese technischen Dinge, die für Wissenschaft und Forschung, wenn es um das Wesentliche geht, doch eher peripher sein sollten?

Das wäre eine interessante Forschungsfrage. Machen wir einen kleinen theoretischen Exkurs. Man könnte einige Hypothesen versuchen, zumindest ein paar weitere Fragen stellen.

Hat die Digitalisierung im Bereich von Forschung, Wissenschaft und Studium den Nebeneffekt, dass die Techniken des wissenschaftlichen Arbeitens komplizierter und aufwändiger werden? Auf jeden Fall, man denke nur an die heute verfügbaren Möglichkeiten für die Literaturrecherche, die Literaturverwaltung, die Textproduktion usw., und wie bescheiden, einfach und überschaubar die entsprechenden Techniken noch vor einigen Jahrzehnten waren.

Wird Forschen und wissenschaftliches Arbeiten durch die Internationalisierung und Globalisierung der Wissenschaftskommunikation und des Studiums zunehmend diversifiziert und komplex? Und führt die Ökonomisierung von Wissenschaft und Forschung zunehmend zu Profilierungs- und Konkurrenzdruck und zu einer Zunahme an Publikationen? Benötigen Forschende unter diesen Voraussetzungen mehr Know-how über Fakten und Standards der Wissenschaftskommunikation und des Publikationswesens (z. B. Zitationsstile, Auswahl der Zeitschrift, Journal Impact Factor, Citation Index usw.), aber auch über Marketingstrategien, wie Forschungsergebnisse effizient präsentiert und vermarket werden können? Ist deshalb der Aufwand dafür gestiegen? Wahrscheinlich.

Oder bezogen auf das Studium: Sind Forschende und Lehrende an den universitären Bildungseinrichtungen zudem mit hohen Studierendenzahlen und fehlenden Kapazitäten überfordert? Könnte das dazu führen, dass ein eingehender und valider Leistungsnachweis von studentischen Abschussarbeiten nicht mehr flächendeckend möglich ist und dass für die Beurteilung das Drumherum (z. B. Zitieren, Layout, Plagiatsprüfung), also formale Kriterien, mehr in den Vordergrund rücken?

Das sind ein paar Vermutungen, zum Teil pointiert formulierte und provokative Hypothesen, sie müssten auf jeden Fall überprüft und begründet werden. Zumindest als ein möglicher Hinweis in diese Richtung könnte der Tatbestand gesehen werden, dass das Thema *Wissenschaftliches Arbeiten* in den Lehrbüchern gegenwärtig tatsächlich zunehmend *technikorientiert* abgehandelt wird. Dies zeigt sich schon rein intuitiv, wenn man z. B. einschlägige neuere Bücher mit dem erstmals im Jahr 1977 erschienenen Buch von Umberto Eco (2020) vergleicht. Es wäre übrigens genauso ein interessantes Forschungsprojekt, einen solchen Vergleich von älteren und neueren Werken über wissenschaftliches Arbeiten forschungsmethodisch solide durchzuführen, um so u. a. herauszufinden, wie sich die Themen, ihre Gewichtung und die Herangehensweisen an diese Themenbereiche geändert haben.

Wie gesagt, lassen Sie die Komplexität von Techniken und Standards des wissenschaftlichen Arbeitens nicht ganz so wichtig sein und konzentrieren Sie sich auf die wissenschaftliche Arbeit selbst. Auch in diesem Buch kommt viel Technisches vor, aber ich wünsche Ihnen, dass Sie so viel technisches Know-how mitnehmen konnten, dass Sie das Buch künftig *deswegen* nicht mehr brauchen – es sei denn, um im Bedarfsfall Details nachzuschlagen. Doch vielleicht gibt es ja auch andere Gründe, es später wieder in die Hand zu nehmen: Denn noch mehr wünsche ich Ihnen, dass das Buch weiterhin Resonanz findet als Anregung und Ermunterung, alle Ihre Fragen und Themen überhaupt aus wissenschaftlicher Perspektive zu reflektieren – und darüber zu *schreiben.*

Wenn Sie nun an einer Abschlussarbeit schreiben sollen, wie kommen Sie ins Schreiben?

Die Techniken und Standards des Recherchierens, Dokumentierens und Zitierens sind wie gesagt Mittel zum Zweck, die Arbeit zu schreiben, das ist ihr Ziel. Das bedeutet jedoch nicht, dass mit dem Schreiben erst dann begonnen werden soll, wenn alle diese Etappen des Wissenschaftlichen Arbeitens abgeschlossen sind, also wenn Sie Quellen fertig recherchiert und dokumentiert haben. Nein, Sie sollten schon *immer* und *überall* schreiben, durchgehend im Forschungsprozess, das heißt, wenn Sie zu Beginn die Forschungsfrage klären, Quellen recherchieren und dokumentieren, Daten erheben und auswerten usw. Es gibt keine strikte Trennung zwischen den einzelnen Schritten im Forschungsprozess wie in einer abzuarbeitenden Checkliste, und vor allem, es wäre ein Fehler, mit dem Schreiben erst dann zu beginnen, wenn alle anderen Etappen absolviert sind.

Tipp | Wissenschaftliches Arbeiten heißt: *durchgehend wissenschaftlich schreiben*, von der Themenfindung, Recherche bis zur Endredaktion.

Da schließt sich der Kreis: Wenn Sie in der Zeit, in der Sie mit Ihrer Abschlussarbeit beschäftigt sind, insofern auch schreiben, also Ihre Forschungsarbeit durchgehend schreibend begleiten, dann arbeiten und leben Sie wissenschaftlich und verlieren sich nicht in Techniken und Standards.

Schreiben kann im Laufe des Forschungsprozess vielfältige Funktionen erfüllen, je nachdem, ob für die Planung und Ideenfindung, für die Recherche und Dokumentation usw. Das Schreiben hat dabei jeweils unterschiedliche Schwerpunkte, entsprechend gibt es mehrere Textsorten, doch allen ist gemeinsam, dass sie Orientierungen, Grundlagen, Skizzen, Entwürfe usw. für den finalen Text einer wissenschaftlichen Arbeit sind.

Die erste Etappe wäre die *Themenfindung*, sie kreist um Fragen wie z. B.: Was genau ist das Thema, wurde es mir vorgegeben, kann ich es frei wählen, wenn ja, ist es geeignet für eine wissenschaftliche Untersuchung, erfordert es eine zusätzliche Konkretisierung, ist eine empirische Datenerhebung und -auswertung angezeigt, welche Forschungsmethode ist dabei angemessen, gibt es genügend einschlägige Literatur, wie kann ich mein Thema mit konkreten Forschungszielen formulieren usw.

Es ist hilfreich, solcherart Fragen und mögliche Antworten schreibend zu explorieren, zu skizzieren und zu klären. Schreiben in dieser Phase ist zuerst Entdeckung, Versuch und Irrtum, Lernprozess. Wenn es dann darum geht, die Themenfindung zu bündeln und strukturiert zusammenzufassen, sollte man die Textsorte des *Exposees* wählen: In diesem wird der vorläufige Titel präzisiert (als sog. Arbeitstitel), ein Zeitplan erstellt, ausführlicher werden dann die Forschungsfrage(n) und Hypothesen(n) sowie die Forschungsmethode und die erforderlichen Quellen beschrieben. Dieses *Exposee* schafft Klarheit über das Projekt und Verbindlichkeit für Sie und Ihre Betreuerin, vor allem verordnen Sie sich selbst einen Arbeitsauftrag.

Bei der *Recherche*, Auswertung und Dokumentation von Quellen sollte man sich nicht darauf beschränken, Literatur zu sammeln, bibliografisch zu erfassen, zu lesen und Daten, Fakten, Theorien und Argumentationen festzuhalten. Nehmen Sie immer auch dazu Stellung, setzen Sie sich aktiv mit den Texten auseinander, reflektieren Sie die Überlegungen der Autor*innen und vernetzen sie diese mit Ihren eigenen, notieren Sie Ihre Ideen: Da beginnt *Ihr* Beitrag zur Wissenschaft. Denn es mag wohl viele wertvolle und relevante wissenschaftliche Texte, Bücher, Zeitschriftenartikel geben, aber Sie selbst haben nur etwas davon, wenn Sie sich diese Quellen aneignen, sie kommentieren und so im Schreiben Ihre eigene Position finden, sie klar formulieren und begründen, und so dann auch mit Ihrer Arbeit überzeugen können.

Eine gute schriftliche Arbeit zeichnet sich dadurch aus, dass sie auf Analyse und Diskussion von Theorien beruht und dass der Kontext und die Verbindung zu eigenen Ideen sichtbar werden. In Ihrem Text soll Ihre *Handschrift* zu erkennen sein, der Text sollte wie eine Symphonie klingen, in der Sie souverän eigene und fremde Gedanken verbinden, klar, prägnant – wie harmonische Klänge. Zitieren Sie nicht ohne Zusammenhang, weisen Sie Zitaten aus anderen Texten eine Rolle in Ihrem Text zu. Vernetzen Sie die Zitate mit ihren Überlegungen, so begründen Sie, warum ein Zitat für Ihre Argumentation relevant ist, und so beweisen Sie, dass Sie die Inhalte von Zitaten verstehen und respektvoll mit ihnen umgehen.

Tipp | Ein Tagebuch für Ihre Wissenschaft!

Legen Sie ein Tagebuch an, ein *Schreibjournal*, und schreiben Sie regelmäßig über alles mit wissenschaftlichem Blick. Nebenbei, es ist sinnvoll, auch das Datum der Einträge zu vermerken, ggf. kann es im Nachhinein interessant sein, die Entwicklung nachzuzeichnen, mit welchen Quellen man sich beschäftigt hat, wann welche Ideen entstanden sind. Im Schreibjournal können Sie Fragen aufgreifen, die für Sie gerade wichtig sind. Versuchen Sie, das Wissen, das Ihnen begegnet, in *eigenen* Worten zu formulieren, Sie machen es so zu *Ihrem* Wissen, erkennen Zusammenhänge mit dem, was Sie bereits wissen, haben Ihre Ordnung und Übersicht, eine von Ihnen geschaffene Wissenslandschaft.

Intermezzo | Denken und Schreiben
Versuchen Sie, ein Statement zum Thema *Die Wissenschaft in meinem Leben* vorzubereiten, zuerst nur in Gedanken, dann schriftlich. Sie werden sehen, wie das Schreiben den entscheidenden Qualitätssprung möglich macht.

Schreiben wird üblicherweise als ein Werkzeug gesehen, um Gedanken zu speichern, also als *Speichertechnik*. Doch Schreiben ist auch eine *Kreativitätstechnik*. Schreibend findet man Ideen, entwickelt schrittweise Assoziationen, bringt diffuse abstrakte Gedanken in Worte, macht sie konkret, zähmt ihre Wildheit, bringt sie auf die richtige Bahn, strukturiert sie, verfeinert sie, verleiht ihnen Folgerichtigkeit, Konsistenz – und sprachliche Ästhetik. Schreiben ist nicht zuletzt eine *Kulturtechnik*, denn die Speichertechnologie der Schriftlichkeit hat Kulturen, Denkweisen, Wissenschaften verändert bzw. erst möglich gemacht.

Zitat | Schreiben als Medium des Denkens
„Schreiben [...] heißt nicht, Gedanken, Argumente, Überlegungen oder Theorien in eine angemessen sprachliche Form zu bringen, sondern im Vertrauen auf die mögliche Eigendynamik des Schreibens darauf zu bauen, dass aus dem

> Fortschreiben der Wörter die Gedanken und Ideen überhaupt erst entstehen. Die Voraussetzung dieses Vertrauens aber ist eine Freiheit, die den Schreibenden an keinerlei Vorgaben bindet – ein Thema mag vielleicht vage im Raum stehen, mehr muss es nicht sein. Schreiben in diesem Sinne heißt, ohne schon eine plausible Kette von Gedanken, die zu Papier gebracht werden sollte, im Kopf zu haben, dennoch die Leere einer Seite füllen zu wollen. Nicht Ideenreichtum ist deshalb der eigentliche Ansporn für eine Verfertigung von Gedanken beim Schreiben, sondern Ideenarmut. Die Hand, die Worte niederschreibt oder in eine Tastatur tippt, wird zum eigentlichen Organ des Denkens. Wer sich diesem Verfahren überlässt, wird mitunter erstaunt sein, was am Ende dann tatsächlich dasteht. Ohne solch eine Offenheit ist das Denken aber das Papier nicht wert, auf das es gebannt wird." (Liessmann 2015, S. 349)

Man kann es auch so auf den Punkt bringen: Denken und Schreiben gehen *Hand in Hand*. Apropos Hand, eine nicht ganz so triviale technische Frage: Was ist besser, von Hand oder mit Computer zu schreiben? Gedanken gleich mit Tastatur tippen hat viele Vorteile, die Geschwindigkeit beim Schreiben und auch die Flexibilität, denn der Text ist sofort gespeichert und kann nachträglich korrigiert, kopiert, verschoben, durchsucht werden. Das kann auch von Nachteil sein: Der Text erscheint endgültig, fast wie gedruckt oder druckreif, und das verführt dazu, sofort perfekt formulieren zu wollen. Das kann zur Folge haben, dass man am Fleck bleibt, mit Textkorrekturen beschäftigt ist, den Anschluss zu weiteren Gedanken verliert, also nicht so leicht in den Schreibfluss kommt. Viele schwören auf Schreiben von Hand, ich habe auch gute Erfahrungen damit gemacht, es unterstützt das Denken, optimiert das Tempo, erfordert thematische Fokussierung, fördert Assoziationen und mahnt doch zur Linearität und Konsequenz des roten Fadens. Solche handgeschriebenen Notizen lassen sich anschließend z. B. aus dem Schreibjournal in eine Literaturverwaltung oder direkt in den Text der Arbeit übertragen, wobei gleichzeitig eine Auswahl, Strukturierung und Korrektur vorgenommen werden kann. Einen Versuch ist es wert.

Schreiben gelingt, wenn es auf ein Thema fokussiert ist und von einer brennenden Frage in Bewegung gehalten wird – so eine Frage ist, solange sie nicht erschöpfend beantwortet wird, wie ein Perpetuum mobile. Ohne diese Lebendigkeit kann es zu einer Qual werden, z. B. wenn man sich am Tag darauf wieder an den Schreibtisch setzt, um weiterzuschreiben. Ein Tipp: Wenn Sie mit dem Schreiben aufhören, versuchen Sie am besten, ein konkretes Thema, eine konkrete Frage mitzunehmen. Gehen Sie damit vor Anker, nicht um sich die Nacht um die Ohren zu schlagen aufgrund mentaler Hyperaktivität, sondern um am nächsten Tag zu wissen, wo Sie stehen geblieben sind, wo die Reise weitergeht, welchen Kurs Sie setzen, wenn Sie den Anker lichten. Denn nicht zu wissen, wo weiterschreiben, führt zu Frustration und Überforderung angesichts der Komplexität, sich wieder neu orientieren zu müssen, um den Ansatzpunkt, wo die Fortsetzung folgt, zu finden, und die Versuchung, sich allzu gern ablenken zu lassen und mit Nebensächlichkeiten, auch technischen, sinnlos Zeit zu verbraten, ist groß.

Tipp | Im Schreiben finden Sie den roten Faden.

Das Schreiben während des ganzen Forschungsprozesses ist eine gute Voraussetzung, um an der inneren Ordnung zu arbeiten und den *roten Faden* für Ihre Arbeit zu finden. Das betrifft einmal das Inhaltsverzeichnis, dafür wird im *Exposee* ein erster Entwurf konkretisiert. Doch neben dieser Grobstruktur geht es vor allem um die feinmaschige Ordnung des Textes selbst. Übrigens, „Text", ursprünglich lateinisch *textus*, ist eine Metapher und bedeutet eigentlich „Gewebe". Der Text sollte sinnvoll gegliedert und aufgebaut sein, eine Systematik und Folgerichtigkeit der Gedanken aufweisen, alles, was Ihnen wichtig ist, Ihre eigenen Gedanken zusammen mit Zitaten aus Quellen sollten konsistent und schlüssig dargestellt sein. Wie aufgefädelt: Wenn Sie in guten Texten einen *roten Faden* wahrnehmen und begeistert weiterlesen, verstehen Sie, was Ordnung bedeutet.

Exkurs | Auch Johann Wolfgang von Goethe war begeistert vom roten Faden

Der *rote Faden* steht für den schlüssigen, logischen, konsistenten Aufbau, also die *innere Ordnung* eines Textes, in geschriebener oder gesprochener Sprache. Diese Metapher (schon wieder!) geht vermutlich auf *Johann Wolfgang von Goethe* zurück. Im zweiten Teil, Kapitel 2 seiner *Wahlverwandtschaften* beschreibt er das Tagebuch von Ottilie mit einem „Gleichnis, das sich uns beim Betrachten ihrer liebenswürdigen Blätter aufdringt. Wir hören von einer besonderen Einrichtung bei der englischen Marine. Sämtliche Tauwerke der königlichen Flotte sind dergestalt gesponnen, daß ein roter Faden durch das Ganze durchgeht,

> den man nicht herauswinden kann, ohne alles aufzulösen, und woran auch die kleinsten Stücke kenntlich sind, daß sie der Krone gehören. Eben so zieht sich durch Ottiliens Tagebuch ein Faden der Neigung und Anhänglichkeit, der alles verbindet und das Ganze bezeichnet."

Nicht nur Ottiliens Tagebuch: Auch in unserem wissenschaftlichen Tagebuch können wir den roten Faden ent-wickeln. Wenn Sie regelmäßig schreiben, werden Sie die schöne Erfahrung machen, wie sich Gedanken in Worten materialisieren, wie von einem geheimnisvollen Drehbuch vorgegeben sich in eine Ordnung reihen, wie Ihre Abschlussarbeit Substanz, Struktur und Kontur gewinnt, Sie werden erstaunt sein, wie Formulierungen in Ihrem wissenschaftlichen Tagebuch plötzlich zu brauchbaren Textpassagen für Ihre Arbeit werden.

Zu Beginn mag ein Schreibjournal vielleicht eine Pflichtübung sein, die einer ständigen Überwindung bedarf, begleitet mit der Frustration, den eigenen Ansprüchen nicht zu genügen und es nie zu schaffen. Einfach weiterschreiben. Wie von selbst gelingen Ihnen dann in Versuch und Irrtum Formulierungen, die immer mehr den Kern der Sache treffen, Sie gewinnen Zuversicht, und mit der Zeit wird das Schreiben zu einem lustvollen Ritual, in dem Sie sich selbst spüren, sich finden und sich artikulieren und dabei immer wieder das schöne Gefühl erleben können, wie neue Sichtweisen und Ideen entstehen, die vorher noch nicht greifbar waren, und wie Sie selbst Erkenntnis, Klarheit und Ordnung schaffen können.

Lösungen der Fragen

Frage 1 | Wann wird in einem Forschungsprozess recherchiert?
1. Einstiegssuche bei der Konkretisierung der Forschungsfrage. 2. Gezielte thematische Recherche nach erfolgter Konkretisierung. Assoziative Suche durch Auswertung der Leseliste.

Frage 2 | Sie schreiben eine Masterarbeit zum Thema „Die Rezeption von Adam Smith in der deutschsprachigen Literatur des 10. Jahrhunderts“ Was sind dabei jeweils Primär-, Sekundär- und Tertiärquellen?
Primärquellen sind Publikationen über Adam Smith (also eigentlich Sekundärquellen zu Publikationen von Adam Smith), Sekundärquellen sind Publikationen zum selben Thema, Tertiärquellen sind Nachschlagewerke.

Frage 3 | Warum kann eine Sekundärquelle nicht empirisch sein?
Eine Sekundärquelle untersucht (theoretisch) den Forschungsgegenstand.

Frage 4 | Welche Quellen kommen Ihrer Meinung nach in diesem Artikel vor?
Primärquellen: Statistische Daten. Sekundärliteratur: Alternative Forschungsergebnisse. Tertiärquellen: Nachschlagewerke für Begriffsdefinitionen, Übersichtsartikel

Frage 5 | In welchen Abschnitten dieses Artikels werden Sekundärquellen referiert, verglichen, diskutiert?
In der Einleitung, wo der Stand der Forschung referiert wird; ggf. auch in der Diskussion, wo die eigenen Ergebnisse mit anderen Forschungsberichten verglichen werden.

Frage 6 | In welchem Abschnitt dieses Artikels werden die Primärquellen und die Methode, mit der diese erhoben und ausgewertet werden, beschrieben?
In Materialien und Methoden.

Frage 7 | Ist ein Linkhinweis auf einer Webseite eine Metainformationen?
Ja, er gibt die Information, dass man, wenn man ihm folgt, weitere Informationen zum angezeigten Thema bekommt.

Frage 8 | Finden Sie in einem Branchenverzeichnis auch Metainformationen?
Nein und ja. Ein Branchenverzeichnis informiert über Unternehmen. Wenn es auch Informationen enthält, wo man weitere Informationen über das Unternehmen finden kann, z. B. Webseite des Unternehmens, so sind dies Metainformationen.

Frage 9 | Wie unterscheiden sich der Katalog und Bibliografie?
Der Katalog erschließt durch formale und inhaltliche Beschreibung den Bestand einer Bibliothek und informiert über die Verfügbarkeit der Bestände. Die Bibliografie erschließt durch formale und inhaltliche Beschreibung Publikationen eines

Forschungs- oder Themenbereiches, gibt aber keine Informationen über deren Verfügbarkeit.

Frage 10 | Versuchen Sie herauszufinden, aus welchem Buch das Zitat „An jedem Ort der Welt …" stammt.
Das Zitat „An jedem Ort der Welt …" ist über QID=1 dem Buch von Umberto Eco zugeordnet.

Frage 11 | Angenommen, Sie verknüpfen zwei Suchbegriff in einmal mit AND und einmal mit OR: Welche Verknüpfung bringt mehr Treffer – und warum?
Die Verknüpfung mit OR bringt mehr Treffer, da sie alle Datensätze anzeigt, in denen einer der beiden Suchbegriffe vorkommt oder beide. AND zeigt nur die Datensätze an, in denen beide Begriffe zusammen vorkommen.

Frage 12 | Angenommen, Sie möchten nach Dokumenten suchen, deren Titel das Wort Lernprozess in mehreren grammatikalischen Formen enthält, und es gäbe nicht die Möglichkeit der Trunkierung: Welchen logischen Operator würden Sie verwenden, um die unterschiedlichen Schreibweisen zu verknüpfen?
Mit dem logischen Operator OR könnte man nach der Vereinigungsmenge aller Dokumente suchen, die mindestens eine der grammatikalischen Formen des Suchbegriffes enthalten. Die Suchanfrage ist: Lernprozess OR Lernprozesses OR Lernprozesse OR Lernprozessen.

Frage 13 | Führen Sie in *Google* die folgenden Suchanfragen durch und notieren Sie sich die dabei jeweils erzielte Trefferzahl: Geben Sie zuerst (1) die Suchbegriffe anaphylaktischer Schock ein, dann (2) anaphylaktischer AND Schock, (3) anaphylaktischer NEAR Schock und (4) „anaphylaktischer Schock". Wie erklären Sie sich jeweils die Anzahl der Treffer?
Die Suchanfragen (1) und (2) ergeben dieselbe Trefferzahl, da nach Dokumenten gesucht wird, die beide Suchbegriffe enthalten. Suchanfrage (3) ergibt weniger Treffer, da die beiden Suchbegriffe zumindest in der Nähe vorkommen müssen. Suchanfrage (4) ergibt noch weniger Treffer, da die Suchbegriffe nebeneinander und in dieser Reihenfolge vorkommen müssen.

Frage 14 | Sie suchen in Ihrem Online-Katalog nach dem Buch „Brown, Archie (2009): Aufstieg und Fall des Kommunismus. Berlin: Propyläen-Verl.": Mit welchen Suchbegriffen? Können Sie die Suchbegriffe klein schreiben?
Bspw. Brown Aufstieg Kommunismus. Die Suchbegriffe können in Kleinschreibung eingegeben werden, Online-Kataloge sind nicht case-sensitive.

Frage 15 | Recherchieren Sie in der Referenzdatenbank Web of Science einen Artikel zu einem Forschungsbereich, der Sie interessiert. Verfolgen Sie die assoziativen Links zu den Artikeln, die diesen Artikel zitieren, und zu jenen, die darin zitiert werden. Welche Recherchestrategie wenden Sie dann an?

Die assoziative Suche (Schneeballsuche).

Frage 16 | Für ein Referat benötigen Sie das Buch „Alvesson, Mats (2008): Reflexive methodology. London u. a.: SAGE". Primär haben Sie nicht vor, selbst das Buch zu kaufen, sondern möchten es in Ihrer Universitätsbibliothek entlehnen. Wie gehen Sie vor? Wo suchen Sie?

Sie suchen im Online-Katalog Ihrer Bibliothek oder beschaffen das Buch über Fernleihe. Vielleicht haben Sie auch Glück in Google Books und finden dort Ihr Kapitel im Volltext, aber wahrscheinlich können Sie es weder downloaden noch ausdrucken …

Frage 17 | Eine Lehrende hat Ihnen für eine Seminararbeit den folgenden Aufsatz vorgegeben: „Döring, Nicola; Mohseni, M. Rohangis (2020): Mobiles Lernen. In: Helmut M. Niegemann und Armin Weinberger (Hrsg.): Lernen mit Bildungstechnologien. Praxisorientiertes Handbuch zum intelligenten Umgang mit digitalen Medien. Living reference work, continuously updated edition. Berlin, Heidelberg: Springer (Springer eBook Collection), S. 1–12.

Sie suchen im Online-Katalog nach dem Sammelband oder beschaffen das Buch über Fernleihe. Versuchen Sie es aber auch mit einer Suche in Google.

Frage 18 | Was ist der Zweck der formalen Dokumentation?

Quellen und Textstellen korrekt zitieren zu können.

Frage 19 | Was heißt exzerpieren?

Ein Schritt in der inhaltlichen Dokumentation: Einen Text auszugsweise festhalten, wörtlich oder in eigenen Worten. Ein Exzerpt kann Grundlage für Zitate sein.

Frage 20 | Was heißt beschlagworten?

Den Inhalt einer Quelle, eines Zitats, eines Gedankens mit einem Begriff „auf den Punkt bringen" – ein Schritt in der inhaltlichen Dokumentation.

Frage 21 | Welche Vorteile bringt Ihnen eine Dokumentation?

Formale Dokumentation: Evidenz der Referenzen, Erstellung des Literaturverzeichnisses, Grundlage für die Auswahl von Quellen. Inhaltliche Dokumentation: Evidenz von Quellen, Zitaten und Ideen, Unterstützung in der Theoriebildung, beim Gliedern und Schreiben Ihrer Arbeit.

Frage 22 | Bachelorarbeiten sind nicht veröffentlichte Werke, sie gelten auch nicht als zitierwürdig, da sie schwer zugänglich sind. Kann man einfach Texte ohne Beleg daraus entnehmen?

Nein, das wäre ein Plagiat.

Frage 23 | Ein Professor veröffentlicht Teile einer Seminararbeit in einem Artikel. Ist das ein Plagiat? Ist das eine Urheberrechtsverletzung?

Ein Plagiat. Keine Urheberrechtsverletzung.

Frage 24 | Sie bitten eine Freundin, Ihre Bachelorarbeit Korrektur zu lesen.

Kein Ghostwriting.

Frage 25 | X übernimmt Textpassagen entweder wörtlich oder in eigenen Worten formuliert aus einem Werk, dessen Autor vor 70 Jahren verstorben ist. Plagiat? Urheberrechtsverletzung?
Ein Plagiat.

Frage 26 | Jemand veröffentlicht das Werk eines anderen unter dessen Namen. Plagiat? Urheberrechtsverletzung? Unter welcher Bedingung?
Kein Plagiat, aber eine Urheberrechtsverletzung, wenn der Autor nicht schon vor 70 Jahren verstorben ist.

Frage 27 | Jemand übernimmt Sätze aus einer Quelle fast im genauen Wortlaut und zitiert die Quelle nur indirekt.
Ein Plagiat.

Frage 28 | Bei welchen der beschriebenen Symptome von Plagiaten ist Plagiatssoftware erfolgreich?
Vollplagiat, Copy-and-Paste, Shake-and-Paste

Frage 29 | Ist die Übernahme von Strukturen und Argumenten ein Plagiat?
Ja, es ist eine fremde geistige Leistung.

Frage 30 | Ist die Übernahme einer außergewöhnlichen Formulierung, die nur Allgemeinwissen zum Inhalt hat, ein Plagiat?
Streng genommen schon.

Glossar

Hier finden Sie Definitionen für einige zentrale Begriffe zum Themenbereich Recherchieren, Dokumentieren, Zitieren. Wie in einem → Thesaurus werden zusätzliche Oberbegriffe, Unterbegriffe, Synonyme und verwandte Begriffe angeführt.

Abfragesprache
Regelsystem für die Formulierung von → Suchanfragen an eine → Datenbank. Auf diesem beruhen die → Recherchetechniken für die bibliografischen Datenbanken: → Suchbegriffe können mit den → logischen Operatoren AND, OR oder NOT zu komplexen → Suchanfragen verknüpft, → trunkiert oder → maskiert werden. Bei vielen Online-Katalogen und bibliografischen Datenbanken gibt es eine differenzierte → Expertensuche. Dabei werden → Suchkategorien (wie Autor) durch Codes (z. B. AUT) ausgedrückt.
Synonyme: Recherchesprache, Kommandosprache

Abstract
→ Verbale inhaltliche Erschließung, die eine → Publikation, speziell → Artikel, inhaltlich zusammenfasst. Das Abstract ist eine Entscheidungshilfe, ob eine Publikation für ein Forschungsvorhaben relevant ist. Abstracts von Zeitschriftenartikeln werden häufig auch in → Referenzquellen, bspw. in → Referenzdatenbanken, angeführt.

Artikel (article, paper)
→ Publikationsform, die in einer → Zeitschrift oder in einem → Sammelband erscheint (unselbständig erscheinende Literatur). Artikel werden nicht in → Bibliothekskatalogen, sondern in → Bibliografien, → Referenz- und → Volltextdatenbanken erschlossen.
Synonyme: Aufsatz, Abhandlung
Unterbegriffe: Zeitschriftenartikel, Artikel in Sammelband
Verwandte Begriffe: Zeitungsartikel

Assoziative Suche (Schneeballsuche)
→ Recherchestrategie, in der das Literaturverzeichnis einer relevanten Publikation gezielt für die Suche nach weiteren Quellen ausgewertet wird. Dieses Prinzip liegt auch der Referenzdatenbank Web of Science zu Grunde: Neben der formalen und inhaltlichen Beschreibung werden dort für jeden Artikel sowohl jene Artikel angegeben, die er selbst → zitiert, als auch jene, die ihn zitieren.

Begriffsrelation

Beziehung zwischen Begriffen, insbesondere Äquivalenz bei → Synonymen, Hierarchie zwischen → Ober- und → Unterbegriffen, Assoziation bei → verwandten Begriffen. Diese Begriffsrelationen werden in einem → Thesaurus oder in einer Schlagwortliste berücksichtigt.

Bibliografie

Gedruckte → Referenzquelle, die eine bestimmte Menge von Publikationen → formal, → inhaltlich und → klassifizierend beschreibt und erschließt. Im Unterschied zum → Katalog gibt eine Bibliografie nicht an, wo die verzeichnete Literatur zu finden ist.

Unterbegriffe: Allgemeinbibliografie, Fachbibliografie, Nationalbibliografie

Verwandte Begriffe: → Referenzdatenbank, → Volltextdatenbank, Literaturverzeichnis

Bibliografische Suche

→ Recherchestrategie, die das Ziel hat, aufgrund einer bibliografischen Angabe (→ Referenz) erstens die Verfügbarkeit einer Quelle nachzuweisen und zweitens die Quelle zu beschaffen.

Datenbank (database)

System von Tabellen, die untereinander in Beziehung stehen (relationale Datenbank) und deren Zeilen jeweils → Datensätze enthalten. Datensätze bestehen aus → Datenfeldern (die Zellen der Tabelle). Alle Datenfelder, die in einer Spalte stehen, sind der gleichen Kategorie zugeordnet, z. B. stehen alle Nachnamen in allen Datensätzen in der gleichen Spalte. Welche Kategorien in welchen Spalten stehen, wird in der ersten Zeile einer Tabelle definiert. In einer bibliografischen Datenbank werden bibliografische Datensätze (→ Referenzen) gespeichert, die das Ergebnis einer → formalen, → inhaltlichen Beschreibung einer Publikation ist. Die herkömmlichen Formen der Datenbank sind die Kartei oder der → Katalog.

Verwandte Begriffe: Bibliografische Datenbank, → Referenzdatenbank, → Volltextdatenbank, → Faktendatenbank,

Datenfeld (data field)

Zelle einer Tabelle einer → Datenbank und Teil eines → Datensatzes, in der Daten einer bestimmten Kategorie (z. B. Autor) stehen. Welche Daten in einem Datenfeld stehen, wird in der ersten Zeile einer Tabelle festgelegt. Das Datenfeld entspricht einer Zeile auf der Karteikarte oder dem Katalogzettel, in der der Wert einer Kategorie (etwa Autor) steht.

Datensatz (record)
Zeile einer Tabelle einer → Datenbank, in der bibliografische Datensätze gespeichert sind. Ein Datensatz besteht aus mehreren → Datenfeldern, bspw. Autor, Titel, Verlag. Das Analogon eines Datensatzes in einer → Kartei oder in einem → Katalog ist die Karteikarte oder der → Katalogzettel.

Deep Web (Invisible Web, Hidden Web)
Inhalt von Webseiten, der dynamisch aufgrund einer Datenbankabfrage generiert wird und teilweise Zugangsbeschränkungen unterliegt. Diese Seiten sind im Allgemeinen nicht über → Suchmaschinen recherchierbar; es inzwischen Suchmaschinen, die zum Teil auch das Deep Web indizieren können. Auch Informations- und Datenbankanbieter stellen aus Werbezwecken Teile ihrer Informationen so zur Verfügung, damit sie über Suchmaschinen gefunden werden, für den Vollzugriff muss man allerdings über Zugangsrechte verfügen. Das Invisible Web ist viel umfangreicher als das für das für Suchmaschine zugängliche Visible Web.

Directory
→ Referenzquellen als Sammlung von Adressen von → Webseiten, die nach bestimmten Kategorien geordnet und erschlossen sind, im einfachsten Fall eine Linksammlung.
Synonyme: Webkatalog, Internetverzeichnis
Oberbegriffe: World Wide Web, Internet

Dokumentlieferdienst (Document Delivery Service)
Kostenpflichtiges Service, das Bücher oder Artikel aus Zeitschriften als gedruckte oder elektronische Kopie auf dem Postweg oder über E-Mail zusendet. Dadurch können Dokumente im Vergleich zur Fernleihe relativ schnell besorgt werden.
Beispiel: *Subito*, ein kooperatives Document Delivery Service mehrerer deutschsprachiger Bibliotheken
Oberbegriffe: Literaturbeschaffung
Verwandte Begriffe: Fernleihe

Einfache Suche (Basic Search)
Suchoption in elektronischen → Referenzquellen: Suchbegriffe werden dabei in ein einziges Suchfeld eingegeben, wobei in allen → Suchkategorien (→ Datenfeldern) gleichzeitig gesucht wird.
Synonyme: Standardsuche
Verwandte Begriffe: Freitextsuche, Suchfeld, Suchkategorie

Einstiegssuche
→ Recherchestrategie im Zuge der → systematischen Recherche, ihr Ziel ist, einen Überblick über ein Forschungsthema zu gewinnen.

E-Journal (Elektronische Zeitschrift)

Online verfügbare Zeitschrift, entweder als Parallelausgabe einer gedruckt erscheinenden Zeitschrift (print und electronic) oder ausschließlich elektronisch (electronic only). Die Referenzquelle für die elektronischen Zeitschriften ist die Elektronische Zeitschriftenbibliothek (EZB).

Synonyme: Online-Zeitschrift

Expertensuche (Advanced Search)

Suchoption in elektronischen → Referenzquellen, bei der die Suchanfrage im Unterschied zur → einfachen Suche nach → Suchkategorien differenziert eingeben wird. Meistens werden mehrere Suchfelder angeboten, die Verknüpfung der Suchbegriffe erfolgt mit → logischen Operatoren. Ältere Systeme erfordern vielfach die Eingabe der Suchanfrage in einer → Abfragesprache. Beispiel: Mit der Suchanfrage „WTI=Weltwirtschaftskrise AND WPE=Krugman" findet man das Buch „Die neue Weltwirtschaftskrise" von Paul R. Krugmann, mit WTI wird nach Titelstichwörtern und mit WPE nach Autoren gesucht.

Synonyme: Erweiterte Suche

Fachportal

→ Referenzquelle, die elektronische Ressourcen eines bestimmten Fachgebietes → formal und → inhaltlich beschreibt und zugänglich macht. Fachportale werden von wissenschaftlichen Institutionen (Instituten, Forschungsgemeinschaften) oder von kommerziellen Informationsanbietern gepflegt.

Verwandte Begriffe: → Virtuelle Bibliothek

Faktendatenbank

Primärquelle, die Daten und Fakten enthält, insbesondere Wirtschaftsdaten, Marktinformationen, Unternehmensdaten, Finanzmarktdaten, chemische oder physikalische Daten, Produktdaten, Arzneien, statistische Daten usw.

Oberbegriffe: Datenbank

Verwandte Begriffe: → Referenzdatenbank, → Volltextdatenbank

Formale Beschreibung

Eine Methode der → Wissensorganisation: Ein Dokument bzw. eine Publikation wird formal beschrieben durch die Angabe von Autor, Titel, Erscheinungsort, Verlag, Erscheinungsjahr, Seitenzahl, ISBN usw. Das Ergebnis einer formalen und ggf. → inhaltlichen Beschreibung ist der bibliografische Datensatz, die → Referenz oder der Literaturhinweis. Die formale Beschreibung wird für die Erstellung von → Referenzquellen und beim → Zitieren verwendet. Dafür gibt es Standards und Normen. Im wissenschaftlichen Bereich sind dies die → Zitierregeln. Bibliotheken und Dokumentationsstellen verwenden spezielle Regelwerke (z. B. die RAK, die Regeln für die Alphabetische Katalogisierung). Die

formale Beschreibung ist die Voraussetzung für die → Recherchemethode der → formalen Suche. Dabei können formalen Angaben über → Suchkategorien recherchiert werden.
Synonyme: Bibliografische Beschreibung
Oberbegriffe: → Metainformationen, → Metadaten
Verwandte Begriffe: → Inhaltliche Beschreibung

Formale Suche
→ Recherchemethode, bei der die → Suchanfrage an Referenzquellen nur aus formalen, bibliografischen Suchkriterien (Verfasser, Titel, Jahr usw.) besteht. Die formale Suche setzt die → formale Beschreibung der Dokumente voraus. Sie ist indiziert, wenn die bibliografischen Angaben der gewünschten Publikation bereits bekannt sind.

Gezielte thematische Recherche
→ Recherchestrategie mit dem Ziel, Quellen zu einem bestimmten Themenbereich zu finden. Diese Strategie kommt in einem Forschungsprozess zum Einsatz. Sobald nach einer → Einstiegssuche die Forschungsfrage konkretisiert ist, wird ihr Themenbereich in einzelne Themen differenziert. Die Themen fungieren als Kernbegriffe, die mit alternativen Suchbegriffen, d. h. mit → Synonymen, → verwandten Begriffe, → Unterbegriffen, → Oberbegriffen ergänzt werden. Anschließend werden die Suchbegriffe mit Hilfe der → logischen Operatoren – die Kernbegriffe mit AND, die alternativen Suchbegriffe jeweils mit OR – zu einer komplexen → Suchanfrage verknüpft.

Graue Literatur
Wissenschaftliche Dokumente, die nicht über Verlage publiziert und auch nicht über den Buchhandel erhältlich ist. Herausgeber sind Universitäten, Institute, Forschungseinrichtungen, Museen, Unternehmen, Vereine, Parteien. Beispiele: Institutsberichte, Forschungsberichte, Diskussionspapier, Abschlussarbeiten
Verwandte Begriffe: → Publikation

Halbwertszeit des Wissens
Der Zeitraum, ab dem Wissen noch zu 50 % aktuell und gültig ist. Bei Schulbuchwissen dauert es ca. 20 Jahre, bis die Hälfte davon unbrauchbar ist. Studien zeigen, dass die Halbwertszeit generell sinkt, aber vor allem in technischen Disziplinen. IT-Wissen liegt bei 1 bis 2 Jahren.

Hierarchische Suche
→ Recherchemethode, die auf der inhaltlichen Beschreibung von Dokumenten mit Hilfe einer Klassifikation beruht, in welcher Begriffe hierarchisch definiert sind (z. B. in einem → Thesaurus). Dadurch können → Oberbegriffe, → Unterbegriffe und → verwandte Begriffe in der Suche mitberücksichtigt werden.

Impact-Faktor (Journal Impact Factor)
Indikator für die Qualität einer Zeitschrift: Quotient der Anzahl der Zitationen der Artikel einer Zeitschrift in einem Jahr und der Anzahl der Artikel dieser Zeitschrift in den beiden letzten Jahren.

Informationsressource
Oberbegriff für alle Informationen, die als Quellen für Forschung fungieren, insbesondere Primär-, Sekundär-, Tertiärquellen, unabhängig vom Medientyp. Häufig sind mit Informationsressourcen nur die → Referenzquellen (z. B. Online-Kataloge, Referenz- und Volltextdatenbanken) gemeint.

Internetadresse (IP-Adresse)
Kennung, über die jeder Computer im Internet eindeutig identifizier- und adressierbar ist. Sie besteht aus vier Ziffernblöcken, wobei die ersten beide Blöcke meistens die Internetdomain bezeichnen, also das Intranet, dem der Computer angehört. Beispiel: 138.232.201.1, 138.232 ist die Domain der Universität Innsbruck. Über die Internetadresse wird im Allgemeinen der Zugang zu kostenpflichtigen elektronischen → Referenzquellen (→ Referenzdatenbanken, → Volltextdatenbanken) sowie zu → elektronischen Zeitschriften (E-Journals) validiert.

Inhaltliche Beschreibung
Eine Methode der → Wissensorganisation: Die inhaltliche Beschreibung enthält Angaben zum Inhalt einer Publikation. In der verbalen Sacherschließung werden → Stichwörter, normierte → Schlagwörter oder → Abstracts verwendet, in der systematischen Sacherschließung (→ Klassifikation) hingegen Notationen, die in einem Klassifikationssystem jeweilige Klassen, Haupt- und Untergruppen bezeichnen.
Synonyme: Sachliche Erschließung
Unterbegriffe: Verbale inhaltliche Erschließung, Klassifikation, Systematische Erschließung
Oberbegriffe: → Metainformationen
Verwandte Begriffe: → Formale Beschreibung

Inhaltliche Suche
→ Recherchemethode, bei der die → Suchanfrage an → Referenzquellen aus inhaltlichen Suchkriterien (Schlagwort, Klassifikation, Abstract usw.) besteht. Die inhaltliche Suche ist indiziert, wenn Quellen zu einem Thema gesucht werden.
Verwandte Begriffe: → Formale Suche, → Gezielte, thematische Suche

ISBN (engl. International Standard Book Number)
Internationaler Zifferncode für die eindeutige Identifizierung von Büchern.

Katalog (Bibliothekskatalog)
→ Referenzquelle, Verzeichnis der Bücher und Zeitschriften einer Bibliothek mit der Angabe des Bestandes, der Standorte und Signaturen. Bibliothekskataloge sind heute in elektronischer Form als → Online-Kataloge über das Internet zugänglich. Im Bibliothekskatalog ist nur die so genannte selbständig erschienene Literatur (Bücher und Zeitschriften) verzeichnet, nicht aber Aufsätze in Zeitschriften und Sammelbänden oder Internetdokumente.
Unterbegriffe: Alphabetischer Katalog, Nominalkatalog, → Online-Katalog, Mikrofiche-Katalog, Schlagwortkatalog, Standortkatalog, Systematischer Katalog

Klassifikation
Eine Methode der → Wissensorganisation: Verfahren der → inhaltlichen Beschreibung von Dokumenten anhand eines Klassifikationssystems. Ein Klassifikationssystem ist die Einteilung von Wissenschaften in Teilgebiete mit Hilfe von Klassen und Subklassen. In der inhaltlichen Beschreibung werden Klassen mit Notationen bezeichnet, die eine genaue Systemstelle im Klassifikationssystem angeben. Klassifikationen werden in Online-Katalogen, Bibliografien und Referenzdatenbanken verwendet. In Bibliotheken werden Klassifikationssysteme als Aufstellungssystematik bspw. für Bücher verwendet: Bücher, die einer Klasse zugeordnet werden, befinden sich im gleichen Regal.
Beispiele: DDC (Dewey Decimal Classification), RVK (Regensburger Verbundklassifikation)
Unterbegriffe: Aufstellungssystematik
Verwandte Begriffe: Systematische Erschließung, Notation

Leseliste
Ergebnis der Literaturrecherche, enthält relevante Literaturhinweise (→ Referenzen).
Synonyme: Lektüreliste
Verwandte Begriffe: Literaturkartei

Literaturverwaltung
Software für die Dokumentation im Rahmen des wissenschaftlichen Arbeitens. Primäre Funktionalität: bibliografisches Management (reference management) für die → formale Dokumentation von Quellen. Weitere: Wissensmanagement für die → inhaltliche Dokumentation von Quellen, und Projektmanagement.
In der herkömmlichen Literaturverwaltung werden Zettelkästen oder Karteien verwendet, in denen bibliografische Angaben, Exzerpte, Zitate, Notizen aufgezeichnet und beschlagwortet werden. Die elektronische Literaturverwaltung ist technisch effizienter: komfortable Dateneingabe, Recherche und Datenimport aus

Referenzquellen, Suchmöglichkeiten, freie Wahl der Zitationsstile, Unterstützung bei der Zitation usw.

Logischer Operator

→ Recherchetechnik: Ausdruck, der logische Verknüpfungen zwischen Suchbegriffen angibt. AND steht für die Schnittmenge (alle Suchbegriffe müssen im Dokument vorkommen), OR für die Vereinigungsmenge (entweder der eine Suchbegriff oder der andere oder beide müssen im Dokument vorkommen), NOT für die Ausschlussmenge (nur der eine Suchbegriff darf vorkommen, der andere nicht). Darüber hinaus gibt es noch den so genannten Nähe-Operatoren NEAR, der die Nähe der beiden Suchbegriffe (z. B. in einem Absatz oder in einem Satz) zur Bedingung machen.

Synonym: Boole'scher Operator

Maskierung

→ Recherchetechnik: Platzhalter für ein oder mehrere Zeichen in einem Suchbegriff. Die Maskierung erlaubt, gleichzeitig nach mehreren Schreibweisen eines Begriffs zu suchen. Maskierungszeichen sind „*" oder „?" abhängig von der jeweiligen Datenbank.

Verwandter Begriff: → Trunkierung

Medien

Träger von Informationen, unterscheidbar einerseits im Hinblick auf den → Medientyp (Medienform), es gibt demnach etwa gedruckte, digitale Medien, und andererseits im Hinblick auf die → Mediensorte (→ Publikationsform), etwa Lehrbuch, Artikel.

Unterbegriffe: → Mediensorte, → Medientyp

Medientyp

Technische Form von → Medien, insbesondere Printmedien, audiovisuellen Medien, digitalen Medien. In Referenzquellen wird der Medientyp in der formalen Beschreibung auch als Merkmal eines Dokumentes erfasst und kann demnach auch als Selektionskriterium in der Recherche verwendet werden.

Synonyme: Medienform

Verwandte Begriffe: → Mediensorte

Unterbegriffe: Printmedien, audiovisuelle Medien, digitale Medien

Mediensorte

Textuelle Form von → Medien, im Kontext der wissenschaftlichen Literatur insbesondere die → Publikationsform, die definiert, wie ein wissenschaftliches Dokument (bspw. ein Buch oder ein Artikel) aufgebaut und gestaltet ist.

Verwandte Begriffe: → Publikationsform

Metadaten

Daten über Daten, also → Metainformationen, → Referenzen. Metadaten werden zur → formalen und → inhaltlichen Beschreibung von Dateien, Bildern und anderen Dokumenten wie etwa Lernmaterialien verwendet. Zusätzlich können auch technische, rechtliche und didaktische Merkmale erfasst werden.
Oberbegriff: → Metainformationen
Unterbegriffe: → Formale Beschreibung, → Inhaltliche Beschreibung

Metainformationen

Formale und inhaltliche Informationen über Informationen – „metá" kommt aus dem Griechischen und bedeutet über.
Unterbegriffe: → Metadaten
Verwandte Begriffe: → Referenz, → Formale Beschreibung, → Inhaltliche Beschreibung

Metasuche

Suchfunktionalität, bei der mit einer einzigen → Suchanfrage mit der mehrere Referenzquellen (Online-Kataloge, Referenzdatenbanken) gleichzeitig durchsucht werden. Ein prominentes Beispiel ist der Karlsruher virtuelle Katalog (KVK).
Verwandte Begriffe: Suchportal

Mitnahmeeffekt (serendipity effect)

Zufällige Entdeckung von etwas Überraschenden, nach dem primär nicht gesucht wurde: Beispiele sind die Entdeckung Amerikas, der Röntgenstrahlung, des Penicillins. In der Informationswissenschaft wird damit der Effekt bezeichnet, wenn beim Surfen oder Browsen ohne Absicht interessante Informationen gefunden werden.

Oberbegriff

Kennzeichnet eine hierarchische → Begriffsrelation eines Begriffes zu einem zweiten. Beispiel: Zitrusfrucht ist ein Unterbegriff von Orange.
Oberbegriffe: → Begriffsrelation
Verwandte Begriffe: → Unterbegriff, → Synonym, → Verwandter Begriff

Online-Katalog

→ Referenzquelle: Bibliothekskatalog, der den Bestand einer Bibliothek verzeichnet, er ist online über Internet und öffentlich zugänglich, und wird auch als OPAC (Online Public Access Catalogue) bezeichnet.
Oberbegriffe: Referenzquelle, Bibliothekskatalog
Verwandte Begriffe: → Referenz, Alphabetischer Katalog, Schlagwortkatalog, Systematischer Katalog

Phrasensuche
→ Recherchetechnik, in der → Suchbegriffe verwendet werden, die aus mehreren Wörtern bestehen, auch ganze Sätze. In den meisten Datenbanken wird die Phrase durch Anführungszeichen gekennzeichnet.

Plagiat
Ein Plagiat begeht, wer eine fremde geistige Leistung als eigene ausgibt.

Printmedien
Gedruckte Dokumente bzw. → Publikationen.
Oberbegriffe: → Medienform, → Medien
Verwandte Begriffe: → Digitale Medien

Publikation
Einerseits der Vorgang, durch den ein (wissenschaftliches) Werk der Öffentlichkeit zur Verfügung gestellt wird, und andererseits das Werk selbst. Das Publizieren wird meist von Verlagen durchgeführt, die damit die Verwertungsrechte der Publikation übernehmen. Der Autor selbst bleibt auch nach der Publikation der geistige Urheber seines Werkes. Ein Werk kann in unterschiedlichen Formen (→ Publikationsformen) publiziert werden.
Oberbegriff: → Dokument

Publikationsform (publication type)
Form (→ Mediensorte) einer Veröffentlichung, etwa Buch, Artikel oder Internetdokument. Die Unterscheidung von Publikationsformen ist wichtig die Recherche. Es gibt Referenzquellen, die nur Publikationen eines Typs verzeichnen. Die Publikationsform kann auch als formales Selektionskriterium verwendet werden.
Synonym: Publikationsart, → Mediensorte
Unterbegriffe: Buch, Zeitschriftenartikel, Aufsatz in einem Sammelwerk, Dissertation, Arbeitspapier.
Oberbegriff: → Publikation, Dokument

Recherchemethoden
beruhen auf den unterschiedlichen Methoden der → Wissensorganisation, mit denen Quellen in Referenzquellen erschlossen sind. Recherchemethoden sind: → Formale Suche, → Inhaltliche Suche, → Volltextsuche, → Hierarchische Suche.

Rechercheprinzipien
sind die Voraussetzungen im Hinblick auf das *Warum, Was, Wo* und *Wie* einer Recherche, die in einer effektiven, d. h. erfolgreichen → Recherchestrategie für ein konkretes → Rechercheszenario zur Anwendung kommen.

Rechercheszenarien
unterscheiden sich erstens im Hinblick auf die Motivation der Informationsnachfrage (bspw. alltägliche Suche, Faktenrecherche, Literatursuche für schriftliche

Arbeit usw.) und zweitens im Hinblick auf die Art der nachgefragten Information (konkretes Faktenwissen, problemorientiertes Wissen) ab. Je nach Typ gibt es unterschiedliche → Recherchestrategien.

Recherchestrategien

Je nach → Rechercheszenario, das durch eine spezifische Motivation und eine spezifische Art der Informationsnachfrage bestimmt ist, wird in strategischer Hinsicht unterschiedlich recherchiert. Recherchestrategien sind: Personen-Daten-Fakten-Suche; Informelle Recherche, Systematische (formelle) Recherche, Bibliografische Suche. Die strategische Planung der jeweiligen Recherche orientiert sich an den Rechercheprinzipien Warum, Was, Wo, Wie.

Recherchetechniken

beruhen auf den technischen Möglichkeiten in der Abfrage von Datenbanken und dienen der Optimierung der Suchanfrage für elektronische Referenzquellen. Recherchetechniken sind: → Logischer Operator, → Trunkierung, → Maskierung, → Volltextsuche.

Referenz (reference)

Enthält Metainformationen über formale und inhaltliche Merkmale einer Quelle (eines Dokumentes, einer Publikation). Eine → Referenzquelle ist eine geordnete Sammlung von Referenzen auf Quellen. In einer wissenschaftlichen Arbeit dokumentiert man mit Hilfe von Referenzen (Literaturhinweisen), welche Quellen verwendet werden.

Synonyme: Literaturangabe, Literaturhinweis, Quellenangabe, Referenzinformation

Verwandte Begriffe: Bibliografischer Datensatz, Katalogzettel, → Referenzquelle, → Zitieren

Oberbegriff: → Metainformation, → Metadaten

Referenzdatenbank (reference database)

→ Referenzquelle: Elektronisches Verzeichnis von → Referenzen auf Quellen einer Wissenschaftsdisziplin bzw. eines Forschungsbereiches. Eine Referenzdatenbank verzeichnet unselbständig erschienene Literatur (→ Artikel in Zeitschriften und Sammelbänden), die in → Online-Katalogen nicht nachgewiesen sind. Zusätzlich zu → formalen Beschreibung wird auch eine → inhaltliche Erschließung angeboten (→ Schlagwörter und → Abstracts). Die Referenzdatenbank ist das elektronische Pendant der → Bibliografie.

Referenzquellen (reference source)

Tertiärquellen zur Erschließung von Quellen und Hilfsmittel für die Recherche. Referenzquellen beinhalten → Metainformationen, → Referenzen, Literaturhinweise, sie informieren darüber, welche Informationen es gibt und – in den meisten

Fällen auch – wo und wie sie zu finden sind. Referenzquellen erschließen Primär- und Sekundärquellen, aber auch Tertiärquellen und Referenzquellen selbst (z. B. gibt es Bibliografien von Bibliografien). Referenzquellen implementieren Methoden der → Wissensorganisation, → die formale, → inhaltliche, klassifizierende Beschreibung von Dokumenten sowie ihre → Volltextindizierung.

Referenzquellen sind das Ergebnis professionellen Dokumentierens. Auch Studierende und Forschende dokumentieren und schaffen ihre eigenen Referenzquellen.

Synonym: Informationsmittel, Informationsquelle, Recherchesystem, Informationsressource

Unterbegriffe: → Online-Katalog, → Bibliografie, Literaturverzeichnis, → Referenzdatenbank, → Volltextdatenbank, → Suchmaschine usw.

Verwandte Begriffe: Nachschlagewerk, → Referenzwerk

Oberbegriffe: Tertiärquelle

Referenzwerk (reference work)

Tertiärquelle, die einen Überblick zu einem Thema und weiterführende Literatur (Primär- und Sekundärquellen) bietet. Referenzwerke sind insbesondere: Nachschlagewerke, Handbücher, Lexika, Enzyklopädien.

Verwandte Begriffe: Referenzwerk

Schlagwort (keyword, subject term)

Begriff, mit dem ein Dokument → inhaltlich beschrieben wird. Der Begriff kann in einer Schlagwortliste, Schagwortnormdatei oder in einem → Thesaurus normiert sein.

Oberbegriffe: → Inhaltliche Beschreibung

Verwandte Begriffe:→ Stichwort

Selbständige Literatur

Monografie, Sammelband, Konferenzband

Signatur

Standortangabe eines Buchs oder eines anderen Mediums in einer Bibliothek, die zumeist aus einer Kombination aus Buchstaben und Zahlen besteht.

Stichwort

Frei gewählter Begriff, mit dem ein Dokument → inhaltlich beschrieben wird. Da wissenschaftliche Publikationen im Allgemeinen einen „sprechenden“ Titel haben, kann auch ein Wort aus dem Titel als Titelstichwort verwendet werden.

Verwandte Begriffe: → Schlagwort

Suchanfrage

Mit einer Suchanfrage wird in einer elektronischen → Referenzquelle gesucht. Die Suchanfrage wird in ein oder mehreren Suchfeldern eingegeben und anschließend in die → Abfragesprache der Datenbank übersetzt. Suchanfragen können aus einem oder mehreren → Suchbegriffen bestehen, die Suchbegriffe können → trunkiert, maskiert oder als → Phrasensche eingegeben oder mit → logischen Operatoren kombiniert werden.

Verwandte Begriffe: → Formale Suche, → Expertensuche, → Thematische Suche

Suchbegriff

Wort oder eine Wortgruppe, nach denen in einer elektronischen Referenzquelle gesucht werden kann. Suchbegriffe können auf bestimmte → Suchkategorien beschränkt, → trunkiert, → maskiert, als → Phrasensuche verwendet und mit → logischen Operatoren kombiniert werden. Bei der Abfrage der → Datenbank werden die Werte in den → Datenfeldern mit dem Suchbegriff verglichen (*matching*). Datensätze, die den Kriterien entsprechen, werden anschließend in einer → Trefferliste angezeigt.

Synonyme: Recherchebegriff

Suchkategorie

Kategorien der → formalen oder → inhaltlichen Beschreibung von Dokumenten (etwa Autor, Titel, Schlagwort), die in der Recherche als → Suchkategorien verwendet Titel werden. Einer Suchkategorie sind ein oder mehrere → Datenfelder eines → Datensatzes in einer → Datenbank zugeordnet. Mit Suchkategorien ist eine gezielte Suche möglich, z. B. nach einem bestimmten Autor. In der → Expertensuche werden die Suchkategorien durch Codes bezeichnet, z. B. „WPE" für Personennamen.

Synonyme: Suchkriterium

Unterbegriffe: Schlagwort, Titelstichwort

Suchmaschine

Referenzquelle für die Suche im Internet, die auf dem Prinzip der → Volltextindizierung von Dokumenten beruht. Eine Suchmaschine durchsucht das Internet mit einem Crawler (Robot, Spider), indiziert und speichert Wörter von Dokumenten in einer Datenbank. Metasuchmaschinen schicken Suchanfragen an mehrere Suchmaschinen und kumulieren die Treffer in einer Trefferliste.

Synonym

Ein Begriff ist synonym zu einem anderen Begriff, wenn sie in der → Begriffsrelation der Äquivalenz zueinanderstehen, d. h. wenn sie die gleiche Bedeutung haben.

Oberbegriff: → Begriffsrelation

Verwandte Begriffe: → Unterbegriff, → Oberbegriff, → Verwandter Begriff

Thesaurus (griech. Schatzkammer)

Verzeichnis der Terminologie, also der Begriffe (Termini) eines Fachbereiches. Dabei werden die Begriffe definiert und zusätzlich in ihren → Begriffsrelationen

zueinander dargestellt. Durch die Angabe von → Synonymen, → Oberbegriffen, → Unterbegriffen und → verwandten Begriffen entsteht ein Begriffsnetzwerk. Thesauri kommen auch in der Recherche zum Einsatz, da in vielen → Referenzquellen die Dokumente mit Hilfe des normierten und kontrollierten Vokabulars eines Thesaurus inhaltlich erschlossen sind.
Synonyme: Kontrolliertes Vokabular
Verwandte Begriffe: → Inhaltliche Beschreibung

Trefferliste
Bei einer Suche in einer elektronischen Referenzquelle werden die gefundenen → Referenzen in einer Trefferliste angezeigt. Zu jedem Treffer in dieser Kurzanzeige kann über einen Hyperlink der bibliografische Datensatz in Vollanzeige aktiviert werden.
Synonyme: Treffer, Trefferanzeige, Kurzanzeige
Verwandte Begriffe: Ranking

Trunkierung
→ Recherchetechnik: Platzhalter für ein oder mehrere Zeichen, entweder am Ende eines Suchbegriffes (Rechtstrunkierung) oder am Anfang (Linkstrunkierung). Die Trunkierung erlaubt es, gleichzeitig nach mehreren grammatikalischen Formen eines Begriffs zu suchen. Trunkierungszeichen (wildcards) sind „*“, „$“ oder „?“, abhängig von der jeweiligen Datenbank.
Verwandter Begriff: → Maskierung

Unselbständige Literatur
Erscheint in einer anderen Publikation: Aufsatz in Zeitschrift, Beitrag in Konferenzband

Unterbegriff
Kennzeichnet eine hierarchische → Begriffsrelation eines Begriffes zu einem zweiten. Beispiel: Orange ist ein Unterbegriff von Zitrusfrucht.
Oberbegriffe: → Begriffsrelation
Verwandte Begriffe: → Oberbegriff, → Synonym, → Verwandter Begriff

URL (Universe Resource Locator)
Adresse eines Dokumentes im World Wide Web. Sie besteht aus der der → IP-Adresse des Webservers, ggf. aus Ordnern, und dem Dateinamen des Dokumentes.

Verwandter Begriff
Kennzeichnet die → Begriffsrelation zwischen zwei Begriffen, die weder äquivalent (synonym) noch in einer hierarchischen Beziehung (Ober-Unterbegriff) stehen, aber doch „verwandt“ sind. Verwandte Begriffe haben bspw. einen gemeinsamen Oberbegriff (Orange sind verwandt, da sie beide zu den Zitrus-

früchten gehören) oder sie sind Merkmale ein und derselben Kategorie (rot und blau sind verwandt, da sie beide Farben sind).
Oberbegriffe: → Begriffsrelation
Verwandte Begriffe: → Unterbegriff, → Oberbegriff, → Synonym

Verbundkatalog
→ Online-Katalog, der die Bestände von mehreren Bibliotheken (meist eines Bibliotheksverbundes) nachweist. Meistens sind dabei die bibliografischen Datensätze in einer gemeinsamen Datenbank gespeichert, während die exemplarspezifischen Daten (Standort, Signatur) in den lokalen Datenbanken der einzelnen Bibliotheken verwaltet werden.
Oberbegriff: → Online-Katalog, → Referenzquelle

Virtuelle Bibliothek
Ist eine Internetplattform und im Gegensatz zur realen Bibliothek ausschließlich eine Referenzquelle, welche Dokumente – sowohl Internetdokumente als auch Bücher, Zeitschriften und Artikel, die sich an unterschiedlichen Standorten befinden können – durch formale und inhaltliche Beschreibung erschließt und mit Hilfe einer Suchoberfläche zugänglich macht.
Synonyme: Elektronische Bibliothek

Volltext
Elektronische Kopie eines Dokumentes, → Artikel werden in → Volltextdatenbanken zusätzlich zu den → Referenzdaten angeboten, meist im pdf-Format.

Volltextsuche
→ Recherchemethode, mit der in einer → Volltextdatenbank gesucht werden kann.

Volltextdatenbank
Datenbank, die wie eine → Referenzdatenbank die → Referenzen und zusätzlich den Text des Dokumentes (den → Volltext) selbst enthält.

VPN (Virtual private network)
Universitätsbibliotheken bieten Studierenden und Forschenden Ihrer Universität die Möglichkeit, die lizenzierten Informationsressourcen nicht nur vor Ort, sondern weltweit über das VPN-Protokoll zu nutzen. Nach einem Login in das *Virtual private network* wird dem Client, dem eigenen PC, eine dynamische Internetadresse der Universität zugewiesen.

Wissensorganisation
Techniken, Methoden und Systeme zur Repräsentation und Erschließung von Wissen, insbesondere im Hinblick auf die Referenzquellen: → Formale Beschreibung, → Inhaltliche Beschreibung, → Volltextindizierung.

Verwandte Begriffe: Dokumentieren, Recherchieren

Zeitschrift

Periodisch (regelmäßig) erscheinendes Sammelwerk. Im Gegensatz zu einem Jahrbuch, das einmal jährlich erscheint, erscheint die Zeitschrift mindestens zweimal.

Literatur

Bates, Marcia J. (1989): The design of browsing and berrypicking techniques for the online search interface. In: Online Review 13 (5), S. 407–424. DOI: 10.1108/EB024320. URL: https://pages.gseis.ucla.edu/faculty/bates/articles/berrypicking.pdf [Stand: 2023-03-31].

Bove, Heinz-Jürgen (2012): Erfolgreich recherchieren – Politik- und Sozialwissenschaften. Berlin: De Gruyter Saur.

Dolowitz, David P.; Buckler, Steve; Sweeney, Fionnghuala (2008): Researching online. Basingstoke: Palgrave Macmillan.

Döring, Nicola (2022): Forschungsmethoden und Evaluation in den Sozial- und Humanwissenschaften. 6th ed. 2022. Berlin, Heidelberg: Springer Berlin Heidelberg; Imprint Springer.

Dornis, Tim W.; Keßenich, Florian; Lemke, Dominik (2019): Rechtswissenschaftliches Arbeiten. Ein Leitfaden für Form, Methode und Inhalt zivilrechtlicher Studienarbeiten. Tübingen: Mohr Siebeck.

Eco, Umberto (2020): Wie man eine wissenschaftliche Abschlussarbeit schreibt: Doktor-, Diplom- und Masterarbeit in den Geistes- und Sozialwissenschaften. 14. Aufl. Wien: facultas; Stuttgart: UTB.

Egloff, Birte; Richter, Sophia (Hrsg.) (2022): Erziehungswissenschaftlich denken und arbeiten. Ein Lehr- und Studienbuch. Stuttgart: Kohlhammer.

Esselborn-Krumbiegel, Helga (Hrsg.) (2017): Von der Idee zum Text. Eine Anleitung zum wissenschaftlichen Schreiben. Uni-Taschenbücher GmbH. 5. Aufl. Paderborn: Ferdinand Schöningh.

Franke, Fabian; Kempe, Hannah; Klein, Annette; Rumpf, Louise; Schüller-Zwierlein, André (2014): Schlüsselkompetenzen: Literatur recherchieren in Bibliotheken und Internet. 2. Aufl. Stuttgart, Weimar: Metzler.

Gantert, Klaus (2012): Erfolgreich recherchieren – Germanistik. Berlin: De Gruyter Saur.

Gantert, Klaus (2013): Erfolgreich recherchieren – Linguistik. Berlin: De Gruyter Saur.

Giesecke, Michael (2006): Der Buchdruck in der frühen Neuzeit. Eine historische Fallstudie über die Durchsetzung neuer Informations- und Kommunikationstechnologien. 4., Aufl. Frankfurt am Main: Suhrkamp.

Glaser, Barney G.; Strauss, Anselm L. (2010): Grounded theory. Strategien qualitativer Forschung. 2. Aufl. Bern: Huber.

Grix, Jonathan (2019): The Foundations of Research. 3. Aufl. London: Bloomsbury Academic.

Haller, Michael (2017): Methodisches Recherchieren. 8. Aufl. Konstanz, München: UVK

Hug, Theo; Poscheschnik, Gerald (2020): Empirisch forschen. Die Planung und Umsetzung von Projekten im Studium. Unter Mitarbeit von Bernd Lederer und Anton Perzy. 3. Aufl. München u. a.: UVK.

Hug, Theo; Niedermair, Klaus; Drexler, Arthur (Hrsg.) (2019): Wissenschaftliches Arbeiten. 4. Aufl. Innsbruck: Studia-Universitätsverl.

Kant, Immanuel (1784): Beantwortung der Frage: Was ist Aufklärung? In: Berlinische Monatsschrift, Band 12, S. 481–494. URL: https://www.deutschestextarchiv.de/book/show/kant_aufklaerung_1784 [Stand: 2023-03-31].

Karasch, Angela (2013): Erfolgreich recherchieren. Kunstgeschichte. Berlin: De Gruyter Saur.

Kiel, Ewald; Rost, Friedrich (2002): Einführung in die Wissensorganisation. Grundlegende Probleme und Begriffe. Würzburg: Ergon-Verl.

Klassen, Mareike; Güngör, Nagihan; Vinnen, Johanna; Breuer, Esther Odilia; Riesenweber, Martin (2021): Wissenschaftlich schreiben – gewusst wie! Tipps von Studierenden für Studierende. 2. Aufl. Bielefeld: wbv Media.

Kuhlen, Rainer (1995): Informationsmarkt. Chancen und Risiken der Kommerzialisierung von Wissen. Konstanz: UVK.

Liessmann, Konrad Paul (2016): Theorie der Unbildung. Die Irrtümer der Wissensgesellschaft. 11. Aufl. München u. a.: Piper.

Liessmann, Konrad Paul (2015): Über die allmähliche Verfertigung der Gedanken beim Schreiben. In: Schmölzer-Eibinger, Sabine; Thürmann, Eike (Hrsg.): Schreiben als Medium des Lernens. Kompetenzentwicklung durch Schreiben im Fachunterricht. Münster: Waxmann, S. 345–351.

Luhmann, Niklas (1992): Kommunikation mit Zettelkästen. Ein Erfahrungsbericht. In: Luhmann, Niklas; Kieserling, André (Hrsg.): Universität als Milieu. Bielefeld: Haux S. 53–61.

Mayer, Philipp (Hrsg.) (2015): 300 Tipps fürs wissenschaftliche Schreiben. Paderborn: Schöningh.

Moser, Johann Jacob (1773): Johann Jacob Mosers, Königlich-Dänischer Etats-Raths, einige Vortheile für Canzley-Verwandte und Gelehrte: in Absicht auf Acten-Verzeichnisse, Auszüge und Register, desgleichen auf Sammlungen zu künfftigen Schrifften, und würckliche Ausarbeitung derer Schrifften. Ulm; Leipzig; Franckfurt, S. 57. URL: https://books.google.at/ books?id=aUrbzecFkeYC [Stand: 2023-03-31].

Niedermair, Klaus (2001): Metaphernanalyse. In: Hug, Theo (Hrsg.): Wie kommt die Wissenschaft zu Wissen? 4 Bände. Baltmannsweiler: Schneider Hohengehren., Bd. 2, S. 144–165.

Niedermair, Klaus (2011): Gefährden Suchmaschinen und Discovery-Systeme die informationelle Autonomie? In: Mitteilungen der Vereinigung Österreichischer Bibliothekarinnen & Bibliothekare, 67 (1), S. 109–125. URL: http://phaidra.univie.ac.at/o:340605 [Stand: 2023-03-31].

Niedermair, Klaus (2014): Die Bibliothek für Sozial- und Wirtschaftswissenschaften der ULB Tirol. In: Söllner, Konstanze; Sühl-Strohmenger, Wilfried (Hrsg.): Handbuch Hochschulbibliothekssysteme. Berlin: De Gruyter Saur., S. 207–218. URL: http://dx.doi.org/10.1515/9783110310092-021 [Stand: 2023-03-31].

Pianos, Tamara; Krüger, Nicole (2014): Erfolgreich recherchieren – Wirtschaftswissenschaften. Berlin, Boston: De Gruyter Saur.

Reuter, Ulrike (2012): Erfolgreich recherchieren – Romanistik. Berlin: De Gruyter Saur.

Reichmann, Gerhard (2012): Plagiate im universitären Bereich. Reichmann, Gerhard. In: Klaus Niedermair (Hrsg.): Die neue Bibliothek – Anspruch und Wirklichkeit. 31. Österreichischer Bibliothekartag; Innsbruck 18.–21. Oktober 2011. Graz: Neugebauer, S. 126–138.

Roche, Jörg (Hrsg.) (2019): Propädeutikum wissenschaftliches Arbeiten. Schwerpunkt DaF/DaZ und Sprachlehr-/Spracherwerbsforschung. Tübingen: Narr Francke Attempto.

Rost, Friedrich (2018): Lern- und Arbeitstechniken für das Studium. 8. Aufl. Wiesbaden: Springer VS.

Schimmel, Roland; Basak, Denis; Reiß, Marc (2017): Juristische Themenarbeiten. Anleitung für Klausur und Hausarbeit im Schwerpunktbereich, Seminararbeit, Bachelor- und Master-Thesis. 3. Aufl. Heidelberg: C.F. Müller.

Schlichte, Klaus; Sievers, Julia (Hrsg.) (2015): Einführung in die Arbeitstechniken der Politikwissenschaft. 3. Aufl. 2015. Wiesbaden: Springer VS.

Schulz von Thun, Friedemann (2010): Miteinander reden. Bd. 1: Störungen und Klärungen. Allgemeine Psychologie der Kommunikation. Reinbek bei Hamburg: Rowohlt.

Sesink, Werner (2014): Einführung in das wissenschaftliche Arbeiten. Inklusive E-Learning, Web-Recherche, digitale Präsentation u. a. 9. Aufl. München: De Gruyter, 2014.

Simonis, Georg; Elbers, Helmut (2011): Studium und Arbeitstechniken der Politikwissenschaft. 2. Aufl. Opladen: Leske + Budrich.

Stock, Wolfgang G. (2007): Information retrieval. Informationen suchen und finden. München, Wien: Oldenbourg.

Stöcklin, Nando (2010): *Wikipedia* clever nutzen – in Schule und Beruf. Zürich: Orell Füssli.

Theisen, Manuel René (2021): Wissenschaftliches Arbeiten. Erfolgreich bei Bachelor- und Masterarbeit. Unter Mitarbeit von Martin Theisen. 18. Aufl. München: Vahlen.

Voss, Rödiger (2019): Wissenschaftliches Arbeiten … leicht verständlich. 6. Aufl. München, Tübingen: UVK; Narr Franke Attempo.

Weber, Stefan (2007): Das Google-Copy-Paste-Syndrom. Wie Netzplagiate Ausbildung und Wissen gefährden. Hannover: Heise.

Zucha, Vlasta; Droll, Philipp (2021): Plagiatsprävention und -prüfung an österreichischen Universitäten und Hochschulen. Wien: Institut für Höhere Studien. URL: https://irihs.ihs.ac.at/id/eprint/6050/ [Stand: 2023-03-31].

Register

Überblicke

Steckbriefe

Checklisten

Internetadressen

Abbildungsverzeichnis